Jesus antwortete:

> „Mein *Königreich* ist nicht von dieser Welt.
> Wenn Mein *Königreich* von dieser Welt wäre,
> so würden Meine Diener kämpfen, damit Ich
> den Juden nicht ausgeliefert würde; nun
> aber ist Mein *Königreich* nicht von hier.“

Darauf sagte Pilatus zu Ihm:

> „Bist Du denn ein *König*?“

Jesus antwortete:

> „Du sagst richtig, dass Ich ein *König* bin.“

(Johannes 18,36-37)

Nun schrieb Pilatus eine Überschrift, und hängte
sie an das Kreuz. Und das Schreiben war:

JESUS VON NAZARETH
DER KÖNIG DER JUDEN.

Dann lasen viele Juden diese Überschrift; denn der
Ort, an dem Jesus gekreuzigt wurde, war nahe der
Stadt, und sie war auf Hebräisch, Griechisch und
Latein geschrieben.

(Johannes 19,19-20)

Auf Deutsch übersetzt und herausgegeben 2024 von Michael Eichhorn, Neudorf 25, 9620 Hermagor, Österreich.

3. Ausgabe © 2025 Michael Eichhorn, nachricht@dlda.info

Wenn nicht anders angegeben, sind alle Bibelzitate der *New King James Version,* Copyright by Thomas Nelson, Inc., entnommen und auf Deutsch übersetzt.

Coverbild: Albrecht Altdorfer

Bibliografische Information der Deutschen Nationalbibliothek: Die Deutsche Nationalbibliothek verzeichnet diese Publikation in der Deutschen Nationalbibliografie; detaillierte bibliografische Daten sind im Internet über dnb.dnb.de abrufbar.

Verlag: BoD · Books on Demand GmbH, Überseering 33, 22297 Hamburg, bod@bod.de
Druck: Libri Plureos GmbH, Friedensallee 273, 22763 Hamburg

ISBN: 978-3-7597-6112-5

Die Lehre der Apostel
www.dieLehrederApostel.info
Christliche Gemeinschaft Hermagor
auf dem Weg der frühen Christen
nachricht@dlda.info

Da sprachen die obersten Priester der Juden zu
Pilatus:

> „Schreibe nicht: *»Der König* der Juden« ,
> sondern „Er sagte: »Ich bin der König der
> Juden«.““

Pilatus antwortete:

> „Was ich geschrieben habe, habe ich
> geschrieben.“

(Johannes 19,21-22)

Aber als sie sie nicht fanden, schleppten sie Jason
und einige Brüder vor die Stadtoberen und riefen:

"Diese, die **die Welt auf den Kopf gestellt
haben**, sind auch hierher gekommen. Jason
hat sie beherbergt, und sie alle handeln
gegen die Dekrete des Kaisers, indem sie
sagen, es gebe einen anderen *König - Jesus*."

(Apostelgeschichte 17,6-7)

Über den Autor

Der pensionierte Rechtsanwalt David Bercot hat das Studium der frühen Christen und des historischen christlichen Glaubens zu seiner Lebensaufgabe gemacht. Er schreibt und spricht über die frühen Christen und den ursprünglichen, historischen Glauben seit über dreißig Jahren. Seine Bücher haben sich über eine Viertelmillion Mal verkauft und wurden in fünfzehn Sprachen übersetzt.

Doch Davids Interesse am historischen Glauben ist nicht in erster Linie akademisch. Er schreibt und spricht darüber aus einem leidenschaftlichen Interesse heraus, um die heutigen Christen zur Originalbotschaft vom Königreich Gottes zurückzurufen.

David und seine Frau Deborah leben im zentralen Süden von Pennsylvania. Gott hat sie mit drei erwachsenen Kindern - Andre, Heather und Isaiah - und drei Enkelkindern gesegnet.

DAVID BERCOT

Das Königreich, das die Welt auf den Kopf stellte.

Vorwort des Übersetzers

Als mich Scroll Publishing kontaktierte und fragte, ob ich dieses Buch übersetzen möchte, sagte ich mit großer Freude sofort zu, unterbrach alle meine Projekte und begann unverzüglich mit der Übersetzungsarbeit. Es war höchste Zeit, dass dieses wertvolle Werk endlich auf Deutsch erscheint. Ich hatte bereits ein Buch von David Bercot übersetzt und kannte daher seinen Stil. Diesmal stand ich vor zwei neuen Herausforderungen. Erstens ist es über 20 Jahre alt und für Amerikaner geschrieben, sollte nun aber für moderne, deutschsprachige Europäer verständlich sein. Ich entschied mich für eine wortgetreue Übersetzung mit erklärenden Anmerkungen in den Fußnoten. Zweitens verwendet David Bercot die *New-King-James-Version (NKJV)* und stimmt seine Aussagen so darauf ab, dass sie in keiner vorhandenen deutschen Bibelübersetzung treffend rüberkommen. Das beginnt schon beim Buchtitel. Daher entschied ich mich, für die betroffenen Bibelzitate die NKJV auf Deutsch zu übersetzen. Das harmoniert mit den Pointen in dem Buch nicht nur perfekt, sondern ermöglicht deutschgeprägten Lesern einen vielleicht neuen, erfrischenden Blick auf altvertraute Bibelverse.

Michael Eichhorn, Juli 2024, Hermagor

Inhalt

Teil I

Das Königreich mit auf den Kopf gestellten Werten

1.
Heiliger Krieg?

Es war Freitag, der 8. Juli 1099. Die heiße Wüstensonne brannte auf eine zerlumpte Prozession von Klerikern in Roben herab, die große Kreuze und Reliquien von Heiligen trugen während sie um die äußeren Mauern Jerusalems marschierten. Den Klerikern folgten 1.200 ausgemergelte, barfüßige Kreuzritter und etwa 11.000 halbverhungerte, durstige Soldaten, Seemänner und Handwerker. Die muslimischen Verteidiger der Stadt lachten höhnisch über diese Prozession und verspotteten die da marschierten. Die Muslime entweihten sogar Kreuze auf verschiedenste Weisen und hängten sie an die Stadtmauern, um dieses Gesindel von halbverrückten Christen weiter zu beleidigen.

Allen Beleidigungen und Verhöhnungen zum Trotz setzten die Kreuzfahrer ihren Barfußmarsch bis zum Ölberg fort, wo sie anhielten. Dort ermahnte sie einer der Bischöfe: „Wir befinden uns jetzt an dem Ort, von wo der Herr in den Himmel aufgefahren ist. Mehr können wir nicht tun, um uns zu reinigen. Ein jeder von uns vergebe seinem Bruder, den er verletzt hat, damit der Herr uns vergebe"[1]. Dann erinnerte er sie an seine Prophezeiung, dass Jerusalem ihnen am nächsten Freitag ausgeliefert würde, wenn sie sich weiterhin demütigten und reinigten.

---

1   Raymond d'Aguiliers in August C. Krey, *The First Crusade: The Accounts of Eyewitnesses and Participants* 256

Wenn irgendwelche Muslime die Rede des Bischofs gehört hätten, wären sie nicht besonders beunruhigt gewesen. Die Einnahme der Stadt Jerusalem in sieben Tagen? Unwahrscheinlich. Schließlich hatte Iftikhar, der muslimische Herrscher Jerusalems, alle Brunnen außerhalb der Stadtmauern verstopft oder vergiftet, bevor die Kreuzfahrer überhaupt die Nähe Jerusalems erreicht hatten. Die Kreuzfahrer hatten nur eine einzige Quelle, die nur sporadisch sprudelte, und viele der Kreuzfahrer waren ernsthaft dehydriert. Außerdem hatte Iftikhar alle Haustiere innerhalb der Stadtmauern gebracht, so dass die Stadt reichlich mit Nahrungsmitteln versorgt war. Im Gegensatz dazu waren die Kreuzfahrer vor Hunger ausgezehrt. Jerusalem konnte einer langen Belagerung standhalten. Um ihre Lebensmittelvorräte zu schonen und sie vor Verrat zu schützen, hatte Iftikhar alle Christen aus der Stadt vertrieben. Auch die meisten Juden hatten die Stadt verlassen.

Also hatten Iftikhar und seine Soldaten keine schlaflosen Nächte wegen der Kreuzfahrer. Sie wussten, dass sie reichlich Wasser hatten, Lebensmittel im Überfluss, bessere Waffen und die scheinbar uneinnehmbaren Stadtmauern zu ihrem Schutz. Und sie hatten 60.000 bewaffnete Männer, um diese Mauern zu verteidigen! Darüberhinaus war ein Entsatzheer ägyptischer Soldaten auf dem Weg, um die Belagerung aufzuheben. Und was hatten die Kreuzfahrer all dem entgegenzusetzen? Rund 1.200 Ritter waren alles – unterstützt von einer schlecht ausgerüsteten, zerlumpten Truppe von 11.000 Soldaten, Seemännern und Handwerkern. Insgesamt hatten die Kreuzfahrer also weniger als 13.000 Mann gegen 60.000 bewaffnete Muslime. Außerdem kämpften die Kreuzfahrer in einem unbekannten Land und waren an die Wüstenhitze nicht gewöhnt, die so anders war als in ihrer Heimat Frankreich. Ja, man konnte über sie nur lachen.

Doch das Lachen verstummte fünf Tage später, als die Kreuzfahrer zur Überraschung der Muslime mehrere riesige hölzerne Belagerungstürme in Richtung der Mauern von Jerusalem rollten. Die Kreuzfahrer hatten diese gewaltigen Konstruktionen im Geheimen aus geborgenem Holz errichtet. Jeder Turm war mit praktisch allem ausgestattet, was eine mittelalterliche Armee brauchte: einem Katapult, einem Rammbock, einer Zugbrücke und einem erhöhten Türmchen, von dem aus die Kreuzfahrer Pfeile auf die Verteidiger der Stadt abschießen konnten. Darüber hinaus befand sich in jedem Belagerungsturm eine kleine Armee fränkischer Kreuzritter, die darauf wartete, in die Stadt einzudringen, sobald die Mauern durchbrochen worden waren.

Als die muslimischen Verteidiger die gefürchteten Belagerungstürme sahen, begannen sie, ihre Verteidigungsanlagen an den Teilen der Mauer zu verstärken, die sich gegenüber den Türmen befanden. In der Nacht vor dem Angriff bauten die Kreuzfahrer jedoch stillheimlich einige der Türme ab und verlegten sie fast eine Meile weiter weg, zu weniger befestigten Teilen der Stadtmauer Jerusalems. Das war ein unglaubliches Unterfangen, schon unter normalen Umständen. Aber in ihrem geschwächten Zustand war es eine schier übermenschliche Leistung. Als am Donnerstagmorgen, dem 14. Juli, das Morgenlicht die Landschaft Jerusalems sanft erhellte, waren die muslimischen Verteidiger starr vor Fassungslosigkeit. Sie konnten nicht glauben, dass einige der Türme in der Nacht versetzt worden waren.

Da sie die ganze Nacht gearbeitet hatten, waren viele der Angreifer bereits erschöpft. Dennoch beteten sie an diesem Morgen und vertrauten darauf, dass Gott ihren müden Körpern die nötige Kraft geben würde. Nach dem Gebet begannen die Kreuzfahrer ihren Angriff auf Jerusalem. Unter lauten

Lobgesängen zu Gott schoben die Kreuzfahrer die wuchtigen Belagerungstürme langsam auf die Stadtmauern Jerusalems zu. Während die Türme zentimeterweise vorrückten, schleuderten die Kreuzfahrer mit den Katapulten riesige Felsbrocken auf die Stadtmauern und die dahinter liegenden Häuser. Als einige der Belagerungstürme die Stadtmauern erreichten, begannen ihre schweren Rammböcke die alten Mauern Jerusalems zu rammen. Von den Spitzen ihrer Belagerungstürme schleuderten die Kreuzfahrer brennende Holzgeschoße, die in Teer, Wachs und Schwefel getaucht worden waren. Diese Geschoße setzten die hölzernen Befestigungen auf der Innenseite der Mauern in Brand.

Die muslimischen Verteidiger schleuderten jedoch ihre eigenen feurigen Raketen auf die Türme zurück, und versuchten sie so in Brand zu setzen. Die Verteidiger bearbeiteten die Türme den ganzen Tag lang mit Steinen, die sie mit Katapulten auf sie schleuderten. Die Geschoße und Pfeile regneten den ganzen Tag lang hin und her. Die Kreuzfahrer kämpften tapfer, konnten aber keinen Fuß fassen. Einige ihrer Belagerungstürme waren zertrümmert worden. Einer brannte komplett nieder. Als die Nacht hereinbrach, stellten beide Seiten die Kämpfe ein.

Am Freitagmorgen, dem 15. Juli, griffen die Kreuzfahrer erneut an. Dies war der Tag, an dem der Bischof prophezeit hatte, dass sie die Stadt einnehmen würden. Doch es sah nicht danach aus. Sie waren alle ermattet von den schlaflosen Nächten und den Kämpfen des Vortages. Gegen Mittag waren die Kreuzfahrer völlig fertig. Sie waren übermüdet und schienen keine Fortschritte zu machen. Sie waren zahlenmäßig hoffnungslos unterlegen, und die Mauern von Jerusalem schienen uneinnehmbar.

Schließlich brachen sie ihre Manöver ab und hielten Rat. Etwa die Hälfte von ihnen war bereit, die vergebliche Belagerung abzubrechen und den Bischof, der die falschen Prophezeiungen gemacht hatte, zu hängen. Doch während sie noch diskutierten, winkte plötzlich ein Ritter auf dem Ölberg den anderen mit seinem Schild, um ihnen zu signalisieren, dass sie vorrücken sollten. Auf dieses Signal hin fassten die Männer Mut und griffen erneut an. Die Rammböcke machten sich wieder an die Arbeit, und einige der Kreuzfahrer begannen, mit Leitern und Seilen die Mauern zu erklimmen.

Die Verteidiger der Stadt hatten hinter den Stadtmauern einen regelrechten Berg aus Heu- und Baumwollballen als zusätzlichen Schutz aufgeschichtet. Einigen Bogenschützen unter dem Kommando von Gottfried von Bouillon gelang es jedoch, diese Ballen mit ihren brennenden Pfeilen in Brand zu stecken. Als der Wind drehte, raubten riesige Rauchwolken den muslimischen Verteidigern die Sicht und den Atem. Der Regen aus Feuer und Rauch trieb sie von den Mauern.

Gottfried nutzte die Gunst der Stunde und ließ rasch die lange Zugbrücke von seinem Turm herab und seine Männer strömten wacker über die Mauern. Binnen Minuten hatten die Kreuzfahrer jenen Mauerabschnitt gesichert, was ihren Waffenbrüdern ermöglichte, sämtliche Mauern mit Leitern und Seilen zu erklimmen. Einige Eindringlinge erreichten eines der Stadttore und konnten es öffnen. Eine Flut von Kreuzrittern strömte nun durch das geöffnete Tor.

Obwohl die Muslime immer noch gegenüber den Kreuzfahrern stark in der Überzahl waren, wichen sie doch fassungslos und verwirrt zurück. Noch vor wenigen Stunden sah es so aus, als wären die Kreuzfahrer geschlagen. Doch nun schwärmten sie in die Stadt. In einem wilden Durcheinander flohen die bestürzten Verteidiger vor den Kreuzfahrern.

Plötzlich brach in der ganzen Stadt eine Massenpanik aus, als jeder versuchte den Angreifern zu entkommen. Frauen kreischten und Kinder weinten als die Kreuzfahrer jeden abschlachteten, den sie trafen.[2]

Die Kreuzfahrer sahen sich selbst als das mittelalterliche Pendant zu Jehu und seiner Armee, der seinerzeit die Baalsanbeter abschlachtete[3]. Ein Kreuzfahrer hinterließ uns einen Augenzeugenbericht über das schreckliche Massaker in Jerusalem:

> „Haufen von Köpfen, Händen und Füßen waren in den Straßen der Stadt zu sehen. Man musste sich einen Weg über die Leichen von Menschen und Pferden bahnen. Aber das waren Kleinigkeiten verglichen mit dem, was im Tempel Salomos geschah, einem Ort, an dem gewöhnlich religiöse Feiern gehalten werden. Was geschah dort? Wenn ich die Wahrheit sagte, so würde es eure Vorstellungskraft übersteigen. Es soll also reichen, wenn ich lediglich sage, dass im Tempel und der Vorhalle Salomos die Männer bis zu ihren Knien und dem Zaumzeug in Blut ritten. In der Tat, es war ein gerechtes und herrliches Gottesurteil, dass dieser Platz mit dem Blut der Ungläubigen angefüllt werden sollte! Denn so lange hat er schon unter ihren Gotteslasterungen gelitten. Die Stadt war angefüllt mit Leichen und Blut.“[4]

Man könnte meinen, dass die Kreuzfahrer am nächsten Tag von Gewissensbissen geplagt wurden, weil sie an die 100.000 Menschen massakriert hatten, darunter viele kleine Kinder. Doch weit gefehlt, denn sie waren sich sicher, dass ihr Herr

---

2   J. Arthur McFall, *"The Fall of Jerusalem,"* Military History Magazine (June, 1999)1-6.
3   Gemeint ist die Geschichte aus 2.Kön. 10,18ff. Anm. des Übersetzers.
4   Krey 252.

Jesus Christus ihnen den Sieg geschenkt hatte und als glücklicher König auf sie herab lächelte. Schließlich hatte der Papst selbst alle guten Katholiken explizit dazu aufgerufen, das Heilige Land von den Ungläubigen zu befreien. Er hatte allen Katholiken die vollständige Vergebung der Sünden für jeden zugesichert, der sich auf den Kreuzzug begab. So fährt unser Augenzeuge fort:

> „Nun, da die Stadt eingenommen war, war es all unsere früheren Mühen und Strapazen wert gewesen, die Hingabe der Pilger am Heiligen Grab zu sehen. Wie sie jubelten und frohlockten und dem Herrn ein neues Lied sangen! Denn ihre Herzen opferten Gott Lobpreisgebete, siegreich und triumphierend, die sich nicht in Worte fassen lassen. Ein neuer Tag! Neue Freude! Neue und unaufhörliche Fröhlichkeit! Die Vollendung unserer Arbeit und unserer Hingabe ließ aus allen neue Worte und neue Lieder hervorsprudeln. Dieser Tag, sage ich, wird in allen künftigen Zeitaltern berühmt sein, denn er hat unsere Mühen und Sorgen in Freude und Jubel verwandelt. Dieser Tag, sage ich, markiert die Rechtfertigung der gesamten Christenheit, die Erniedrigung des Heidentums und die Erneuerung unseres Glaubens. ‚Dies ist der Tag, den der Herr gemacht hat, lasst uns frohlocken und uns freuen‘, denn an diesem Tag hat sich der Herr seinem Volk offenbart und es gesegnet.“[5]

Aber betrachtete Jesus dieses Massaker als etwas erfreuliches? Hatten die Kreuzfahrer das Königreich Gottes wirklich vorangebracht? Oder hatten sie ihm großen Schaden zugefügt?

---

5   Krey 253.

Immerhin hatte Jesus etwa 1.100 Jahre zuvor ein Königreich der Liebe errichtet. Seine Untertanen sollten an ihrer Liebe untereinander erkannt werden. Und nicht allein das, sie sollten auch ihre Feinde lieben. Ihr eigener König hat sich selbst als sanftmütig und von Herzen demütig beschrieben. Die ersten Untertanen dieses besonderen Königreichs hatten ihre Welt auf den Kopf gestellt - nicht mit dem Schwert, sondern mit Worten der Wahrheit und Taten der Liebe. Was also machten Leute, die behaupteten, Untertanen dieses Königreichs der Liebe und Sanftmut zu sein, in einem fernen Land, als sie die Einwohner Jerusalems massakrierten?

Das ist eine lange Geschichte. Aber es ist eine, die erzählt werden muss. Denn mein ewiges Schicksal und das Ihre sind eng verbunden mit der Geschichte des Königreichs, das die Welt auf den Kopf stellte.

2.
Das Königreich,
das auf den Füßen steht

Wie wir gleich sehen werden, ist das Königreich, das die Welt auf den Kopf stellte, ein einzigartiges Königreich. Es ist ein Königreich der auf den Kopf gestellten Werte.

Im Jahr 1978 schrieb Donald Kraybill ein Buch mit dem Titel „The Upside-Down Kingdom" (Das am Kopf stehende Königreich), in dem er einige dieser auf den Kopf gestellten Werte des Königreichs Gottes erforschte. Doch um dieses auf den *Kopf gestellte* Königreich vollständig zu verstehen, müssen wir uns zunächst ein Königreich ansehen, das auf den *Füßen stand.*

Die Heilige Schrift stellt uns dieses auf den *Füßen* stehende Königreich im Buch Exodus vor, wo Gott zu den Israeliten sprach:

> „Wenn ihr nun wirklich Meiner Stimme gehorcht und Meinen Bund haltet, dann sollt ihr für Mich ein besonderer Schatz sein, mehr als alle anderen Menschen; denn die ganze Erde ist Mein. Und ihr sollt Mir ein Königreich von Priestern sein und ein heiliges Volk."
> Ex 19,5-6 [6]

---

[6] Wenn nicht anders angegeben, stammen alle Bibelzitate in diesem Werk aus der *New King James Version*, übersetzt auf Deutsch.

Das war das Angebot Gottes an die Israeliten: dass sie Sein besonderes Königreich von Priestern sein könnten. Und die Israeliten nahmen Sein Angebot an. Sie schlossen am Berg Sinai einen Bund mit Ihm. Wie die meisten Bündnisse beruhte auch dieser Bund auf Beidseitigkeit. Wenn die Israeliten der Stimme Gottes gehorchten, würden sie für Ihn ein „Königreich von Priestern und ein heiliges Volk" sein. Wie jedes andere Königreich sollte auch das Volk Israel einen Herrscher und Gesetze haben. Ihr König, Gesetzgeber und Richter sollte jedoch Gott selbst sein (Jes 33,22). Die Gesetze des Königreichs Israel waren das Gesetz Moses, das direkt von Gott gegeben wurde.

Trotz dieser besonderen Merkmale war das Königreich Israel immer noch ein irdisches Königreich. In den meisten Aspekten war es den Königreichen der Welt ähnlich. Es hatte ein physisches, geografisches Territorium. Sein Volk war eine eigene ethnische Nationalität. Sie verteidigten ihr Königreich mit irdischen Soldaten, die mit Schwertern, Speeren und Bögen bewaffnet waren. Wie alle anderen irdischen Reiche erweiterten die Israeliten ihr Territorium durch den Einsatz des Schwertes. In den Augen der umliegenden Völker war der größte Unterschied der, dass den Israeliten durch ihr Gesetz der Gebrauch von Götzenbildern verboten war.

Sogar die Segnungen, die Gott den Israeliten versprochen hatte, waren irdische, materielle Segnungen:

> „Wenn du der Stimme des Herrn, Deines Gottes, gehorchst ... wird die Frucht deines Leibes gesegnet sein, der Ertrag deines Bodens und das Wachstum deiner Herden. ... Der Herr wird den Segen deiner Vorratskammern befehlen. ... Und der Herr wird dir Überfluss an Gütern geben, an der Frucht deines Leibes, an der Vermehrung deines Viehs und am Ertrag deines Bodens. ... Der Herr

wird dir Seinen guten Schatz, den Himmel, öffnen, um deinem Land den Regen zur rechten Jahreszeit zu geben. ... Du wirst vielen Völkern leihen, aber du wirst nicht borgen." Dtn 28,1-12

Aber nicht nur die *Segnungen* würden materiell sein. Wenn die Israeliten den Bund mit Gott brachen, würden auch ihre *Strafen* ebenso irdisch und physisch sein:

„Der Herr wird den Regen in eurem Land in Pulver und Staub verwandeln, die vom Himmel auf euch herabfallen, bis ihr vernichtet seid. Der Herr wird dafür sorgen, dass ihr vor euren Feinden geschlagen werdet. ... Ihr werdet viel Saatgut auf das Feld tragen, aber wenig ernten, denn die Heuschrecken werden es verzehren. Du wirst Weinberge pflanzen und sie pflegen, aber du wirst weder vom Wein trinken noch Trauben lesen; denn die Würmer werden sie fressen." Dtn 28,24.25.38.39

Kurz gesagt, das alte Königreich Israel war ein Königreich, das auf die Beine gestellt war. Sein Muster war sogar für die anderen Nationen der Welt verständlich. Tatsächlich war das alte Israel in vielerlei Hinsicht nach demselben Muster aufgebaut, nach dem auch die anderen Nationen errichtet worden waren. Der Hauptunterschied bestand darin, dass die anderen Völker sich einbildeten, dass es *ihre* Götter waren, die sie zu einem Volk machten. Sie glaubten, dass es *ihre* Götter waren, die ihnen materiellen Wohlstand bescherten, wenn sie diese Götter verehrten. Und sie glaubten, dass es *ihre* Götter waren, die sie mit Dürren und Hungersnöten bestraften, wenn *ihre* Götter unzufrieden mit ihnen waren. In vielerlei Hinsicht war das Weltbild der Heidenvölker dem Weltbild der Israeliten recht ähnlich. Der Hauptunterschied bestand in Fragen der Religion und der Moral, nicht in Staatsangelegenheiten.

Aber das alte Königreich Israel, das überwiegend irdisch war, war nicht als Selbstzweck gedacht gewesen. Es war als Lehrmeister gedacht, der die Israeliten zu etwas viel Größerem führen sollte - einem Königreich, das wahrlich nicht von dieser Welt sein würde.

3.
Eine andere Art von Königreich

Das Jahr 30 n. Chr. begann wie jedes andere Jahr. Die jüdischen Priester brachten immer noch täglich Opfer im Tempel dar. Die Bauern arbeiteten auf ihren Feldern, und die Frauen wuschen ihre Kleidung in den Flüssen. Die Fischer hängten ihre Netze zum Trocknen an den Ufern des Sees Genezareth auf. Doch plötzlich tauchte ein Prophet namens Johannes auf! Bekleidet mit Kamelhaar und einem Ledergürtel machte Johannes eine auffällige Figur. Und er brachte eine aufrüttelnde Botschaft mit: Das Königreich Gottes ist nahe!

Das Königreich Gottes ist nahe? Für die Juden bedeutete dies, dass der Messias bald kommen würde. Es bedeutete den Sturz Roms! Es bedeutete, dass sie bald ihre Unabhängigkeit als Nation zurückerhalten würden. Kein Wunder, dass die Botschaft des Johannes die Aufmerksamkeit aller auf sich zog. Die Menschen strömten zu ihm, um herauszufinden, was sie tun mussten, um sich auf dieses Königreich vorzubereiten.

Als Johannes jedoch Jesus als ihren lang erwarteten Messias identifizierte, waren die meisten Juden nicht begeistert. Jesus von Nazareth? Er schien überhaupt nicht der Messias zu sein, den sie erwarteten. Er war offensichtlich kein Krieger. Und Er versuchte nicht einmal, eine Armee aufzustellen, um die Juden von Rom zu befreien. Tatsächlich *predigte* Er nicht einmal gegen die Römer.

Worüber predigte Er? Ich möchte Ihnen, dem Leser, diese Frage stellen. Was war das Thema der Predigten von Jesus?

- Die Erlösungsbedürftigkeit des Menschen?

- Die Liebe Gottes zu den Menschen?

- Die Notwendigkeit, wiedergeboren zu werden?

- Die Tatsache, dass Jesus als Lösegeld für uns sterben würde?

Jesus hat sicherlich über all diese Dinge gesprochen. Und sie alle sind wesentliche Wahrheiten. Aber keine von ihnen war *das Thema* Seiner Botschaft.

- Die Heilige Schrift berichtet nur von einer einzigen Begebenheit, bei der Jesus über die Wiedergeburt sprach: Sein privates Gespräch mit Nikodemus.

- Er erwähnte sein Sterben als Lösegeld für uns nur ein einziges Mal.

- Es gibt nur fünf oder sechs Stellen, an denen Er überhaupt das Wort „Erlösung" verwendet.

Nein, das Thema der Botschaft von Jesus war das *Königreich Gottes.* In den Evangelien gibt es fast hundert Bezüge auf das Königreich Gottes. Außerdem handelten die allermeisten Gleichnisse Jesu vom Königreich Gottes. Jesus sagte sogar, dass der Grund, warum Er auf die Erde gesandt wurde, darin bestand, das Königreich Gottes zu predigen:

„Ich muss das *Königreich Gottes* auch in den anderen Städten verkünden, denn *zu diesem Zweck bin ich gesandt worden.*" Lk 4,43

Das ist nicht das, was wir zu hören gewohnt sind, nicht wahr? Wir haben alle den Eindruck gewonnen, dass der

Hauptzweck des Kommens Jesu auf die Erde darin bestand, uns von unseren Sünden zu erlösen. Und das war definitiv einer der Zwecke Seines Kommens. Aber es war nicht der einzige Zweck. Wo immer Er hinging, predigte Jesus über das Königreich Gottes.

> Von da an begann Jesus zu predigen und zu sagen: „Tut Buße, denn das *Königreich des Himmels* ist nahe herbeigekommen." Mt 4,17

> Und Jesus zog durch ganz Galiläa und lehrte in ihren Synagogen und predigte das *Evangelium vom Königreich* und heilte alle Arten von Krankheiten und alle Arten von Seuchen. Mt 4,23

> Als aber das Volk es erfuhr, folgten sie Ihm nach; und Er nahm sie auf und redete zu ihnen von dem *Königreich Gottes* und heilte, die der Heilung bedurften. Lk 9,11

> Und Jesus ging umher in alle Städte und Dörfer, lehrte in ihren Synagogen und predigte das *Evangelium vom Königreich* und heilte jede Krankheit und jedes Gebrechen unter dem Volk. Mt 9,35

Es ist eine Ironie, dass, obwohl das Königreich Gottes das Thema von Jesu Predigten war, die Botschaft vom Königreich in dem heute gepredigten Evangelium fast völlig fehlt. Was ist das Thema der meisten Predigten heute? Es ist die persönliche Erlösung des Menschen, nicht wahr? Es ist nicht das Königreich Gottes.

Was die Apostel predigten

Sie denken sich jetzt vielleicht: „Okay, vielleicht hat Jesus über das Königreich gepredigt, aber Seine Jünger machten das anders. Er befahl ihnen, dass sie über die Wiedergeburt und die Erlösung predigen sollten, nicht über das Königreich Gottes, richtig?" Falsch! Als Jesus Seine Jünger beauftragte, sagte Er ihnen ausdrücklich, sie sollten über das *Königreich* predigen. Beachten Sie Seine Predigtanweisungen:

> Wenn ihr hingeht, predigt und sprecht: „Das *Königreich* des Himmels ist nahe herbeigekommen." Mt 10,7

> Er sandte sie aus, das *Königreich* Gottes zu verkündigen und die Kranken zu heilen. Lk 9,2

> Heilt dort die Kranken und sagt ihnen: „Das *Königreich* Gottes ist nahe zu euch gekommen." Lk 10,9

Bitte verstehen Sie, dass es sich hier nicht um ein paar vereinzelte „Beweistexte"[7] handelt. In fast jedem Abschnitt, in dem Jesus Seinen Jüngern Anweisungen zum Predigen gab, sagte Er ihnen, sie sollten über das *Königreich* predigen.

Sie erinnern sich sicher an den Jünger, der sagte, er wolle Jesus nachfolgen, müsse aber zuerst seinen Vater begraben. Was hat Jesus ihm gesagt?

> „Lass die Toten ihre eigenen Toten begraben, du aber geh hin und verkündige das *Königreich Gottes*." Lk 9,60

Bitte verstehen Sie mich nicht falsch. Ich will damit keineswegs unser Bedürfnis nach Wiedergeburt und Erlösung herunterspielen. Dies sind entscheidende Aspekte des Evangeliums. Sie sind jedoch ein Mittel zum Zweck - zum Eintritt in

---

7 „Beweistexte" (engl. „proof-texts") sind Zitate oder Textschnipsel aus der Bibel, die verwendet werden um eine bestimmte theologische Position oder Lehre zu untermauern. Oft werden Beweistexte isoliert betrachtet, ohne den Kontext der gesamten Schrift oder die Absicht des Autors zu berücksichtigen. Dies kann dazu führen, dass Texte aus ihrem Zusammenhang gerissen und falsch interpretiert werden. Siehe auch Fußnote zu Kapitel 17 „Der Jesusweg zum Heil". Anm. des Übersetzers.

das Königreich Gottes. Jesus hatte nie die Absicht, dass Seine Nachfolger über die Erlösung und die Wiedergeburt unabhängig vom Königreich Gottes predigen sollten. Das Königreich Gottes ist ein absolut entscheidender Aspekt des Evangeliums. Wenn wir den Menschen von der Erlösung erzählen, aber nichts über das Königreich Gottes sagen, dann predigen wir nicht das Evangelium von Jesus Christus.

Und welches Evangelium war es, von dem Jesus sagte, dass es vor dem Ende in der ganzen Welt gepredigt werden würde? Er sagte:

> „Und dieses *Evangelium vom Königreich* wird in der ganzen Welt gepredigt werden als ein Zeugnis für alle Völker, und dann wird das Ende kommen." Mt 24,14

Zwar wird ein Evangelium heute in der ganzen Welt gepredigt, aber ist es das Evangelium vom *Königreich*?

Was ist das Königreich Gottes?

Jedes Reich hat vier grundlegende Komponenten:

1. Einen oder mehrere Herrscher.
2. Untertanen.
3. Einen Herrschaftsbereich oder ein Gebiet.
4. Gesetze.

Das Königreich Gottes ist da nicht anders. Es hat einen Herrscher, es hat Untertanen, einen Herrschaftsbereich und Gesetze. Da das Königreich Gottes jedoch eine revolutionäre Art von Reich ist, nehmen diese vier grundlegenden Komponenten einzigartige Aspekte an.

Zunächst einmal hat das Königreich Gottes keinen irdischen Herrscher. Sein Herrscher ist Jesus Christus, der vom Himmel aus regiert. Irdische Reiche wechseln von Zeit zu Zeit ihre Herrscher und ihre Politik. Im Gegensatz dazu ist Jesus ewig, und Seine Politik ändert sich nicht.

> „Jesus Christus ist derselbe gestern, heute und in Ewigkeit." Hebr 13,8

Wer sind die Untertanen des Königreichs Gottes? Die Juden? Nein, denn Jesus sagte den Juden ziemlich pointiert:

> „Ich sage euch: Das Königreich Gottes wird von euch genommen und einem Volk gegeben werden, das seine Früchte bringt." Mt 21,43

Wer ist aber dieses Volk, dem Jesus das Königreich Gottes geben wird? Die Römer? Die Briten? Die Amerikaner? Nein, es ist keines von denen, denn die Heilige Schrift sagt uns:

> „Da ist weder Jude noch Grieche, da ist weder Sklave noch Freier, da ist weder Mann noch Frau; denn ihr seid alle einer in Christus Jesus. Und wenn ihr Christus angehört, so seid ihr Abrahams Same und Erben nach der Verheißung." Gal 3,28.29

Also sind wir alle, die wir Christus angehören, wir alle, die wir wahrhaftig wiedergeboren sind, die Untertanen dieses Königreichs. Wir sind die Erben von Gottes Verheißung geworden, die Bürger Seiner neuen Nation. Als Petrus an die Heidenchristen[8] seiner Zeit schrieb, wandte er sich mit den folgenden Worten an sie:

---

8   Das sind Christen, die vor ihrer Bekehrung irgendeinem Volk angehörten, nur nicht den Juden. Im Gegensatz dazu werden Juden, die sich zum Christentum bekehrten, *Judenchristen* genannt. Anm. des Übersetzers.

„Ihr seid ein auserwähltes Geschlecht, eine königliche Priesterschaft, ein heiliges Volk, Sein besonderes Volk, damit ihr den Lobpreis dessen verkündet, der euch aus der Finsternis in Sein wunderbares Licht gerufen hat; die ihr einst kein Volk wart, jetzt aber das Volk Gottes seid, die ihr keine Barmherzigkeit erlangt habt, jetzt aber Barmherzigkeit erlangt habt." 1.Petr 2,9-11

Die Untertanen des Königreichs Gottes sind also dazu berufen, ein heiliges Volk, ein Königreich von Priestern zu sein, so wie die Israeliten seinerzeit berufen worden waren (Ex 19,5.6). Allerdings wurde das Königreich von den Israeliten genommen und einem Volk gegeben, das die Früchte der Gerechtigkeit hervorbringen würde, nämlich dem Volk der wiedergeborenen Gläubigen.

Ein einzigartiger Aspekt des Königreichs Gottes ist, dass seine Untertanen nicht wie die Untertanen anderer Reiche einen bestimmten Teil der Erde bewohnen. Die Bürger des Königreichs Gottes sind über alle Nationen der Welt verstreut. Diese Besonderheit hat dem Königreich Gottes ständige Konflikte beschert. Das liegt daran, dass seine Bürger stets in zwei verschiedenen Reichen leben - dem Reich der Welt und dem Königreich Gottes.

Jesus sagte zu der samaritanischen Frau:

„Es kommt die Stunde, in der du weder auf diesem Berg noch in Jerusalem den Vater anbeten wirst." Joh 4,21

Das Königreich Gottes würde keine irdische Hauptstadt und kein Heiligtum haben.

All dies lag jenseits der Erfahrung sowohl der Juden als auch der Heiden zur Zeit Jesu. Das Königreich der Israeliten umfasste ein bestimmtes geografisches Gebiet. So wie alle anderen Reiche der Menschheit. Die Israeliten hatten immer einen physischen Ort, an dem sich ihre Stiftshütte oder ihr Tempel befand. Seit tausend Jahren war dieser Ort Jerusalem. Jedes menschliche Reich hat eine irdische Hauptstadt, aber Gottes Königreich hat keine.

Das Königreich Gottes ist inwendig in euch

Als wäre das alles nicht schon erstaunlich genug, sagte Jesus den Pharisäern etwas noch Erstaunlicheres:

> Als er aber von den Pharisäern gefragt wurde, wann das Königreich Gottes kommen würde, antwortete Er ihnen und sprach: „Das Königreich Gottes kommt nicht durch Beobachtung; man wird auch nicht sagen: ‚Seht hier!' oder ‚Seht dort!' Denn wahrlich, das Königreich Gottes ist inwendig in euch." Lk 17,20.21

Was für ein Königreich ist das? Ein Königreich, das inwendig in euch ist? Jesus führte wahrhaftig etwas wunderbar Neues ein, etwas Revolutionäres. Dies war nicht nur ein neues Königreich, es war eine neue Art von Königreich. Es war eine Art von Reich, die sich völlig von dem unterschied, wovon jeder - ob Jude oder Nichtjude - jemals zuvor gehört hatte. Ein Königreich, das „inwendig in euch" ist.

„Oh, ich verstehe", werden Sie vielleicht denken, „Jesus sprach von einem geistlichen Königreich, nicht von einem echten Königreich." Nein, Jesus sprach von einem realen Königreich. Das alte Königreich der Israeliten war definitiv ein echtes Königreich, nicht wahr? Es hatte echte Könige, echte Untertanen und echte Gesetze. Das Königreich Gottes ist genauso real wie das alte israelitische Königreich. Es hat auch einen echten König, echte Untertanen und echte Gesetze.

Sein Herrschaftsbereich umfasst die ganze Erde, auch wenn die Mehrheit der Weltbevölkerung keine Bürger dieses Königreichs sind.

Was hat Jesus gemeint, als Er sagte, dass das Königreich Gottes inwendig in euch ist? Tertullian, ein frühchristlicher Schriftsteller, kommentierte diesen Satz so:

> Nun, wer ist hier, der nicht versteht, dass die Formulierung „inwendig in euch" bedeutet *in eurer Hand* oder *in eurer Macht*? Das heißt, wenn ihr die Gebote Gottes hört und tut.[9]

Jeder kann sich dafür entscheiden, ein Bürger des Königreichs Gottes zu sein, wenn er bereit ist, die erforderliche Verpflichtung einzugehen. Man muss weder irgendwohin reisen noch eine Geldsumme bezahlen, um so ein Bürger zu werden.

Viele Griechisch-Gelehrte sind heute der Meinung, dass Lukas 17,21 besser mit „Das Königreich Gottes ist mitten unter euch" anstatt mit „inwendig in euch" übersetzt werden sollte. Mit anderen Worten: Der König und einige Seiner Untertanen standen bereits mitten unter den religiösen Führern, die Jesus fragten, wann das Königreich Gottes kommen würde. Das Königreich Gottes war mitten unter ihnen, aber sie erkannten es nicht.

Welche Bedeutung Jesus auch immer mit der Formulierung „inwendig in euch" oder „mitten unter euch" gemeint hat, das Prinzip ist immer noch dasselbe. Sein Königreich hat keine nationalen Grenzen, keinen irdischen König und keine militärischen Streitkräfte. Seine Untertanen leben mitten unter den Völkern dieser Welt, doch die Welt kann dieses Königreich nicht sehen. Ein Bürger von Gottes Königreich zu werden, ist

---

9   Tertullian, *Against Marcion*, Book IV, Ch. 26; ANF, Vol. III, 409.

für jeden erreichbar. Was Gottes Volk zu Untertanen dieses Königreichs macht, ist etwas in ihnen - der ihnen innewohnende Heilige Geist.

Das Königreich Gottes ist nahe

Viele Christen haben die Vorstellung, dass das Königreich Gottes etwas Zukünftiges ist. Aber nein, das Königreich Gottes ist etwas, das jetzt schon da ist. Paulus schreibt an die Kolosser:

> „Er hat uns von der Herrschaft der Finsternis befreit und uns in das Königreich des Sohnes Seiner Liebe versetzt." Kol 1,13

Paulus spricht in der Vergangenheitsform. Gott *hat* uns *schon* in Sein Königreich versetzt. Er holt uns nicht erst dann in Sein Königreich, wenn wir gestorben sind. Er holt uns in Sein Königreich sobald wir wiedergeboren sind.

Seltsamerweise erkennen viele Christen nicht, dass das Königreich Gottes eine gegenwärtige Realität auf der Erde ist. In der Tat wissen viele Christen nicht einmal, was das Königreich Gottes ist. Genauso wie die Pharisäer *sehen* sie das Königreich Gottes nicht. Und so haben sie sich nie diesem Königreich verpflichtet.

4.
Haben Sie sich dem Königreich verpflichtet?

Wenn Ausländer Staatsbürger der Vereinigten Staaten von Amerika werden wollen, müssen sie folgenden Eid ablegen:

„Ich erkläre hiermit an Eides statt,

dass ich jedem ausländischen Fürsten, Machthaber, Staat oder jeder Souveränität, deren Untertan oder Bürger ich bisher war, absolut und vollständig die Treue verweigere und abschwöre;

dass ich die Verfassung und die Gesetze der Vereinigten Staaten von Amerika gegen alle Feinde im In- und Ausland unterstützen und verteidigen werde;

dass ich denselben treu und loyal ergeben sein werde;

dass ich im Namen der Vereinigten Staaten von Amerika Waffen tragen werde, wenn das Gesetz es verlangt;

dass ich in den Streitkräften der Vereinigten Staaten von Amerika nichtkämpfend dienen werde, wenn das Gesetz es verlangt;

dass ich Arbeiten von nationaler Bedeutung unter ziviler Autorität verrichten werde, wenn das Gesetz es verlangt;

und dass ich diese Verpflichtung aus freien Stücken und ohne innere Vorbehalte oder die Absicht, mich ihr zu entziehen, eingehe; so wahr mir Gott helfe."[10]

Die Vereinigten Staaten würden, wie auch die meisten anderen Regierungen, es solchen, die Staatsbürger werden wollen, nicht erlauben, einen Spagat zu machen. Eingebürgerte Staatsbürger können nicht behaupten, dass ihre Loyalität und Treue den Vereinigten Staaten gehört, wenn sie gleichzeitig einer fremden Regierung loyal und treu bleiben. Unsere Regierung würde das nicht zulassen. Sie möchte ungeteilte Loyalität von allen, die die Staatsbürgerschaft beantragen.

Es sollte daher nicht überraschen, dass Jesus, der König, eine ähnliche Loyalität von denjenigen verlangt, die die Staatsbürgerschaft in Seinem Königreich beantragen wollen. Tatsächlich verlangt Er sogar ein noch höheres Maß an Gefolgschaftstreue:

„Wer nicht mit mir ist, ist gegen mich, und wer nicht mit mir sammelt, zerstreut auseinander." Mt 12,30

„Wer Vater oder Mutter mehr liebt als Mich, ist Meiner nicht wert. Und wer Sohn oder Tochter mehr liebt als Mich, ist Meiner nicht wert. Und wer nicht sein Kreuz auf sich nimmt und Mir nachfolgt, ist Meiner nicht wert. Wer sein Leben findet, wird es verlieren, und wer sein Leben verliert um Meinetwillen, wird es finden." Mt 10,37-39

„Wer von euch nicht allem entsagt, was er hat, kann nicht mein Jünger sein." Lk 14,33

10　Von der Behörde für Staatsbürgerschaft und Einwanderung; online abrufbar unter https://www.uscis.gov/citizenship/learn-about-citizenship/the-naturalization-interview-and-test/naturalization-oath-of-allegiance-to-the-united-states-of-america.

Die Vereinigten Staaten verlangen von den Menschen nicht, dass sie allem entsagen, was sie haben, um Staatsbürger zu werden. Aber Jesus tut es. In Seinem Königreich kann es keine geteilte Loyalität geben. Jesus wird sich von niemandem oder nichts auf eine untergeordnete Rolle degradieren lassen. Er verlangt alles oder nichts. Genau genommen ist das der Grund, warum Jesus uns auffordert, die Kosten zu berechnen, bevor wir uns entscheiden, Seinem Königreich beizutreten.

> Denn wer von euch, der einen Turm bauen will, setzt sich nicht zuerst hin und berechnet die Kosten, ob er genug hat, um ihn zu vollenden - damit nicht, wenn er den Grundstein gelegt hat und nicht fertig wird, alle, die es sehen, anfangen, ihn zu verspotten, indem sie sagen: „Dieser Mensch fing an zu bauen und konnte nicht fertig werden." Lk 14,28-30

Jesus möchte nicht, dass wir etwas anfangen, das wir nicht zu Ende bringen.

> „Niemand, der seine Hand an den Pflug legt und zurückschaut, ist tauglich für das Königreich Gottes." Lk 9,62

Wenn wir das Königreich Gottes wirklich verstehen und begreifen, was es bedeutet, wird es für uns wertvoller sein als alles andere, was wir je besitzen.

> „Das Königreich des Himmels gleicht einem Schatz, der in einem Acker verborgen war, den ein Mensch fand und verbarg; und aus Freude darüber geht er hin und verkauft *alles, was er hat*, und kauft den Acker. Wiederum, gleicht das Königreich des Himmels einem Kaufmann, der schöne Perlen suchte; und als er eine kostbare Perle fand, ging er hin und verkaufte *alles, was er hatte*, und kaufte sie." Mt 13,44-46

Genau genommen erwarten in Kriegszeiten sogar irdische Regierungen von ihren Staatsbürgern, dass sie ihre Vaterlandstreue über jede andere Treue stellen, einschließlich der, gegenüber ihren eigenen Familien. In Kriegszeiten kommt es manchmal vor, dass Väter und Söhne gegeneinander kämpfen und dass Soldaten ihre eigenen Brüder töten. In der Tat erwarten irdische Königreiche von ihren Staatsbürgern, dass sie im Krieg ihr eigenes Leben für das Wohl ihres Landes geben, wenn es nötig ist. Jede *echte* Regierung erwartet diese Art von Loyalität von ihren Staatsbürgern.

Jesus erwartet nicht weniger. Und warum? Weil Sein Königreich ein *echtes* Reich ist. Doch im Gegensatz zu irdischen Reichen ist das Königreich Gottes immer im Krieg (Eph 6,12). Wie Jesus sagte:

> „Denkt nicht, dass ich gekommen bin, um Frieden auf Erden zu bringen. Ich bin nicht gekommen, um Frieden zu bringen, sondern ein Schwert. Denn ich bin gekommen, um einen Mann gegen seinen Vater aufzubringen, die Tochter gegen ihre Mutter und die Schwiegertochter gegen ihre Schwiegermutter; und die Feinde des Menschen werden seine eigenen Hausgenossen sein." Mt 10,34-36

Jesus verlangt von Seinen Bürgern dasselbe Maß an Loyalität, Liebe, Hingabe und Verpflichtung, das glühende Patrioten ihrem Land in Kriegszeiten entgegenbringen - wenn nicht noch mehr. Ein Bürger des Königreichs Gottes zu sein, ist weder ein Spaß noch ein Spiel, sondern eine ernste Angelegenheit.

> „Wer sein Leben liebt, wird es verlieren, und wer sein Leben in dieser Welt hasst, wird es für das ewige Leben bewahren." Joh 12,25

Gehorsam

Während des Zweiten Weltkriegs rationierte die Regierung der Vereinigten Staaten eine große Zahl von Gütern. Gummi war das erste, das rationiert wurde. Bald darauf folgte Benzin. Schon bald darauf begann die Regierung mit der Rationierung von Zucker, Kaffee, Fleisch, Butter, Konserven, getrockneten Erbsen und Bohnen und einer Vielzahl anderer Produkte. Schließlich rationierte oder beschränkte die Regierung sogar Artikel wie Autos, Fahrräder, Schreibmaschinen, Schuhe und Kleidung.[11]

Was hätten die Leute von einer Person gehalten, die behauptete, ein glühender Patriot zu sein, wenn sie beim Stehlen von Benzin aus einer örtlichen Raffinerie erwischt worden wäre, um die Unannehmlichkeiten der Benzinrationierung in Kriegszeiten nicht ertragen zu müssen? Was wäre, wenn dieselbe Person zahlreiche andere Kriegsgesetze gebrochen hätte? Hätte man sie dann als wahren Patriot bezeichnet? Wohl kaum! Man hätte sie einen Heuchler, einen Betrüger und sogar einen Verräter genannt.

Im Königreich Christi ist das nicht anders. Jesus hat verschiedene Gesetze und Gebote erlassen, und alle Seine Gesetze sind Kriegsgesetze. Wenn wir Seine Gesetze brechen, erweisen wir uns als Verräter. Wir zeigen, dass wir keine echte Liebe für unser neues Land haben. Wir wollen die Vorteile des Lebens unter Christi Regierung genießen, aber wir wollen keine Mühsal oder Unannehmlichkeiten erleiden. Jesus durchschaut jeden vorgetäuschten Patriotismus für Sein Königreich, jede gekünstelte Liebe zu Ihm, sofort.

---

11 "Florida During World War II", https://www.floridamemory.com/learn/classroom/learning-units/wwii/.

Hat das Königreich Gottes wirklich Gesetze?

Aber vielleicht hat man Ihnen gesagt, dass es für Christen keine Gesetze gibt. Viele Prediger sagen: „Wir haben keine Gebote mehr - das war unter dem Gesetz Moses. Wir stehen unter der Gnade, nicht unter dem Gesetz." Wenn das der Fall ist, dann erklären Sie bitte diese Aussagen Jesu:

„Wenn ihr Mich liebt, so haltet Meine Gebote." Joh 14,15

„Der, der Meine Gebote hat und sie hält, der ist es, der Mich liebt. Und der, der Mich liebt, der wird von Meinem Vater geliebt werden, und Ich werde ihn lieben und Mich ihm offenbaren." Joh 14,21

„Wenn jemand Mich liebt, dann wird er Mein Wort halten, und Mein Vater wird ihn lieben, und Wir werden zu ihm kommen und Wohnung bei ihm machen. Der, der Mich nicht liebt, hält Meine Worte nicht." Joh 14,23-24

„Ihr seid Meine Freunde, wenn ihr tut, was immer Ich euch gebiete." Joh 15,14

„Wenn ihr Meine Gebote haltet, werdet ihr in Meiner Liebe bleiben, so wie Ich die Gebote Meines Vaters gehalten habe und in Seiner Liebe bleibe." Joh 15,10

Wir haben keine Gebote? Nur Gnade? Nicht laut Jesus! Und Seine Sichtweise ist die einzige, die zählt. Wo es keine Gesetze und keine Gebote gibt, da gibt es kein Königreich. Und wo es kein Königreich gibt, da gibt es auch keinen Jesus. Jede Theologie oder jede Schriftauslegung, die die klaren Worte Jesu aufhebt, ist nicht von Christus. Jesus hat Seine letzte Nacht[12] vor Seinem Tod doch nicht extra damit ver-

---

12 Alle eben zitierten Aussagen aus dem Johannesevangelium machte Jesus in Seiner letzten Nacht bevor Er verhaftet, gefoltert und hingerichtet wurde. Anm. des Übersetzers.

bracht, Seinen Jüngern immer und immer wieder zu wiederholen, dass sie Seine Gebote halten sollen, nur um ihnen später zu sagen, dass Er eigentlich gar keine Gebote hat!

Königreichwerte

Als ich in den fünfziger Jahren aufwuchs, hörte ich oft das Gerede über den „American Way", der „Amerikanische Weg". Der „American Way" bezog sich auf die amerikanischen Werte, im Gegensatz zu den Werten der Kommunisten. Zu den amerikanischen Werten gehört der feste Glaube an die Religionsfreiheit, die Redefreiheit, die Pressefreiheit, ein ordentliches Gerichtsverfahren und gewählte Repräsentanten, die dem Volk gegenüber verantwortlich sind.

In ähnlicher Weise gibt es einen „Königreichweg". Das Königreich Jesu kommt mit seinem eigenen, speziellen Wertekatalog daher. In den folgenden Kapiteln werden wir uns einige der auf diesen Werten beruhenden Gesetze des Königreichs ansehen. Für die meisten Menschen werden diese Werte des Königreichs Gottes auf den Kopf gestellt erscheinen. Das liegt daran, dass viele von ihnen das genaue Gegenteil der alltäglichen menschlichen Werte sind. Aber das Wichtigste, was man sich bei ihnen merken sollte, ist, dass die Werte des Königreichs Gottes in der *Ewigkeit* verwurzelt sind. Und die Dinge nehmen ganz andere Eigenschaften an, wenn sie dem Licht der Ewigkeit ausgesetzt werden.

Das ist vergleichbar mit den wechselnden Eigenschaften der chemischen Substanz H_2O bei verschiedenen Temperaturen. Wenn diese Substanz über 0 Grad Celsius (und unter 100 Grad) ist, nennen wir sie Wasser. Es ist eine Flüssigkeit, die durch ein Rohr fließen kann. Man kann sie trinken oder in ihr schwimmen. Aber unter 0 Grad nimmt H_2O ganz andere Eigenschaften an. Alle seine Eigenschaften werden plötzlich auf den Kopf gestellt. Was man zuvor trinken konnte, kann man jetzt essen. Auf dem, worin man zuvor schwimmen konnte, kann man jetzt gehen.

Mit der Ewigkeit verhält es sich genauso. Alles - Besitztümer, Begabungen, Aktivitäten und Werte - bekommt einen völlig neuen Charakter, wenn man es mit den Augen der Ewigkeit betrachtet. Dinge, die aus irdischer Sicht ein Segen sind, werden oft zum Fluch, wenn man sie mit den Augen der Ewigkeit betrachtet. Im Königreich Gottes ist die Ewigkeit nicht die Hauptsache, sondern die *einzige* Sache. Alles andere ist letzten Endes irrelevant.

Und das ist der wesentliche Grund, warum wir erwarten sollten, dass die Gesetze und Werte dieses Königreichs anders sind, revolutionär. Es sind die Gesetze und Werte der Ewigkeit. Natürlich sind sie anders als jene auf der Erde!

Auf den Fels bauen

Am Ende der Bergpredigt warnt uns Jesus:

> „Viele werden an jenem Tag zu Mir sagen: ‚Herr, Herr, haben wir nicht in Deinem Namen geweissagt, in Deinem Namen Dämonen ausgetrieben und in Deinem Namen viele Wunder getan?' Und dann werde Ich zu ihnen sagen: ‚Ich habe euch nie gekannt; weicht von Mir, ihr, die ihr Gesetzlosigkeit praktiziert!'" Mt 7,22-23

Also sagte Jesus, dass Er jeden bekennenden Gläubigen, der *Gesetzlosigkeit* praktiziert, verwerfen würde. Mein Wörterbuch definiert „gesetzlos" als „nicht durch die Autorität des

Gesetzes geregelt".[13] Diejenigen, die Gesetzlosigkeit praktizieren, sind also bekennende Christen, die sich weigern, entweder Jesu Gesetze oder Gebote anzuerkennen oder nach ihnen zu leben.

Jesus schloss Seine Bergpredigt mit den Worten:

> „Darum wer immer nun diese Meine Worte hört und *sie tut*, den will Ich mit einem klugen Mann vergleichen, der sein Haus auf den Fels baute; und es regnete und flutete, und die Winde wehten und stießen an das Haus, und es stürzte nicht ein, denn es war auf den Fels gegründet.

> Jeder aber, der diese Meine Worte hört und *sie nicht tut*, wird sein wie ein törichter Mensch, der sein Haus auf den Sand baute; und es regnete, und die Fluten kamen, und die Winde wehten und stießen an das Haus, und es stürzte zusammen. Und sein Einsturz war gewaltig."
> Mt 7,24-27

Diese Worte sind klar und deutlich, nicht wahr? Die einzige Möglichkeit, wie wir auf den Fels bauen können, ist, die Dinge *zu tun*, die Jesus lehrte. Wenn wir nicht tun, was Er lehrte, bauen wir auf Sand. So einfach ist das.

Deshalb finde ich es unglaublich, dass wir, die wir uns als bibeltreue Christen bezeichnen, Jesus die Worte direkt ins Gesicht zurückwerfen und Ihn verhöhnen, indem wir am Sonntagmorgen lautstark singen:

> „Meine Hoffnung gründet sich auf nichts weniger als auf Jesu Blut und Gerechtigkeit.

> Ich wage es nicht, dem süßesten Bild zu trauen, sondern stütze mich ganz und gar auf Jesu Namen.

---

13 *Webster's New World College Dictionary*, Third Edition (New York: Simon & Schuster, Inc., 1997) 765.

Auf Christus, dem soliden Felsen, stehe ich. Jeder andere Boden ist sinkender Sand, jeder andere Boden ist sinkender Sand.

Wenn die Dunkelheit Sein liebliches Antlitz verschleiert, *ruhe ich auf Seiner unveränderlichen Gnade.* In jedem hohen und stürmischen Orkan hält mein Anker im Inneren dieses Schleiers.

Wenn Er kommen wird mit Trompetenschall, o, möge ich dann in Ihm gefunden werden. Gekleidet in *Seine Gerechtigkeit allein,* makellos stehend vor dem Thron."[14]

Die einzige Stelle in der Heiligen Schrift, die davon spricht, auf den Fels zu bauen und nicht auf sinkenden Sand, ist jene Stelle aus der Bergpredigt, die wir gerade gelesen haben. Dort hat Jesus ganz klar gesagt, dass wir nur dann auf den Felsen bauen können, wenn wir *das tun*, was Er in dieser Bergpredigt gepredigt hat. Seine Gnade ist wirklich unveränderlich, aber Er erstreckt sie nur auf jene, die Ihn lieben und Ihm gehorchen.

Doch dieses beliebte Lied ignoriert genau diese Worte Jesu völlig und lehrt stattdessen, dass wir auf den Felsen bauen, indem wir einfach nur darauf vertrauen, dass die Gnade und

---

14 Edward Mote, 1834, "The Solid Rock". Anm. des Übersetzers: Dieses alte, im englischen Sprachraum beliebte Lied wurde unter dem Titel „Mein Glaube fest sich bauen kann" ins Deutsche übersetzt und in einige Liederbücher aufgenommen. Der deutsche Text enthält jedoch nicht die Formulierungen, die David Bercot hier anprangert. Deswegen habe ich den englischen Originaltext wortgetreu ins Deutsche übersetzt. Nichtsdestotrotz gibt es auch deutsche Liedtexte, die Jesu Predigten genauso ignorieren und verhöhnen. Z.B. der deutsche Text „Allein deine Gnade genügt" (von Martin Pepper) wo eine Strophe lautet: „Ich muss mich nicht länger um Liebe bemüh'n, Ich habe Vertrauen zu dir. Du hast meine Sünde getilgt durch dein Blut, Und Gnade ist für mich genug."

Gerechtigkeit Jesu uns umhüllt - unabhängig davon, wie wir leben. Und raten Sie mal, wem die meisten bekennenden Christen glauben wollen: (1) Jesus selbst oder (2) diesem Liedtexter und anderen, die wie er ein Evangelium des einfachen Glaubenstums[15] predigen?

Der große Paradigmenwechsel

Das Leben und Wirken im Königreich Gottes erfordert einen radikalen Paradigmenwechsel. Das Wort Paradigma bedeutet im Grunde ein Modell oder Muster. Es kann auch ein Gesamtkonzept oder die Summe unserer Annahmen bedeuten, die es uns ermöglichen, ein bestimmtes Ereignis, ein Szenario oder das Leben im Allgemeinen zu verstehen (oder misszuverstehen). Wir vollziehen einen Paradigmenwechsel, wenn wir etwas für die Realität halten, aber später feststellen, dass es etwas anderes ist.

Einer der bekanntesten Paradigmenwechsel in der Wissenschaft fand beispielsweise statt, als Kopernikus postulierte, dass sich die Erde und andere Planeten um die Sonne drehen. Nachdem die Wissenschaftler das heliozentrische Modell von Kopernikus akzeptiert hatten, mussten sie viele ihrer früheren Annahmen über die Bewegungen der Erde ändern. In ähnlicher Weise veränderte die Entdeckung von Louis Pasteur und anderen Wissenschaftlern, dass Keime Krankheiten verursachen, die medizinische Praxis radikal.

---

15 Englisch „believism", wörtlich „Glaubismus", ein Kunstwort, das
    David Bercot in seinem Buch „Will the Theologians Please Sit
    Down" („Würden die Theologen sich bitte setzen") prägte. Er
    bezeichnet damit die menschliche Lehre des sich einfach machenden
    Glaubens an billige Gnade. Anm. des Übersetzers.

Der Schriftsteller Frank Koch gibt ein hervorragendes Beispiel für einen Paradigmenwechsel in einer Geschichte, die in Proceedings, der Zeitschrift des United States Naval Institute, erzählt wurde:

„Zwei Schlachtschiffe, die dem Ausbildungsgeschwader zugeteilt waren, befanden sich mehrere Tage lang bei schwerem Wetter zu Manövern auf See. Ich diente auf dem führenden Schlachtschiff und hatte bei Einbruch der Dunkelheit Wache auf der Brücke. Die Sicht war wegen des leichten Nebels schlecht, so dass der Kapitän auf der Brücke blieb, um alle Aktivitäten im Auge zu behalten.

Kurz nach Einbruch der Dunkelheit meldete der Ausguck auf dem Flügel der Brücke: ,Licht, Peilung auf Steuerbordbug.‘ ,Ist es konstant oder bewegt es sich nach achtern?‘, fragte der Kapitän. Der am Ausguck antwortete: ,Stetig, Kapitän‘, was bedeutete, dass wir uns auf einem gefährlichen Kollisionskurs mit diesem Schiff befanden. Daraufhin rief der Kapitän dem Signalmann zu: ,Signalisieren Sie dem Schiff: Wir sind auf Kollisionskurs. Ich rate Ihnen, den Kurs um 20 Grad zu ändern.‘

Daraufhin kam das Signal zurück: ,Ratsam für *Sie*, den Kurs um 20 Grad zu ändern.‘

Der Kapitän sagte: ,Sende: Ich bin Kapitän, ändert den Kurs um 20 Grad.‘

,Ich bin ein Matrose zweiter Klasse‘, kam die Antwort, ,*Sie* sollten besser den Kurs um 20 Grad ändern.‘

Von da an war der Kapitän wütend. Er spuckte vor sich hin: ,Senden: Ich bin ein Schlachtschiff. Ändert den Kurs um 20 Grad.‘

Zurück kam die blinkende Nachricht: ‚Ich bin ein Leuchtturm.‘

Wir änderten den Kurs.“[16]

Der Paradigmenwechsel, den wir vollziehen müssen, um in das Königreich Gottes einzutreten und darin zu bleiben, ist genau so radikal! Als neue Bürger des Königreichs Gottes entdecken wir, dass viele Dinge, die wir für Schiffe hielten, in Wirklichkeit Leuchttürme sind. Wenn wir wirklich Bürger des Königreichs Gottes sind, ändert sich unser komplettes Weltbild.

Dies sind nicht bloß nette „Impulse für den Tag“

Ich möchte eine letzte Bemerkung machen, bevor wir einen Blick auf einige der bahnbrechenden Gesetze und „auf den Kopf gestellten“ Werte des Königreichs werfen. Die meisten von uns haben diese Lehren Jesu so oft gehört, dass wir praktisch abgestumpft sind gegenüber dem, was sie tatsächlich sagen. Die revolutionären Lehren Jesu wurden reduziert auf Klischees, abgedroschene Sprüche und nette „Impulse für den Tag“. Wir sprechen von den „Seligpreisungen“, der „Goldenen Regel“ und „die Extrameile gehen“. Es sind nette Denkanstöße, aber nichts, was man zu ernst oder zu wörtlich nehmen sollte.

In meiner Bibel sind die ersten sieben Verse der Bergpredigt (die „Seligpreisungen“) in poetischer Form abgedruckt – so als wären es einfach schöne Worte, nicht gedacht, um sie allzu ernst zu nehmen. Poesie? Jesus hat der Menge, die Ihn an diesem Tag hören wollte, keine Poesie vorgetragen. Er wollte

---

16 Frank Koch, *Proceedings*, quoted by Stephen Covey in *The 7 Habits of Highly Effective People* (New York: Simon & Schuster, 1989) 33.

nicht, dass sie nach Hause gehen und über die schönen Worte reden, die Er gesagt hatte. Nein, Er wollte sie bis ins Innerste ihrer Seelen herausfordern. Er wollte ihnen ein Paket neuer Werte und neuer Gesetze geben – zusammen mit einem neuen Leben.

Auf den folgenden Seiten werden wir eine Handvoll der neuen Werte und herausfordernden Gesetze des Königreichs Gottes betrachten. Aber wir werden sie nicht verwässern oder wegdiskutieren. Wir werden sie konsequent angehen. Werden Jesu Gesetze einigen von uns auf die Zehen steigen? Auf jeden Fall!

5.
Unsere Sicht auf den Mammon ändern

Betrachten wir zunächst eines der schwierigsten der revolutionären Gesetze Jesu. Es betrifft genau das, wonach die meisten Menschen streben: Reichtum und Wohlstand. Irdische Regierungen verbieten ihren Bürgern kaum, irdische Schätze anzuhäufen. Aber Jesu Regierung tut es. Unser König hat uns befohlen:

> „Sammelt euch nicht Schätze auf Erden, wo Motte und Rost sie zerstören und wo Diebe einbrechen und stehlen; sondern sammelt euch Schätze im Himmel, wo weder Motte noch Rost sie zerstören und wo Diebe nicht einbrechen und stehlen." Mt 6,19-20

Wie bitte? Ich kann hier auf der Erde keine Schätze anhäufen? Warum denn nicht? Jesus erklärt:

> „Denn wo euer Schatz ist, da wird auch euer Herz sein."
> Mt 6,21

Wir haben im letzten Kapitel gesehen, dass Jesus es nicht zulassen wird, dass Seine Untertanen Ihn degradieren zu einer zweitrangigen Rolle in ihrem Leben. Vielmehr sagte Er:

> „Niemand kann zwei Herren dienen; denn entweder wird er den einen hassen und den anderen lieben, oder er wird dem einen treu sein und den anderen verachten. Ihr könnt nicht Gott und dem Mammon dienen." Mt 6,24

Kurz gesagt, Jesus muss unser einziger Herr sein. Die meisten irdischen Regierungen haben nichts dagegen, dass wir dem Mammon dienen – also den materiellen Dingen nachstreben -, solange wir auch die Verpflichtungen erfüllen, die sie uns auferlegen. Jedoch in Kriegszeiten erwarten selbst irdische Regierungen von uns, dass wir unser Vaterland über materielle Belange stellen. Die Regierung wird Männer in die Armee einberufen - ungeachtet der Auswirkungen, die das auf deren Einkommen oder Geschäft haben mag. In solchen Zeiten müssen alle Dinge hinter den nationalen Interessen zurückstehen.

Auch hier ist das Königreich Gottes nicht anders, außer dass es *mehr* fordert, nicht weniger, als irdische Regierungen. Und, wie ich schon sagte, befindet sich das Königreich Gottes immer im Krieg. Das Streben nach materiellen Gütern wird *immer* mit den Verpflichtungen, die das Königreich Gottes von uns verlangt, in Konflikt geraten.

Heißt das, dass wir unsere Jobs kündigen oder unsere Unternehmen aufgeben sollen? Nicht unbedingt. Jesus erklärte:

„Darum sage ich euch: Sorgt euch nicht um euer Leben, was ihr essen oder trinken werdet, noch um euren Leib, was ihr anziehen werdet. Ist nicht das Leben mehr als die Nahrung und der Leib mehr als die Kleidung? Seht euch die Vögel des Himmels an: Sie säen nicht, sie ernten nicht, sie sammeln nicht in die Scheunen; doch euer himmlischer Vater ernährt sie. Seid ihr nicht mehr wert als sie? Wer von euch kann durch Sorgen eine Elle hinzufügen zu seiner Statur?

Warum sorgt ihr euch also um Kleidung? Seht euch die Lilien auf dem Felde an, wie sie wachsen: sie mühen sich nicht und spinnen nicht; und doch sage ich euch, dass selbst Salomo in all seiner Herrlichkeit nicht gekleidet war wie eine von ihnen. Wenn nun Gott das Gras auf dem Felde so kleidet, das heute steht und morgen in den Ofen geworfen wird, wird er euch nicht viel mehr kleiden, ihr Kleingläubigen?

Darum sorgt euch nicht und sprecht: ‚Was sollen wir essen?‘ oder ‚Was sollen wir trinken?‘ oder ‚Was sollen wir anziehen?‘ Denn nach all diesen Dingen trachten die Heiden. Denn euer himmlischer Vater weiß, dass ihr all diese Dinge braucht. Aber trachtet zuerst nach dem Königreich Gottes und nach Seiner Gerechtigkeit, und alle diese Dinge werden euch hinzugefügt werden."
Mt 6,25-33

Jesus hat uns nicht gesagt, dass wir uns und unsere Familien nicht mit materiellen Dingen versorgen können. Aber Er hat deutlich gesagt, dass wir *zuerst* nach dem Königreich Gottes trachten müssen. Unsere Arbeit und unsere Geschäfte müssen auf den zweiten Platz verwiesen werden, wenn wir in Seinem Königreich bleiben wollen.

Und was verspricht uns Jesus, wenn wir zuerst nach Seinem Königreich trachten? Materiellen Wohlstand? Nein. Er verspricht uns einfach nur, dass Gott für unsere *Grundbedürfnisse* sorgen wird: Nahrung, Kleidung und eine Art von Unterkunft.

Der große Wertewandel

Wenn es um materiellen Besitz geht, hat Gottes Königreich nicht bloß andere *Gesetze*, es hat einen komplett anderen Katalog von *Werten*.

„Gesegnet[17] seid ihr Armen, denn euer ist das Königreich Gottes." Lk 6,20

Die meisten von uns sind so abgestumpft gegenüber den „Seligpreisungen", dass wir die radikale, revolutionäre Aussage, die Jesus dort macht, gar nicht mehr wahrnehmen.

Es ist ein Segen, arm zu sein? Wie viele von uns glauben das? Ich meine, glauben es *wirklich*? Wenn wir am Haus eines armen Christen vorbeifahren, sagen wir dann in unserem Herzen: „Was für ein Segen! Seht nur, wie Gott diese Familie gesegnet hat."? Sind wir uns ehrlich. Sehr wenige von uns tun das. Das liegt daran, dass wir in unserem Herzen nicht wirklich glauben, dass Armut ein Segen ist.

Im Gegensatz dazu kann ich nicht zählen, wie oft mir Christen ihre schönen Häuser und ihren reichen Besitz gezeigt und gesagt haben: „Sieh nur, was der Herr uns gegeben hat." Wenn mir das nächste Mal jemand das sagt, bin ich versucht, zu antworten: „Wirklich? Warum in aller Welt sollte Er das tun? Hast du eine Ahnung, warum Gott dich verflucht?" Wann werden wir aufwachen und Jesus glauben? Er sagt uns:

„Wehe euch, die ihr reich seid, denn ihr habt euren Trost empfangen." Lk 6,24

---

17 In deutschen Bibeln steht an der Stelle „selig" und so sind wir es auf Deutsch gewöhnt. In englischen Bibeln steht dort jedoch „blessed", was sowohl „gesegnet" als auch „selig" bedeuten kann. Daher verstehen englischsprachige Bibelleser beides darunter. Aber deutschsprachige Leser machen einen Unterschied und übersehen, dass es sich hier eigentlich um Segnungen handelt. David Bercot betont den Aspekt des Segens im weiteren Verlauf seiner Ausführung und deswegen entschied ich mich, „blessed" an dieser und ähnlichen Stellen mit „gesegnet" zu übersetzen, um Deutschsprachigen vor Augen zu führen, dass diese Bedeutung wirklich im Bibeltext steckt und in Bibeln wie der KJV sichtbar ist. Anm. des Übersetzers.

Wohlstand ist eine Schlinge, kein Segen. Göttliche Armut ist ein Segen, kein Fluch.

Das erfordert einen so radikalen Paradigmenwechsel wie die Erkenntnis, dass das, was wir einst für ein Schiff hielten, in Wirklichkeit ein Leuchtturm ist.

> „Frömmigkeit mit Genügsamkeit ist ein großer Gewinn. Denn wir haben nichts in diese Welt gebracht, und es ist gewiss, dass wir nichts hinaustragen können. Wenn wir aber Nahrung und Kleidung haben, sollen wir damit zufrieden sein. Diejenigen aber, die reich sein wollen, fallen in Versuchung und in eine Schlinge und in viele törichte und schädliche Begierden, die den Menschen ins Verderben und in die Verdammnis stürzen. Denn die Liebe zum Geld ist eine Wurzel allen Übels, um derentwillen manche in ihrer Habsucht vom Glauben abgeirrt sind." 1.Tim 6,6-10

Die Armen des Königreichs im Gegensatz zu den weltlichen Armen

Bedeutet das nun, dass ich automatisch gut vor Gott dastehe, wenn ich arm bin? Nein. Weil es nicht reicht, einfach nur arm zu sein. Nur weil wir arm sind, heißt das noch lange nicht, dass wir zuerst nach dem Königreich Gottes trachten. In der Bergpredigt (in Matthäus 5) verwendet Jesus einen etwas anderen Begriff als in der Feldpredigt (in Lukas 6, siehe weiter oben). In der Bergpredigt sagte Er:

> „Gesegnet sind, die Armen *im Geiste*, denn ihrer ist das Königreich des Himmels." Mt 5,3

Dieser Begriff „die Armen im Geiste" wird nirgendwo sonst in der Heiligen Schrift verwendet. Viele moderne Ausleger meinen, er bedeute niedergeschlagen oder demütig. Mag sein.

Wie auch immer, ein christlicher Ältester aus dem zweiten Jahrhundert, Clemens von Alexandrien, interpretierte ihn allerdings ganz anders. Er verstand Jesus so, dass Er meinte: „Gesegnet sind diejenigen, die arm sind *in ihren Seelen*."[18] Das bedeutet, dass ihre Seelen völlig losgelöst von materiellen Dingen sind, egal wie wenig oder wie viel sie haben. Schließlich kann ein Mensch buchstäblich arm sein, aber im Geiste sehr habgierig. Tatsächlich ist die große Mehrheit der Armen dieser Welt nicht „arm im Geiste". Ihre Seelen sind nicht auf das Königreich Gottes fokusiert, sondern auf den Mammon.

Weltliche Armut ist *unfreiwillig*. Viele weltlich Arme haben ihr Herz darauf ausgerichtet, immer mehr materielle Güter zu erlangen. Sie beneiden die Reichen und die Mittelklasse. Ihr Verlangen nach dem Mammon ist sogar so stark, dass sie sich verschulden, um zu kaufen, was sie sich nicht leisten können. Einige weltlich Arme verhalten sich unehrlich und stehlen sogar. Typischerweise sind sie mit Zahlungen im Rückstand, zu denen sie sich verpflichtet haben. Sie ziehen vielleicht um und lassen Rechnungen unbezahlt, oder sie melden Privatkonkurs an und lassen ihre Gläubiger leer ausgehen. Die weltlichen Armen sind manchmal genauso sehr auf Prestigekonsum aus wie die Reichen. Das heißt, sie wollen die angesagte Markenkleidung tragen oder ein prestigeträchtiges Auto

---

18 Den Satz schrieb Clemens von Alexandrien nicht. Aber er schrieb das Buch „*Welcher Reiche wird gerettet werden?*" und führte in mehreren Kapiteln (z.B. 14-16) sinngemäß das aus, was David Bercot hier kurz zusammenfasst. Anm. des Übersetzers.

fahren. In Wahrheit lieben sie genauso das Geld wie die Reichen.

Eine andere Sorte von weltlichen Armen sind diejenigen, die einfach faul oder unverantwortlich sind. Sie wenden vielleicht wenig Zeit auf um Mammon zu verdienen, was lobenswert sein mag. Am Ende fallen sie aber anderen zur Last: ihrer Gemeinde, ihren Eltern, ihren Freunden oder dem Staat (Ich spreche jetzt nicht von Menschen, die nicht arbeiten können, wie ältere, kranke oder behinderte Menschen). Oft haben sie kein Geld, weil sie ihr Geld für Alkohol, Glücksspiel, Tabak, illegale Drogen und andere Dinge vergeuden. Diejenigen unter den weltlichen Armen, die sich als Christen bekennen, tun sehr wenig für das Königreich Gottes. Sie arbeiten nicht für den Mammon, aber sie arbeiten auch nicht für Christus.

Im Gegensatz dazu ist die Armut des Königreichs *freiwillig*. Manche Arme des Königreichs sind ehemalige reiche Christen, die ihren Reichtum weggaben, um den Bedürftigen zu helfen. Andere waren bereits arm, und bleiben freiwillig arm. Die gottgefälligen Armen sind nicht nur äußerlich arm, sondern auch innerlich. Die Pläne ihres Herzens konzentrieren sich auf das Königreich Gottes und nicht darauf, wie sie zu mehr Mammon kommen können. Die Armen des Königreichs Gottes sind nicht neidisch auf andere, die wohlhabender sind, denn sie glauben wirklich, dass es ein Segen ist, arm zu sein. Warum sollten sie also die Reichen beneiden? Schließlich fehlt den Reichen ein Segen.

Die Armen des Königreichs sind nicht faul, sondern arbeiten hart. Je nach ihren Lebensumständen müssen sie vielleicht Vollzeit arbeiten, um für die Bedürfnisse ihrer Familien zu sorgen. Sie wissen sehr wohl, dass die Heilige Schrift lehrt:

„Wer nicht arbeiten will, soll auch nicht essen."
2.Thess 3,10

Aber ob sie nun Vollzeit oder Teilzeit arbeiten, sie sind auch fleißige Arbeiter für das Königreich Gottes.

Die Armen des Königreichs Gottes sind nicht habgierig. Sie kaufen keine Dinge, die sie sich nicht leisten können, und sie kaufen keine Konsumgüter auf Kredit. Sie begleichen ihre Rechnungen und kommen ihren Verpflichtungen nach, denn ihr „Ja" bedeutet „Ja" und ihr „Nein" bedeutet „Nein". Die Armen des Königreichs mögen vom Evangelium leben, und das ist ehrenhaft vor Gott - solange sie im Dienste ihres Königs fleißig arbeiten. Aber die Armen des Königreichs Gottes leben nicht von ihren Eltern, Freunden, der Wohlfahrt oder einem anderen Sozialsystem. Sie fallen anderen nicht zur Last.

Kann ein reicher Mensch „arm im Geiste" sein?

Theoretisch kann ein Mensch einen ziemlichen Überfluss an Gütern dieser Welt haben und dennoch „arm im Geiste" sein. Das heißt, der Mammon ist sein Diener, nicht sein Herr. Paulus ist ein gutes Beispiel für jemanden, der „arm im Geiste" war. Er sagte den Philippern:

„Ich habe gelernt, in jedem Zustand, in dem ich bin, zufrieden zu sein: Ich kenne es, gedemütigt zu sein, und ich kenne es, Überfluss zu haben. Überall und in allen Dingen habe ich beides gelernt, sowohl satt zu sein als auch zu hungern, im Überfluss zu leben, wie auch Not zu leiden." Phil 4,11.12

Ob er nun viel oder wenig hatte, Paulus war losgelöst von seinen materiellen Besitztümern. Er zögerte nicht, sie loszulassen, wenn es nötig war.

Dennoch bezweifle ich, dass Paulus trotz seines Überflusses jemals buchstäblich reich war. Und wir sollten uns vor Augen halten, dass es äußerst schwierig ist, im wahrsten Sinne des Wortes reich, aber dennoch „arm im Geiste" zu sein. Wie Jesus sagte:

> „Wo dein Schatz ist, da wird auch dein Herz sein."
> Mt 6,21

Wenn wir hier auf Erden einen Schatz besitzen, wird unser Herz an diesem Schatz hängen. Wir werden ständig dahinter sein, ihn zu erhalten, und wir werden in Sorgen leben, ihn irgendwie zu verlieren. Aus diesem Grund sagte Jesus bei einer anderen Gelegenheit:

> „Es ist leichter, dass ein Kamel durch ein Nadelöhr geht, als dass ein Reicher in das Königreich Gottes hinein kommt." Mt 19,24

Wie wir im vorigen Kapitel gesehen haben, sagte Jesus klipp und klar:

> „Wer von euch nicht allem entsagt, was er hat, kann nicht Mein Jünger sein." Lk 14,33

Offensichtlich ist es umso schwieriger, allem zu entsagen, je mehr Dinge wir aufzugeben haben. Wir können uns selbst vormachen, dass wir immer noch „arm im Geiste" sind, aber wir können Jesus nichts vormachen. Er weiß, wo unser Schatz liegt, auch wenn wir es nicht wissen.

Die radikalen Lehren Jesu über den Reichtum sollten die Seelen aller amerikanischen Christen erschüttern. Und warum? Weil wir die reichste Nation der Welt sind! Tatsächlich sind die Vereinigten Staaten das reichste Land, das es in der Geschichte der Menschheit je gegeben hat. Im Jahr 2002 verdienten die Amerikaner als Nation genug, um 36.300 Dollar für jeden Mann, jede Frau und jedes Kind in Amerika zu erwirtschaften.[19] Die Hälfte der Familien in Amerika verdient mindestens 56.000 Dollar pro Jahr.[20]

Gleichzeitig fühlt sich die typische amerikanische Familie nicht besonders wohlhabend. Das liegt daran, dass ihr Lebensstandard in etwa dem der anderen Familien in ihrer Umgebung entspricht. Tatsächlich beklagen wir Amerikaner uns in der Regel darüber, wie angespannt die Zeiten sind. Wir jammern darüber, wie schwer es ist, über die Runden zu kommen.

Aber normalerweise öffnet eine einzige Reise in ein Land der Dritten Welt einem Amerikaner die Augen für den enormen Reichtum, den wir als Nation haben. Wir Amerikaner sind wirklich reich, ob wir es nun erkennen oder nicht. In den meisten Ländern der Welt würde eine Familie, die 56.000 Dollar pro Jahr verdient, als extrem wohlhabend gelten.

Wie ich bereits erwähnt habe, beträgt das aktuelle Pro-Kopf-Einkommen in den Vereinigten Staaten 36.300 Dollar pro Kopf. Im Gegensatz dazu ist es in Rumänien nur 6.800 pro Kopf,[21] weniger als 1/5 des amerikanischen Wertes.

---

19 Bruttoinlandsprodukt pro Kopf, veröffentlicht auf Infoplease, "Economic Statistics by Country, 2001," http://www.infoplease.com/ipa/A0874911.html. Heute (23.3.2024) sind unter diesem Link die Zahlen von 2011 zu finden, die noch höher sind. Anm. des Übersetzers.

20 Bureau of Census, http://census.gov/.

21 Die Zahlen hier und in weiterer Folge sind vom Jahr 2001 bzw. 2002 und wurden dem Internetportal Infoplease (Link s.o.) entnommen. Die Schere ist in den letzten 20 Jahren wohl noch weiter auseinander gegangen. Anm. des Übersetzers.

Dennoch ist das Pro-Kopf-Einkommen in Rumänien höher als in den meisten anderen Ländern der Welt. Es ist mehr als doppelt so hoch wie das von Honduras, wo es nur 2.600 Dollar beträgt. Aber das Pro-Kopf-Einkommen von Honduras ist mehr als doppelt so hoch wie jenes von Uganda, das nur 1.200 Dollar pro Jahr beträgt. Und Uganda ist mit 550 Dollar pro Jahr mehr als doppelt so hoch wie Somalia. Also ist das Pro-Kopf-Einkommen der Amerikaner mehr als 66 Mal so hoch wie das der Somalier. Mit anderen Worten: Wir verdienen in 5 1/2 Tagen das, was ein typischer Somalier in einem Jahr verdient!

Wo stehen wir also in Bezug auf das Königreich Gottes? Wir Amerikaner sind reich, und Jesus sagte, es sei „leichter, dass ein Kamel durch ein Nadelöhr geht, als dass ein Reicher in das Königreich Gottes eintritt." Im Gegensatz zu dem, was die meisten Christen denken, ist der Reichtum Amerikas kein Segen von Gott. Die Gleichsetzung von materiellem Wohlstand mit Gottes Segen ist ein Überbleibsel des alten Wertesystems. Es zeigt, dass wir den notwendigen Paradigmenwechsel noch nicht vollzogen haben. Im Königreich Gottes sind die Armen gesegnet und die Reichen müssen sich damit abmühen, ein Kamel durch ein Nadelöhr zu bekommen!

Sind wir amerikanischen Christen ohne Hoffnung? Nein, denn Jesus hat uns den dünnsten Faden der Hoffnung gegeben. Als Seine Jünger Seine Worte über die Schwierigkeit eines reichen Mannes, in das Königreich Gottes zu gelangen, hörten, waren sie erstaunt und fragten:

„Wer kann dann gerettet werden?"

Jesus aber sah sie an und sagte zu ihnen: „Bei den Menschen ist das unmöglich, bei Gott aber sind alle Dinge möglich." Mt 19,25.26

Es gibt also Hoffnung für die Reichen, dank Gottes Eingreifens. Aber wir Amerikaner machen uns nur selbst etwas vor, wenn wir glauben, dass wir uns alle durch diese schmale Ausnahme quetschen werden. Wenn wir hoffen, unter diese Ausnahme zu fallen, müssen wir auf jeden Fall sicher sein, dass wir an vorderster Front das tun, was Jesus als zentral für Seine Werte bezeichnete:

> Der König wird zu denen zu seiner Rechten sagen: „Kommt her, ihr Gesegneten Meines Vaters, ererbt das Königreich, das euch bereitet ist seit der Grundlegung der Welt; denn Ich war hungrig, und ihr habt Mir zu essen gegeben; Ich war durstig, und ihr habt Mir zu trinken gegeben; Ich war fremd, und ihr habt Mich aufgenommen; Ich war nackt, und ihr habt Mich bekleidet; Ich war krank, und ihr habt Mich besucht; Ich war im Gefängnis, und ihr seid zu Mir gekommen. ... Wahrlich, Ich sage euch: Was ihr für einen dieser Meiner geringsten Brüder getan habt, das habt ihr Mir getan."
> Mt 25,34.35.40

Es gibt also einen guten Verwendungszweck für Geld, einen Verwendungszweck mit ewigem Wert: die Kranken, die Armen und die Gefangenen zu speisen, zu kleiden, zu beherbergen und zu besuchen. Und wenn wir wohlhabende amerikanische Christen in Gottes Königreich bleiben wollen, müssen diese Dienste an anderen für uns genauso zentral sein wie für Jesus.

Ich finde es so merkwürdig, dass unter bibeltreuen Christen der Dienst an den Armen in der Regel als ein Dienst zweiter Klasse angesehen wird. Wenn man nicht unterwegs ist, um Seelen zu retten, halten viele den eigenen Dienst im Grunde für wertlos. Im Königreich Gottes lassen wird jedoch Jesus diktieren, was wertvoll ist und was nicht. Und Er sagt, dass

Er die Hilfe für die Armen als einen zentralen Dienst ansieht. Er sagt sogar, dass dies ein entscheidender Faktor dafür sein wird, wer das Königreich Gottes erbt und wer nicht. Das Teilen mit den Armen ist genauso wichtig wie die Verkündigung des Evangeliums von Jesus.

Selbstprüfung

Die meisten Christen werden behaupten, dass das Reich Gottes in ihrem Leben wirklich an erster Stelle steht. „Sicher, ich habe einen beträchtlichen Schatz hier auf Erden, aber nichts davon bedeutet mir etwas. Mein Herz hängt allein an Jesus, nicht an diesen irdischen Schätzen." Das sagen doch die meisten von uns, nicht wahr?

Vielleicht behaupten auch Sie genau das. Und vielleicht ist es auch die Wahrheit. Aber das Herz des Menschen ist trügerisch. Deshalb sollten wir alle eine gründliche Selbstprüfung durchführen, um herauszufinden, worauf unser Herz wirklich ausgerichtet ist. Hier sind einige einfache Fragen, die Ihnen dabei helfen können.

Aufgabe: Wenn Sie ein Brotverdiener sind, nehmen Sie ein Blatt Papier und schreiben Sie auf:

1. Die Anzahl der Stunden, die Sie pro Woche mit dem Geldverdienen verbringen, einschließlich Fahrtzeit.

2. Die Anzahl der Stunden, die Sie pro Woche für Reinigung, Instandhaltung, Kauf und Verwaltung von materiellen Gütern aufwenden.

3. Die Anzahl der Stunden, die Sie pro Woche den Interessen des Königreichs widmen. Ich beziehe mich damit auf Aktivitäten wie Zeugnis geben, Krankenbesuche, Speisung und Bekleidung der Armen, Bibelstudi-

um, Gebet, Gemeinschaft und andere Aktivitäten, die dazu gedacht sind, sich um die *geistlichen* Bedürfnisse Ihrer Familie zu kümmern oder das Königreich Gottes zu fördern.

Vergleichen Sie nun die Anzahl der Stunden, die Sie jede Woche für die Belange des Königreichs Gottes aufwenden, mit der Anzahl der Stunden, die Sie jede Woche damit verbringen, materielle Dinge zu verdienen und sich um sie zu kümmern. Wofür verwenden Sie die meiste Zeit? Offensichtlich ist ein gewisses Maß an weltlicher Arbeit notwendig, um für die lebensnotwendigen Dinge zu sorgen. Aber glauben wir wirklich, dass wir Jesus davon überzeugen können, dass wir nur für die *Notwendigkeiten* des Lebens arbeiten - und nicht, für den bequemen westlichen Lebensstil?

Was kommt *zuerst*, wenn es einen Konflikt zwischen unseren Jobs und unseren Verpflichtungen gegenüber dem Königreich Gottes gibt? Erfordert unsere Beschäftigung, dass wir häufig oder regelmäßig die christliche Gemeinde versäumen? Sind wir dadurch zu müde, um etwas Sinnvolles für das Königreich Gottes zu tun? Haben wir das Gefühl, dass wir unseren Verpflichtungen gegenüber dem Königreich Gottes erfüllt haben, wenn wir 10 Minuten am Tag mit dem König und Seinem Vater sprechen?

Aufgabe: Wenn Sie Hausfrau sind, sollten Sie sich folgende Fragen stellen:

1. Wäre ich zufrieden, wenn mein Ehemann nur das Lebensnotwendige verdienen würde, oder muss er wesentlich mehr leisten, damit ich glücklich bin?

2. Gebe ich mehr Geld aus, als mein Ehemann verdient?

3. Beschwere ich mich bei meinem Ehemann, dass wir zuwenig Geld haben?

4. Wie viel Prozent der materiellen Besitztümer in unserem Haus sind Dinge, an die *ich* mich klammere, und nicht Dinge, an die sich mein Ehemann klammert?

Der Ehemann trägt oft die Hauptlast für den Materialismus seiner Frau. Das liegt daran, dass ihr Materialismus ihn in der Regel dazu drängt, länger zu arbeiten oder einen besser bezahlten Job anzunehmen, was sein geistiges Leben zerstört. Sie mag sich über die langen Arbeitszeiten ihres Mannes beschweren, aber *ihre* Ausgaben und *ihre* Wünsche treiben ihn vielleicht dazu, diese Stunden zu arbeiten?

Wenn Sie also eine christliche Ehefrau sind, stellen Sie sicher, dass Sie die Interessen des Königreichs Gottes an erste Stelle setzen. Wenn Sie wirklich eine Königreich-Christin sind, dann sorgen Sie dafür, dass Ihr Mann weiß, dass Sie mit den grundlegenden Notwendigkeiten des Lebens zufrieden sind. Aber sagen Sie es nicht nur mit Worten, sondern *zeigen* Sie es ihm, dass dies so ist, dadurch wie Sie leben, wie Sie Geld ausgeben und worum Sie bitten.

Das ist erst der Anfang

Allein schon diese eine Lehre Jesu erfordert einen ordentlichen Paradigmenwechsel, nicht wahr? Im Königreich ist der Wert der materiellen Dinge genau das Gegenteil von dem, was sie in dieser Welt sind. Aber der Mammon ist erst der Anfang. Es gibt noch viele weitere Wertverschiebungen, die wir vornehmen müssen, um in Gottes Königreich zu passen.

Doch verzweifeln Sie nicht. Jesus verlangt nie etwas von uns, außer den Dingen, von denen Er weiß, dass wir sie durch Seine Macht tun können.

6.
Ein neuer Standard der Ehrlichkeit

Wiederum habt ihr gehört, dass zu den Alten gesagt
worden ist: „Du sollst nicht falsch schwören, sondern
dem Herrn deine Eide halten." Ich aber sage euch: Ihr
sollt überhaupt nicht schwören, weder beim Himmel,
denn er ist Gottes Thron, noch bei der Erde, denn sie ist
Sein Fußschemel, noch bei Jerusalem, denn sie ist die
Stadt des großen Königs. Du sollst auch nicht bei deinem
Haupt schwören, denn du kannst kein einziges Haar
weiß oder schwarz machen. Sondern euer „Ja" soll ein
„Ja" sein und euer „Nein" ein „Nein". Denn alles, was
darüber hinausgeht, ist vom Bösen. Mt 5,33-37 [22]

Jesus sagte Seinen Untertanen also unmissverständlich, dass
sie nicht schwören und keine Eide ablegen dürfen. Schwüre
eröffnen uns die reale Möglichkeit, Gottes Namen zu missbrauchen. Und das ist eine schwere Sünde.

Doch hinter dem Gebot Jesu steckt mehr als nur die Gefahr,
den Namen Gottes zu missbrauchen. Jesus führte bei Seinen
Jüngern einen revolutionären Standard der Ehrlichkeit ein.
Das Schwören oder Ablegen von Eiden war eines der charak-
teristischen Merkmale der antiken Gesellschaft - sowohl der

---

[22] Dieselbe Lehre übers Schwören wird auch von Jakobus wiederholt:
„Vor allem aber, meine Brüder, schwört nicht, weder beim Himmel
noch bei der Erde noch mit irgendeinem anderen Eid. Sondern euer
,Ja' sei ein ,Ja' und euer ,Nein' ein ,Nein', damit ihr nicht dem
Gericht verfallt." (Jak 5,12).

jüdischen als auch der heidnischen. Die Menschen benutzten Eide häufig, besonders in Angelegenheiten des Handels, der Religion und der Regierung.

Warum haben die Menschen sie so oft benutzt? Weil die Menschen einander nicht trauen konnten.

Nehmen wir zum Beispiel an, dass Levi bar Joseph im Judäa des ersten Jahrhunderts auf den Markt geht, um einen Ring zu kaufen. Er sieht einen wunderschönen goldenen Ring, den er gerne besitzen würde, aber er ist ziemlich teuer. Er ist den Preis, den der Händler verlangt, wert - wenn er wirklich aus massivem Gold ist. Also fragt Levi den Händler: „Ist das pures Gold?"

„Ja, das ist es", antwortet der Händler. „Reines Gold."

„Hmm", antwortet Levi, während er den Ring anfasst. „Sind Sie sicher?"

„Natürlich bin ich mir sicher."

„Aber sind Sie *absolut* sicher?" fragt Levi nach.

„Ja, ich bin mir absolut sicher. Ich kenne den Kunstschmied, der den Ring hergestellt hat, persönlich und er hat mir versichert, dass er aus reinem Gold ist", versichert der Händler dem Levi ruhig.

Levi ist immer noch skeptisch. Er weiß, dass er nicht einmal seinem Mitjuden trauen kann. Also hält er den Ring wiegend in der Hand, um sein Gewicht zu prüfen. Er untersucht den Ring sorgfältig auf Kratzer, die auf ein unedles Metall hinweisen könnten. Schließlich ist er sich ziemlich sicher, dass er rein ist. Aber er ist immer noch nicht ganz überzeugt. Schließlich sagt er zu dem Händler: „Ich möchte, dass Sie beim Tempel schwören, dass dieser Ring aus purem Gold ist und nicht bloß vergoldet wurde."

Der Händler leistet den Eid, den Levi verlangt. Nun kann Levi den Ring ohne allzu große Bedenken kaufen. Kein gottesfürchtiger Jude würde beim Tempel schwören, wenn er eine Lüge erzählen würde.

Das war der Alltag in der antiken Welt. Nur wenige Menschen waren vertrauenswürdig. Und es gab keinen Konsumentenschutz, keine Staatsanwälte und keine Regierungsbehörden wie die Bundeshandelskommission[23], die Händler mit falschen Behauptungen strafrechtlich verfolgt hätten. Deshalb suchte die Gesellschaft Zuflucht bei Eiden. Das liegt daran, dass die meisten Menschen sich damals scheuten, einen Meineid zu leisten. Sogar Heiden hatten Ehrfurcht vor Eiden, denn sie fürchteten die Vergeltung der Götter, wenn sie falsch schworen. Infolgedessen gingen Eide im Handel, in Rechtsangelegenheiten, in der Wirtschaft und in der Regierung in Fleisch und Blut über. Sie ermöglichten das Funktionieren der Gesellschaft.

Dennoch erkannte dieses Schwursystem durch seine bloße Existenz an, dass es zwei Standards für Ehrlichkeit gab. Es gab einen Standard, den die Menschen im normalen Gespräch verwendeten, und einen anderen Standard, wenn sie unter Eid standen.

Allerdings hat Jesus in Seinem Königreich keinen doppelten Standard der Ehrlichkeit. Indem Er Seinen Untertanen das Schwören verbot, führte Jesus einen ganz neuen Standard der Ehrlichkeit ein. Für Seine Untertanen gibt es nur noch einen

---

23 Federal Trade Commission, Deutsch „Bundeshandelskommission", eine Bundesbehörde der USA, die sowohl als Wettbewerbsbehörde fungiert wie auch als Verbraucherschutz (Konsumentenschutz) mit Staatsgewalt. Solch eine Behörde gibt es weder in AT noch in D. Anm. des Übersetzers.

Standard: Euer „Ja" sei ein „Ja" und euer „Nein" ein „Nein".
Das Wort eines wahren Christen ist so gut wie ein Schwur.

Liebhaber der Wahrheit

Aber Ehrlichkeit und Wahrheit sind nicht auf Handel, Recht
und Regierung beschränkt. Jesus sagte zu Pilatus:

> „Dazu bin ich geboren und dazu bin Ich in die Welt ge-
> kommen, dass Ich für die Wahrheit Zeugnis ablege. Je-
> der, der aus der Wahrheit ist, hört Meine Stimme."
> Joh 18,37

Jesus wird nur diejenigen in Sein Reich lassen, die „aus der
Wahrheit" sind. Die Liebe zur Wahrheit muss jede Faser unserer Seele durchdringen. Und das wird sie auch - wenn wir
wirklich vom Geist gezeugt sind und weiterhin im Geist wandeln. Denn Jesus bezeichnet den Heiligen Geist als den
„Geist der Wahrheit" (Joh 14,17).

Doch wie viele Christen[24] kennen Sie, die dem Königreichs-
standard der Ehrlichkeit entsprechen? Wie viele Christen kennen Sie, deren „Ja" ein „Ja" und deren „Nein" ein „Nein" bedeutet? Wenn Ihnen ein Mitchrist etwas sagt, wissen Sie dann
immer, dass Sie sich auf den Wahrheitsgehalt der Aussage
verlassen können? Das heißt, wissen Sie sicher, dass es sich
nicht um eine Lüge, eine Übertreibung oder einfach nur um
ein Gerücht handelt?

Wenn ein Christ Ihnen sagt, dass er etwas machen wird,
können Sie sich dann absolut darauf verlassen (abgesehen

---

24 Wenn ich in diesem Buch von „Christen" spreche, beziehe ich mich
   auf Personen, die sich selbst als Christen bezeichnen. Sie können
   wahre Christen sein, müssen es aber nicht. Ich verwende den Begriff
   „Königreich-Christen", um Christen zu bezeichnen, die nach den
   Königreichslehren Jesu leben.

von völlig unvorhersehbaren Ereignissen, wie z.B. einem Autounfall)? Oder bedeutet sein „Ja" ein „Vielleicht"?

Ehrlichkeit in der Arbeit

Wenn ein Christ eine Firma hat, sollte die ganze Welt wissen, dass die dort geleistete Arbeit absolut fair und ehrlich ist. Das sollte so sein, aber wenn Sie solche Erfahrungen gemacht haben wie ich, ist das nicht der Fall. Die traurige Wahrheit ist, dass die meisten bekennenden Christen nicht wirklich Menschen aus dem Königreich Gottes sind. Ihre Ehrlichkeit unterscheidet sich kaum von derjenigen der Welt.

Christen schummeln regelmäßig bei ihren Steuern, belügen ihre Arbeitgeber, stellen wertlose Schecks aus und verlassen die Stadt, ohne ihre Rechnungen bezahlt zu haben. Ich bin Anwalt und hatte früher eine Anwaltskanzlei[25] in der Hauptstraße unserer Stadt. Ich habe mich bemüht, meine Mandanten gut zu bedienen, und fast alle haben mich pünktlich bezahlt. Tatsächlich kann ich mich an nur vier Klienten erinnern, die mich um mein Honorar betrogen haben. Und alle vier waren Christen! Ich meine damit keine Taufscheinchristen. Ich meine damit Personen, die deutlich von ihrem Christsein sprachen.

---

25 David Bercot schloss eine Rechtsanwaltsausbildung ab, ehe er die Werte des Königreichs zu verstehen begann, die er heute vertritt. Danach befasste er sich lediglich mit Testamenten, Grundstücksrecht und ähnlichen Fällen, die den Grundsätzen des Königreichs Gottes nicht widersprechen. Heute ist er in Pension. Anm. des Übersetzers.

Unehrlichkeit in christlicher Literatur

Die Unehrlichkeit vieler Christen zeigt sich nicht nur in ihren Geschäftspraktiken, sondern sogar in den geistlichen Büchern, die sie schreiben. Wir sollten eigentlich ein Buch, das von einem Christen geschrieben wurde, nehmen und uns auf die darin enthaltenen Informationen verlassen können. Aber die Wirklichkeit ist anders.

Mike Warnke war (und ist vielleicht immer noch!) ein beliebter christlicher Komiker, der ein Buch mit dem Titel „The Satan Seller" (auf Deutsch „Der Satanverkäufer") schrieb, das 1972 erstmals veröffentlicht wurde. Das Buch verkaufte sich millionenfach, und Mike Warnke wurde ein christlicher Star, der in Sendungen wie „Focus on the Family" und „The 700 Club" auftrat. In seinem Buch erzählt Warnke, wie er drogenabhängig war und später in eine satanische Sekte rekrutiert wurde. Innerhalb der satanischen Sekte stieg er schnell zum Hohenpriester auf und leitete bizarre Rituale und Orgien. Warnke führt in seinem Buch weiter aus, dass er als satanischer Priester fünfzehnhundert Anhänger in drei Städten hatte, die Teil eines Netzes von geheimen Satanisten waren. Es ist ein faszinierendes Buch.

Doch dann im Jahr 1992 veröffentlichte die Zeitschrift *Cornerstone* (eine evangelikale Publikation) eine Titelgeschichte mit dem Titel „Selling Satan: Die tragische Geschichte von Mike Warnke". Der Artikel war eine sorgfältig dokumentierte Enthüllung der Behauptungen von Mike Warnke. Er zeigte, dass nicht nur Warnkes Zeugnis betrügerisch war, sondern auch, dass er sich aller möglichen schweren Sünden schuldig gemacht hatte. Zum Beispiel sammelte er Geld für Projekte, die nie zustande kamen. Und er war während seines öffentlichen Dienstes in schwere Unsittlichkeit verwickelt.[26] Traurigerweise wussten mehrere Gestalten in der christlichen zeitgenössischen Musikindustrie von der Situation, unternahmen aber keine biblischen Schritte, um sie zu lösen.

Nun könnte man meinen, dass alle Christen der Zeitschrift *Cornerstone* für die Aufdeckung dieses dreisten Betrugs sehr dankbar waren. Und in der Tat haben viele Christen *Cornerstone* geschrieben und für ihre investigative Arbeit gedankt. Allerdings wurden die Zeitschrift und ihre Redakteure auch mit Briefen von anderen Christen überschwemmt, die sie für ihre Enthüllung geißelten. „Immerhin", so sagten viele, „hat Mikes Zeugnis - egal wie falsch es ist - Tausende von Menschen zu Christus geführt".

Hier sind zum Beispiel einige der Briefe (in gekürzter Form), die *Cornerstone* als Reaktion auf ihren investigativen Artikel erhielt:

> „Ich war von Ihrem Artikel über Mike Warnke nicht beeindruckt - Sie haben nichts anderes getan als die weltliche Presse. Es ist schon schlimm genug, was im Leben von Mike Warnke passiert ist, aber Sie sind viel zu weit gegangen! Was ist mit der Bibelstelle, die besagt, dass egal ob aus dem falschen oder dem richtigen Motiv gepredigt wird, nichtsdestotrotz Christus gepredigt wird?"

> „Ihr habt mehr davon gesprochen, diesen Mann zu verurteilen und ihn als Betrüger hinzustellen, als zu sagen, dass wir ihn aufrichten und für ihn beten sollen. Christus hat die Frau, die beim Ehebruch ertappt wurde, nicht verurteilt. Ist Sünde etwas anderes, weil ein Mann auf einem Podest steht? Oder wie wäre es mit einem Blick in

---

26 Mike Hertenstein und Jon Trott, *"Selling Satan: The Tragic History of Mike Warnke"*, Cornerstone, Vol. 21, Issue 98 (1992).

Euer eigenes Leben? Ja, meine Herren, ich bin wütend. Ich bin Prediger in einer Freikirche und stehe wegen bestimmter Dinge unter Beschuss. Ihr habt wenig über Vergebung gesprochen; warum habt Ihr Euch nicht total darauf konzentriert, einen Bruder aufzurichten, anstatt ihn zu verurteilen? Denkt darüber nach! Verurteilt Gott Euch auch jetzt noch, wenn Ihr Mist baut?"[27]

Ein anderer Leser schrieb:

„Warum versuchen Sie, Mike Warnke zu Fall zu bringen? Er hat mehr Menschen gerettet, als Ihr Euch vorstellen könnt. Vielleicht ist nicht sein ganzes Leben so, wie Sie es sich vorstellen. Ich war bei drei seiner Konzerte hier in der Pismo Nazarene Church, und ich und zwei Freunde sind durch Mike zum Herrn gekommen. Sie wissen, dass Satan sich Lügen ausdenken wird, um Mike zu Fall zu bringen, weil er Angst vor Mike hat. Bitte rechtfertigen Sie sich vor mir."[28]

Die Reaktion der christlichen Gemeinschaft schockiert mich noch mehr als der ungeheuerliche Betrug, den Mike Warnke begangen hat. Wo bleibt die Liebe zur Ehrlichkeit und der Hass auf die Falschheit? Wenn Mike wirklich reumütig ist, müssen wir ihm natürlich verzeihen. Aber das bedeutet nicht, dass wir seine Unehrlichkeit unter den Teppich kehren. Es geht nicht darum, dass jemand einfach „Mist gebaut" hat. Es handelt sich um vorsätzliche Unehrlichkeit, durch die Warnke Hunderttausende von Dollar verdient hat. Und der Fall von Mike Warnke ist nur ein Beispiel.

---

27 *"The Cornerstone Series on Mike Warnke"*,
     http://www.cornerstonemag.com/features/iss098/warnke_index.htm.
28 *"The Cornerstone Series on Mike Warnke"*.

Mitte der 80er Jahre leiteten meine Frau und ich mehrere Jahre lang eine gemeinnützige christliche Buchhandlung. Ich erinnere mich an ein recht populäres Buch mit dem Titel „Crying Wind", das wir führten. Das Buch enthält die bemerkenswerte Geschichte einer amerikanischen Ureinwohnerin, die sich zum Christentum bekehrt hatte.[29] Das einzige Problem war, dass der Verlag zu dem Schluss gekommen war, dass ihr Zeugnis nicht der Wahrheit entsprach, und deshalb die Veröffentlichung des Buches eingestellt hatte. Schließlich erfuhr ich, dass einige der bemerkenswerten Zeugnisse und Wundergeschichten, die wir führten, entweder völlig falsch oder übertrieben waren.

Zum Beispiel gibt Lauren Stratford in ihrem Buch „Satan's Underground" Zeugnis darüber, wie sie eine satanische Sekte verließ und Christin wurde. In ihrem Buch beschreibt sie ihre angeblichen Erlebnisse in dieser Sekte. Sie behauptet beispielsweise, dass sie wiederholt sexuell missbraucht wurde und mehrere Babys zur Welt brachte, die rituell geopfert wurden. Personen, die ihren Behauptungen nachgingen, konnten jedoch Stratfords Mutter (die angeblich verstorben war) ausfindig machen, weiters ihre angeblich nicht existierende Schwester, ihren Ex-Ehemann, Cousins und Lehrer - sie alle

---

29 „Crying Wind", auf Deutsch „Weinender Wind", soll der indianische Name der Autorin sein. Sie tourte mit ihrem gleichnamigen Buch durch die USA und trat in Kirchen, Gemeinden und auf Konferenzen im Indianergewand auf und bewarb das Buch als ihre Biographie, bis sich herausstellte, dass einiges darin erfunden war. Es wird aber heute noch als die berührende, wahre Geschichte einer Indianerin vermarktet, wobei der neue Verleger nicht mehr behauptet, es sei eine Biographie und einen Haftungsausschluss einfügte, der besagt, dass Namen, Daten und Orte geändert wurden. „Crying Wind" schrieb später unter den Namen „Linda Davison Stafford", „April Knight" und „Gwendlelynn Lovequis" noch weitere Bücher. Quelle: https://en.wikipedia.org/wiki/Crying_Wind (4.4.2024). Anm. des Übersetzers.

lieferten eindeutige Beweise dafür, dass das Buch ein Schwindel war.[30] Daraufhin zog der christliche Verlag, der „Satan's Underground" veröffentlicht hatte, das Buch zurück - nur um dann die Veröffentlichungsrechte an einen anderen Verlag abzutreten.

Diese Beispiele sind nur die Spitze des Eisbergs. Tatsache ist, dass das heutige Christentum eine Kultur der Unehrlichkeit pflegt. Betrug und Unwahrheit scheinen in die Fasern der institutionellen Kirche eingewoben zu sein - von oben bis unten. Über die Fernsehprediger brauche ich wohl nichts zu sagen, denn ihre Betrügereien und Laster sind hinlänglich bekannt. Allerdings scheinen sogar einige Kanzelprediger den Grundsatz akzeptiert zu haben, dass Unehrlichkeit zur Förderung der Botschaft Christi eingesetzt werden kann.

Zum Beispiel pflanzen selbst hoch angesehene Evangelisten regelmäßig Mitglieder ihres Teams in ihre Zuhörerschaft ein. Wenn dann der übliche Aufruf nach vorne zu kommen und sein Leben Jesus zu übergeben ertönt, stehen diese „Pflanzen" auf und kommen nach vorne und geben vor, Neubekehrte zu sein. Der Hintergedanke dabei ist, es den echten Neubekehrten leichter zu machen, den Mut aufzubringen, ebenfalls nach vorne zu kommen. Mit anderen Worten: Der Zweck heiligt die Mittel.

Aber das ist das Wertesystem der Welt. Im Königreich Gottes sind die *Mittel*, mit denen wir etwas tun, genauso wichtig wie der *Zweck*, den wir erreichen. Wir verwenden niemals die Mittel der Welt, um die Ziele des Königreichs Gottes zu erreichen. Glauben Sie, dass Jesus Simulanten in Seine Zuhörerschaft einpflanzte?

---

30 Bob & Gretchen Passantino und Jon Trott, *"Satan's Sideshow: The True Lauren Stratford Story"*,
    http://www.cornerstonemag.com/features/iss090/sideshow.htm.

Die Kultur der Unehrlichkeit im institutionellen Christentum breitet sich überall aus. Viele Evangelisten wenden alle möglichen Tricks an, um ihren Unterstützern eine große Anzahl von „Entscheidungen" vermelden zu können. Laienchristen schmücken ihre Zeugnisse oft aus, um einem vorgefassten Ideal zu entsprechen.

Fake Heilungen

Aber wahrscheinlich ist nirgendwo in der Kirche die Kultur der Unehrlichkeit so verbreitet wie auf dem Gebiet der Wunderheilungen. Jesus und Seine Apostel heilten die Kranken. Tatsächlich war die Heilung eng mit der Botschaft vom Königreich Gottes verbunden. Und ich glaube, dass Jesus auch heute noch Menschen heilt. Allerdings hat der Dienst der Heilung auch eine große Zahl unehrlicher Menschen magisch angezogen.

Stellen Sie sich folgende Szene vor: Ein Evangelist mit einem Heilungsdienst steht vorne im Zuschauerraum vor einer großen Menschenmenge. Er geht auf eine ältere Dame zu, die in einem Rollstuhl sitzt, und befiehlt ihr mit lauter Stimme: „Steh auf und geh!" Die Frau erhebt sich langsam auf ihren schwachen, zitternden Beinen aus ihrem Stuhl, wobei sie den Rollstuhl als Stütze benutzt. Schließlich lässt sie den Rollstuhl los und steht aus eigener Kraft auf. Das Publikum schnappt vor Begeisterung nach Luft, und im Saal ertönen Lobeshymnen. Doch dann geschieht etwas noch Erstaunlicheres. Die Frau macht ganz langsam einen Schritt - und dann noch einen - und noch einen! Da winken alle Leute mit den Händen und preisen den Herrn. Ein Wunder ist geschehen!

Oder doch nicht? Was die meisten Menschen nicht wissen, ist, dass viele Menschen im Rollstuhl - vielleicht sogar die meisten Menschen im Rollstuhl – fähig *sind* zu gehen. Meine Mutter ist Ende achtzig, und sie kann gut gehen, wenn auch etwas langsam. Wenn wir jedoch in einem Krankenhaus oder einem großen Geschäft sind, wo sie viel zu Fuß gehen muss, besorgen wir ihr oft einen Rollstuhl oder einen motorisierten Wagen. Auf diese Weise wird sie nicht vom Gehen erschöpft. Wenn jemand meine Mutter aus dem Rollstuhl aufstehen und gehen sehen würde, könnte er vielleicht denken, er sei Augenzeuge eines Wunders, aber das stimmt nicht.

Bei Heilungsgottesdiensten ist das nicht anders. Wenn ein Wunderheiler einer Person im Rollstuhl befiehlt, aufzustehen und zu gehen, ist das nur ein Affentheater, es sei denn, der Heiler weiß ganz genau, dass die Person im Rollstuhl überhaupt nicht gehen kann.

Aber einige prominente Wunderheiler haben den Rollstuhl-Betrug noch einen Schritt weiter getrieben. In den 1980er Jahren ließen die Heiler-Evangelisten W. V. Grant und Peter Popoff ihre Saalordner extra Rollstühle für viele ältere Menschen bereitstellen, die auf ihren eigenen Füßen in den Saal gekommen waren. Diese Rollstühle hatten alle die gleiche Farbe, das gleiche Modell und die gleiche Marke. Die Saalordner rollten diese Personen dann in den besagten Rollstühlen in den vorderen Teil des Saals. Die Heiler wussten also, dass die Menschen in diesen bestimmten Rollstühlen definitiv gehen konnten, denn sie waren ja alle aus eigener Kraft in den Saal gegangen. Dennoch forderten diese Heiler scheinheilig jene Personen auf, aufzustehen und zu gehen, und taten dann so, als sei gerade ein Wunder geschehen. W. V. Grant ließ sich von diesen „Geheilten" dann sogar selbst im Rollstuhl durch die Gänge schieben, unter dem Jubel der Zuschauer.[31]

Noch nicht zufrieden mit diesem Trick, ließ Peter Popoff seine Frau Elizabeth vor Beginn des Programms mit verschiedenen Zuschauern plaudern. Sie machte sich eifrig Notizen und verließ dann den Zuschauerraum, um in einem nahe gelegenen Wohnwagen zu verschwinden. Der Wohnwagen war mit einer Fernsehüberwachungsanlage und einem Radiosender ausgestattet. Ihr Mann trug einen winzigen Radioempfänger im Ohr, der für die Zuschauer nicht wahrnehmbar war. Während Elizabeth Popoff die Fernsehübertragung aus dem Saal verfolgte, wies sie ihren Mann auf verschiedene Personen im Publikum hin und nannte ihm ihre Namen, ihren Wohnort und die Krankheiten, die sie hatten. Er tat so, als würde er eine Offenbarung von Gott erhalten, während er durch die Gänge ging und Namen und Adressen von Menschen nannte, die Gott an diesem Abend heilen wolle. Schließlich wurde er im nationalen Fernsehen öffentlich bloßgestellt, aber das tat seinen Heilungsveranstaltungen keinen Abbruch.[32]

Das Traurigste an dem Grant-Popoff-Betrug ist, dass es Agnostiker waren, die diese beiden prominenten Scharlatane entlarvten. Es hätten Christen sein sollen, die sie entlarvten. Aber, wie ich bereits sagte, fördert das moderne Christentum eine Kultur der Unehrlichkeit. Die Christen wollen die falschen Wunder nicht entlarven. Sie wollen verzweifelt glauben, dass diese Wunder wahr sind, denn normalerweise predigen diese modernen Wundertäter ein Evangelium des Wohlstands und des leichten Glaubenstums. Ihre „Wunder" sind

---

31   James Randi, *The Faith Healers* (Buffalo: Prometheus Books,
      1989) 105, 106, 150.
32   Randi 146-153.

ein vermeintlicher Beweis für die Echtheit ihres Evangeliums.

Zweifellos werden es dieselben Wundertäter und deren Unterstützer sein, die am Tag des Jüngsten Gerichts zu Jesus sagen werden:

> „Herr, Herr, haben wir nicht in Deinem Namen geweissagt, in Deinem Namen Dämonen ausgetrieben und in Deinem Namen viele Wunder getan?" Und dann werde ich zu ihnen sagen: „Ich habe euch nie gekannt; weicht von Mir, ihr, die ihr Gesetzlosigkeit praktiziert!" Mt 7,22f

Jesus zufolge hat also weder das Fehlen noch das Vorhandensein von Wundern irgendeine Beweiskraft für die Stellung einer Person zu Christus. Echte Wunder sind durch authentische Christen geschehen, und echte Wunder sind durch künstliche Christen geschehen. Aber kein künstliches Wunder ist jemals durch einen authentischen Christen geschehen. Echte Wunder beweisen nicht, dass jemand vor Gott steht, aber erlogene Wunder beweisen eindeutig, dass Christus nicht hinter dem Dienst dieser Person steht. Christus wirkt niemals durch Korruption.

7.
Die Gesetze des Königreichs über Ehe und Scheidung

„Selig ist, wer sich nicht an mir stößt." Mt 11,6; Lk 7,23

Jesus sagte diese Worte, weil Er wusste, dass die Mehrheit der Menschen, die Seine Lehren hörten, sich daran stoßen würden. Wenn Menschen an die Lehren Jesu anecken, reagieren sie in der Regel auf eine von zwei Arten. Einige beschließen einfach, dass sie nichts mehr mit Jesus zu tun haben wollen, und verschwinden wieder zurück in die Welt. Andere jedoch, die sich durch die Lehre Jesu angegriffen fühlen, schließen sich einer Gemeinde mit weltlichen Werten an. Sie vergleichen einfach die Angebote bis sie eine Gemeinde finden, die lehrt, dass Jesus nicht wirklich gemeint hat, was Er gesagt hat. Und es ist heutzutage nicht schwer, eine solche Gemeinde zu finden. Tatsächlich ist es ziemlich schwierig, eine Gemeinde zu finden, die die Lehren Jesu nicht verneint.

Zu den beiden Lehren Christi, die heute am meisten Anstoß erregen, gehören Seine Standards in Sachen Reichtum und Scheidung. Wir haben die Lehren Jesu über den Reichtum bereits besprochen. Sehen wir uns nun an, was Er über die Ehescheidung gesagt hat:

Es ist gesagt worden: „Wer sich von seiner Frau scheidet, der soll ihr einen Scheidebrief geben." Ich aber sage euch: Wer sich von seiner Frau aus irgendeinem anderen Grund als aus Unzucht [gr. porneia] scheidet, der begeht Ehebruch; und wer eine geschiedene Frau heiratet, der begeht Ehebruch. Mt 5,31-32

Das ist doch ziemlich eindeutig, oder? Wer sich von seiner Frau scheiden lässt, außer wegen sexueller Unzucht (gr. porneia), wird zu verantworten haben, dass er die Ursache dafür ist, dass sie Ehebruch begeht, wenn sie wieder heiratet. Denn wenn sie wieder heiratet, begehen sowohl sie als auch ihr neuer Mann Ehebruch.

Ehescheidung nach dem Gesetz Moses

Um die Bedeutung von Jesu Königreichsgesetz über die Ehescheidung vollständig zu erfassen, müssen wir zunächst die Praxis der Ehescheidung nach dem mosaischen Gesetz verstehen. Jesus begann Seine Erklärung zur Ehescheidung mit den Worten: „Es ist gesagt worden: ‚Wer sich von seiner Frau scheidet, der soll ihr einen Scheidebrief geben.‘" Jesus bezog sich dabei auf das Deuteronomium, in dem es heißt:

„Wenn ein Mann eine Frau nimmt und sie heiratet, und es geschieht, dass sie in seinen Augen keinen Gefallen findet, weil er etwas Unreines an ihr gefunden hat, und er schreibt ihr einen Scheidebrief, gibt ihn ihr in die Hand und schickt sie aus seinem Haus, wenn sie sein Haus verlassen hat und geht und die Frau eines anderen Mannes wird, wenn der andere Mann sie verabscheut und ihr einen Scheidebrief schreibt, sie in ihre Hand drückt und sie aus seinem Haus schickt, oder wenn der andere Mann stirbt, der sie zur Frau genommen hat, dann darf ihr früherer Mann, der sich von ihr geschieden hat, sie nicht wieder zur Frau nehmen, nachdem sie geschändet worden ist; denn das ist ein Greuel vor dem Herrn." Dtn 24,1-4

Unter dem Gesetz Moses erlaubte Gott also einem Mann, sich von seiner Frau zu scheiden, wenn er „etwas Unreines an ihr" fand. Aber was meinte Gott mit „etwas Unreines an ihr"? Einige Schriftgelehrte meinten, damit sei fast alles gemeint. Aber Jesus erlaubte einem Mann, sich von seiner Frau zu scheiden nur wegen sexueller Unzucht (porneia).[33]

Aber was ist mit einer Frau, die sich von ihrem Mann scheiden lassen will? Die Wahrheit ist, dass Gott einer Frau nie erlaubt hat, sich von ihrem Mann zu scheiden. Wenn Ihnen dieser Gedanke neu ist, nehmen Sie bitte die Strongs-Konkordanz oder eine andere ungekürzte Konkordanz zur Hand und schlagen Sie „Scheidung" nach. Sie werden feststellen, dass jede Erwähnung einer Ehescheidung im Alten Testament einen Mann betrifft, der sich von seiner Frau scheiden lässt. Da gibt es keine Ausnahme.

Der jüdische Professor Israel Abrahams von der Universität Cambridge sagte Folgendes über die jüdische Scheidung im Alten Testament:

„Die Scheidung war im jüdischen Recht von Anfang bis Ende immer die Tat des Ehemannes. Der in der Bibel gebräuchliche Begriff für Scheidung ist *shilluach 'ishshah*, ‚das Wegschicken einer Ehefrau'. Wir lesen nie vom ‚Wegschicken eines Ehemannes'. Das weibliche Partizip, *gerushah*,

---

33 Im Laufe der Jahrhunderte gab es unter den westlichen Christen erhebliche Debatten über die Bedeutung von *porneia* (davon leitet sich übrigens unser heutiges Wort Porno ab) in diesem Abschnitt. Die Römisch-Katholische Kirche hat in ihren Statuten den Begriff historisch so interpretiert, dass er sich auf Ehen bezieht, die gegen die levitischen Gesetze der Blutsverwandtschaft (Consanguinitas) oder der Schwägerschaftsverwandtschaft (Affinitas) verstoßen. Die frühen Christen scheinen ihn aber so verstanden zu haben, dass er sich auf die *Praxis* des Ehebruchs bezieht, im Gegensatz zu einem einzelnen Akt des Ehebruchs. (Siehe Hermas, II, Gebot 4, Kapitel 1).

‚die verstoßene Frau', ist die Bezeichnung für eine geschiedene Frau. Die männliche Form findet sich nicht."[34]

Hat Jesus Gottes Gesetz über die Scheidung ausgeweitet?

Jetzt möchte ich Ihnen eine Frage stellen, und es ist keine Fangfrage. Hat Jesus mit Seinen Worten an die Pharisäer das Gesetz über die Ehescheidung *ausgeweitet*, oder hat Er es *eingeengt*?

Ich denke, wir alle können sehen, dass Er es eingeengt hat, nicht wahr? Anstatt einem Mann zu erlauben, sich von seiner Frau wegen „irgendeiner Unreinheit an ihr" zu scheiden, erlaubte Jesus einem Mann, sich von seiner Frau nur wegen sexueller Unzucht zu scheiden. Während das Gesetz Moses einer geschiedenen Frau erlaubte, sich wieder zu verheiraten, verbot Jesus dies vollständig, indem Er sagte:

> „Wer eine geschiedene Frau heiratet, begeht Ehebruch."
> Mt 5,32

Jesus weitete also keineswegs aus, was Mose erlaubt hatte. Er schränkte es vielmehr erheblich ein. Eines der Dinge, die ich so unglaublich seltsam finde, ist, dass die heutige Kirche lehrt, Jesus habe das Scheidungsgesetz ausgeweitet. Wirklich? Wie kann das sein, werden Sie sich fragen? Denn praktisch jede konventionelle Kirche, die ich kenne, lehrt, dass ein Mann sich von seiner Frau wegen sexueller Unzucht scheiden lassen kann und dass eine Frau sich von ihrem Mann wegen sexueller Unzucht scheiden lassen kann. Aber

---

34 *Testimony of Israel Abrahams before the London Divorce Commission*, November 21, 1910, quoted in "Divorce in the Old Testament," International Bible Encyclopedia (online) http://www.studylight.org.

ist es das, was Jesus gesagt hat? Hat Er das mosaische Gesetz dahingehend ausgeweitet, dass sich nun auch Ehefrauen von ihren Männern scheiden lassen können? Nein, Er hat nichts dergleichen getan. Er hat die Tür für die Ehescheidung nicht weiter geöffnet. Nein, Er hat sie fast vollständig geschlossen und nur für den Ehemann eine enge Ausnahme gelassen.

Frauen und Scheidung

„Aber", werden Sie vielleicht denken, „vielleicht hätte Jesus einer Frau erlaubt, sich von ihrem Mann scheiden zu lassen, wenn Er in einer anderen Kultur gelebt hätte, in der Frauen sich von ihren Männern scheiden lassen durften." Nun, darüber brauchen wir nicht zu spekulieren. Denn sowohl nach griechischem als auch nach römischem Recht *konnte* sich eine Ehefrau von ihrem Ehemann scheiden lassen. Und es lebten viele Römer und Griechen in Judäa und Galiläa, von denen einige jüdische Proselyten waren.

Aus diesem Grund sprach Jesus bei einer anderen Gelegenheit die Frage an, ob sich eine Frau von ihrem Mann scheiden lassen kann. Er sagte:

> „Wenn eine Frau sich von ihrem Mann scheiden lässt und einen anderen heiratet, begeht sie Ehebruch."
> Mk 10,12

Jesus gestattet hier der Frau keine Ausnahme.

Warum ist das so wichtig? Weil die überwiegende Mehrheit der heute eingereichten Scheidungen von Ehefrauen eingereicht wird und nicht von Ehemännern. In den Vereinigten Staaten werden 67% bis 75% (je nach Bundesstaat) aller

Scheidungen von Frauen eingereicht.[35] In England werden 70 Prozent aller Scheidungen von Ehefrauen eingereicht.[36]

Allerdings gelten diese Statistiken für *alle* Scheidungen, unabhängig davon, ob minderjährige Kinder involviert sind oder nicht. Betrachten wir nur Scheidungen, bei denen minderjährige Kinder involviert sind, ist der Prozentsatz der von Frauen eingereichten Scheidungen wesentlich höher.

Ich bin seit zweiundzwanzig Jahren im Eigentumsrecht tätig. Im Zuge der Prüfung von Grundbucheinträgen habe ich die Gerichtsakten von mehreren tausend Scheidungsfällen gelesen. Dabei habe ich festgestellt, dass locker neun von zehn dieser Scheidungsfälle von den Ehefrauen eingeleitet wurden. Warum ist der Prozentsatz dieser von den Ehefrauen eingereichten Scheidungen im Vergleich zum nationalen Durchschnitt so hoch? Der Grund dafür ist, dass ich nur Scheidungsanträge von Personen prüfe, die Immobilieneigentum besitzen. Diese Immobilieneigentümer sind in der Regel über Mitte zwanzig und die *meisten haben minderjährige Kinder*.

In dem Artikel „These Boots Are Made for Walking: Why Most Divorce Filers Are Women" („Diese Stiefel sind gemacht um zu gehen: Warum die meisten Scheidungsanträge von Frauen eingereicht werden") schreibt Margaret Brining:

> „Kinder sind das wichtigste Gut in einer Ehe, und der Partner, der erwartet, das alleinige Sorgerecht zu erhalten, reicht mit Abstand am häufigsten die Scheidung ein."[37]

---

35 "Divorce Facts", at http://wheres-daddy.com.
36 "Divorces: 1858-2000" at http://www.statistics.gov.uk.
37 Margaret F. Brinig, *These Boots Are Made for Walking: Why Most Divorce Filers Are Women*, American Law and Economics Review 2-1 (2000) 126-129.

Und doch hat die institutionelle KIRCHE ihre Augen vor diesem Unrecht verschlossen. Vor einigen Jahren erhielt ich ein Schreiben eines texanischen Pfarrers, in dem er sich gegen unsere Gesetze zur einseitigen Scheidung ohne Schuld[38] aussprach. Ich war erfreut, dass sich ein Pfarrer gegen die Scheidung aussprach, denn die meisten so genannten bibeltreuen Kirchen haben sich zu diesem Thema ziemlich still verhalten. Aber dann hieß es in dem Brief weiter, dass unsere einfachen Scheidungsgesetze Frauen und Kinder diskriminieren.

Frauen und Kinder diskriminieren? Dieser moderne Don Quijote stellte sich vor, dass all die Tausenden von geschiedenen Frauen in unseren Kirchen sich in ihrer Situation befanden, weil ihre Ehemänner sich von *ihnen* hatten scheiden las-

---

38 „no-fault divorce". Das ist eine typisch amerikanische einseitige Scheidungsmöglichkeit, wo die Schuldfrage nicht gestellt wird. Diese Scheidung kann einseitig bei Gericht beantragt werden. In den meisten Fällen macht das die Frau. Der Mann wird schriftlich informiert und kann Stellung nehmen, aber da die Schuldfrage nicht berücksichtigt wird, hat dies in der Regel keine Auswirkungen auf die Scheidung selbst. Es ist keine Sache von Gerechtigkeit und Schuld, sondern eine einseitige formale Angelegenheit. So eine rein einseitige Scheidung ohne Verschulden ist weder in Deutschland, noch Österreich, noch der Schweiz möglich. Es gibt zwar in allen drei genannten Ländern auch eine Scheidung ohne Verschulden, diese muss dann aber erstens von beiden Seiten gewollt werden und zweitens gewisse Kriterien erfüllen, wie etwa mindestens ein Jahr getrennt voneinander leben. In Deutschland, Österreich und der Schweiz ist eine einseitige Scheidung gegen den Willen des anderen nur möglich, wenn das Gericht einen gesetzlich anerkannten Scheidungsgrund feststellt. Das ist der große Unterschied zu Amerika, wo die „Scheidung ohne Schuld" („no-fault divorce") mehr und mehr zu einem Geschäftsmodell für Frauen wurde. Denn Unterhaltszahlungen werden vom Gericht üblicherweise auch bei diesen Scheidungen der Frau zugesprochen und der Mann muss zahlen, auch wenn er weder die Scheidung möchte, noch daran schuld ist. Deswegen ist dieses Scheidungsgesetz auch immer wieder in Kritik, nicht nur seitens konservativer Christen. Anm. des Übersetzers.

sen. Ohne irgendwelche Nachforschungen anzustellen, behandelte er das ganze Thema so, als ob die Männer ihre Frauen zu Tausenden fallen lassen und fröhlich ihres Weges gehen würden.

Und das scheint bis heute die allgemeine Haltung der meisten Kirchen gegenüber Ehescheidung zu sein. Sie ignorieren die Realität der heutigen Scheidungen völlig. Ich habe gehört, wie Pastoren über Väter schimpften, die „ihre Frauen und Kinder im Stich lassen", als wären es die Väter, die typischerweise die Scheidung einleiten. Im Gegensatz dazu behandeln sie „alleinerziehende Mütter" als Märtyrerinnen, heldenhafte Opfer und geistliche Witwen - obwohl *sie* es in der Regel waren, die sich von ihren Ehemännern scheiden ließen.

Scheidung ist keine Sünde ohne Geschädigte. Und die Sünde ist nicht anders, wenn es Ehemänner sind, die ihren Ehefrauen die Kinder wegnehmen. Es gibt heute Millionen von Vätern und Müttern, die tief um ihre Kinder trauern, die ihnen weggenommen wurden. Dennoch haben nur sehr wenige Kirchen den Mut, sich gegen diese böse Frucht der Scheidung auszusprechen.

Hat Paulus Jesus widersprochen?

Einige moderne Bibelkommentatoren behaupten, dass Paulus im Gegensatz zu Jesus die Ehescheidung *eigentlich* erlaubte. Tatsächlich behaupten sie, dass Paulus die Ehescheidung sogar über das Gesetz Moses hinaus ausdehnte, indem er den Ehefrauen erlaubte, sich von ihren Männern scheiden zu lassen. Sie stützen ihre Behauptungen auf folgende Stelle:

> „Den Verheirateten gebiete ich, doch nicht ich, sondern der Herr: Lasst die Ehefrau nicht von ihrem Mann fort-

gehen; wenn sie aber von ihm *fortgeht*, soll sie unverheiratet bleiben oder sich mit ihrem Mann versöhnen. Und lasst den Ehemann nicht seine Ehefrau *entlassen*. Zu den übrigen aber rede ich, nicht der Herr: Wenn ein Bruder eine Ehefrau hat, die nicht glaubt, und sie bleibt gern bei ihm, so soll er sie nicht entlassen. Und wenn eine Frau einen ungläubigen Mann hat und er bei ihr bleiben will, so soll sie ihn nicht *verlassen*." 1.Kor 7,10-13

Sagt Paulus hier irgendetwas, das Jesus widerspricht? Erlaubt Paulus in irgendeiner Weise die Ehescheidung? Nein, das tut er nicht. Und beachten Sie bitte die Unterscheidung, die die King James Version zwischen Ehemännern und Ehefrauen macht. Sie spricht von einem Ehemann, der seine Ehefrau „*entlässt*", aber sie spricht von einer Ehefrau, die ihren Ehemann „*verlässt*" oder von ihm „*fortgeht*".

Ich weiß, dass es einige moderne Bibelübersetzungen gibt, die dem Leser den Eindruck vermitteln, dass Paulus hier von Scheidung spricht. Die meisten heutigen Übersetzungen machen jedoch ebenso wie die King-James-Version deutlich, dass Paulus vom *Verlassen* eines Ehegatten spricht, nicht von einer Scheidung. Aber selbst dann sagt er, dass Christen ihre Ehegatten nicht einmal verlassen sollen.

Das griechische Wort, das Paulus verwendet, ist *aphiemi*, das an anderen Stellen gewöhnlich mit „verlassen" übersetzt wird, aber nie mit „scheiden". Es ist ein völlig anderes Wort als *apoluo*, der Begriff, den Jesus in Matthäus 5,32 verwendete, als Er über Scheidung sprach. Es gibt keine biblische oder historische Rechtfertigung für die Übersetzung von *aphiemi* mit „Scheidung" in dem Abschnitt von Paulus.

Im letzten Vers dieses Abschnitts sagt Paulus:

„Wenn aber der Ungläubige fortgeht, so lasst ihn fortgehen; ein Bruder oder eine Schwester ist in solchen Fällen nicht gebunden. Gott aber hat uns zum Frieden berufen." 1.Kor 7,15

Erlaubt Paulus in diesem letzten Vers den Christen, sich von ihren ungläubigen Ehegatten zu scheiden? Nein, er sagt nichts über Scheidung. Während des gesamten Abschnitts spricht Paulus vom *Verlassen* eines Ehegatten und danach den Rest des Lebens unverheiratet zu bleiben.[39] Er sagt, der gläubige Ehegatte sollte nicht derjenige sein, der den anderen

---

39 Für viele Menschen erscheint die Formulierung von Paulus aus 1.Kor 7,11 schwierig, dass nämlich Ehegatten, die einander *verlassen* haben, den Rest des Lebens *unverheiratet bleiben* sollen – obwohl sie nicht geschieden und also eigentlich noch *verheiratet sind*. Die deutschen Bibeln sind sich nicht einig, wie sie diese Stelle übersetzen sollen. Viele schreiben „unverheiratet bleiben", andere jedoch „ehelos bleiben" oder „ohne Ehe bleiben", und wieder andere „allein bleiben" oder „ledig bleiben". Das Problem rührt daher, dass der Begriff „Ehe" in der Schrift in zwei verschiedenen Bedeutungen verwendet wird: Einerseits so, wie *Gott* sie stiftete und anordnete, andererseits nach den Regeln der *Menschen*. Nach den Lehren von Jesus Christus, dem Sohn Gottes, ist die Ehe permanent, und darf nicht von Menschen geschieden werden („Was Gott zusammengefügt hat, soll der Mensch nicht scheiden"). Die meisten menschlichen Regierungen erlauben jedoch, dass sich Ehegatten scheiden lassen und andere Personen „heiraten". In den Augen des Staates sind sie dann nicht mehr mit ihren ursprünglichen Gatten verheiratet, sondern mit ihren neuen. In den Augen Gottes sind sie jedoch immer noch mit ihren ursprünglichen Ehegatten verheiratet und leben bloß im Ehebruch. David Bercot sagt hier also, dass eine Person, die ihren Ehegatten verlässt - d.h. nicht mehr mit ihm oder ihr zusammenlebt -, keine staatliche „Ehe" mit einer zweiten (oder weiteren) Person eingehen sollte. Er sagt, dass sie ledig oder „unverheiratet" bleiben sollten, und meint damit, dass sie keine von Menschen geschaffene zweite „Ehe" eingehen sollten. Natürlich sind sie in den Augen Gottes weder ledig noch „unverheiratet". Sie sind einfach nur getrennt. Anm. des Übersetzers.

verlässt. Er schließt den Abschnitt mit den Worten: „Wenn aber der Ungläubige fortgeht, so lasst ihn fortgehen". Der Gläubige muss dem ungläubigen Ehegatten nicht nachfolgen.

In Gottes Königreich ist Jesus der König und Gesetzgeber. Seine Apostel widersprechen niemals den Geboten, die ihnen ihr König überliefert hat. Jesus ließ nur eine sehr enge Ausnahme für Ehemänner zu, und Seine Apostel lehrten das entsprechend.

Die zwei werden ein Fleisch

Wenn Jesus uns Gesetze gibt, ist Er nicht verpflichtet zu erklären, *warum* das Gebot gegeben ist. In einer Seiner Erörterungen über die Ehescheidung gibt Jesus uns jedoch eine Erklärung für Seine strenge Lehre in dieser Angelegenheit:

> Habt ihr nicht gelesen, dass Er, der sie am Anfang schuf, „sie als Mann und Frau schuf" und sagte: „Darum wird ein Mann seinen Vater und seine Mutter verlassen und sich an seine Frau binden, und die beiden werden ein Fleisch werden"? So sind sie nun nicht mehr zwei, sondern ein Fleisch. Was nun Gott zusammengefügt hat, soll der Mensch nicht trennen." Mt 19,4-6

Heute sehe ich so viele christliche Bücher über die Ehe, in denen von der „Ehepartnerschaft" die Rede ist. Aber Jesus hat die Ehe nie als eine Partnerschaft bezeichnet. Er bezeichnete sie als „ein Fleisch", und das ist etwas ganz anderes. Wenn zwei Personen eine Partnerschaft eingehen, bleiben ihre getrennten Identitäten rechtlich gesehen bestehen. Wenn jemand auf dem Grundstück der Partnerschaft fahrlässig verletzt wird, kann die geschädigte Person jeden der Partner *in-

dividuell verklagen. Das Gesetz betrachtet die Partnerschaft als zwei Individuen, die eben zusammenarbeiten.

Wenn jedoch zwei Individuen eine Gesellschaft gründen, ist das etwas anderes. Wenn sich zwei Personen in einer Gesellschaft zusammenschließen, werden ihre individuellen Identitäten nach dem Gesetz aufgelöst. Wenn jemand auf dem Gelände der Gesellschaft verletzt wird, kann er normalerweise nicht die beiden Personen verklagen, die die Gesellschaft gegründet haben. Er kann nur die Gesellschaft selbst verklagen. Das Gesetz betrachtet die Gesellschaft als eine neue Rechtsperson. Die Gesellschaft kann als eigenständige Einheit klagen oder verklagt werden.

In ähnlicher Weise ist die Ehe wie eine Gesellschaft und keine Partnerschaft. Wenn ein Mann und eine Frau heiraten, wird eine neue Einheit gebildet. Sie sind keine Partner; sie sind zu „einem Fleisch" verschmolzen. Die Welt mag einen Ehemann und eine Ehefrau als Partner behandeln, aber Jesus tut das nicht. Und wer, sagte Jesus, fügt Ehemann und Ehefrau in der Ehe zusammen? Gott. In der Ehe gehen also ein Mann und eine Frau in den Bereich der Ewigkeit über. Ich meine nicht, dass die Ehe ewig ist, sondern dass es ewige Realitäten gibt, die mit der Ehe verbunden sind. Die Ehe ist keine menschliche Institution, sondern eine himmlische Institution. Es ist Gott, der zusammenfügt, aber es ist der Mensch, der versucht, die Trennung zu vollziehen.

Scheidung im Laufe der Jahrhunderte

Was ich Ihnen hier mitteile, ist nichts Neues. Das ist das historische Christentum. So haben die frühen Christen die Lehren Jesu verstanden, und so haben praktisch *alle* Christen die Gebote Jesu bis zur Zeit der Reformation verstanden. Leider setzten sich einige der Reformatoren dafür ein, Ehe und Ehescheidung aus der Gerichtsbarkeit der Kirche herauszunehmen und in die Hände des bürgerlichen Rechts zu legen. Doch selbst nach der Reformation waren Scheidungen unter bibeltreuen Christen bis in die 1950er und 1960er Jahre noch recht selten. Und dann änderte sich alles.

Was geschah in den Fünfziger- und Sechzigerjahren? Die Welt änderte ihre Haltung und ihre Gesetze zur Scheidung. Verschiedene Staaten änderten ihre Gesetze, um Ehescheidungen leichter zu ermöglichen. Scheidungen waren nicht mehr mit einem sozialen Schandfleck behaftet. Und als sich die Welt änderte, änderte sich auch die institutionelle KIRCHE. Mit anderen Worten: Wenn Cäsar sagt, dass die Scheidung falsch ist, und sie verbietet, dann ist die Scheidung falsch. Aber wenn Jesus sagt, dass die Scheidung falsch ist, und sie verbietet - nun, dann ist sie vielleicht doch nicht so schlimm. Die Kirchen haben ganz klar gezeigt, wer ihr wahrer Herr ist, und das ist nicht Jesus.

Scheidung bei den heutigen Evangelikalen

1999 untersuchte George Barna, Präsident und Gründer der renommierten Barna Research Group, die Scheidungshäufigkeit in verschiedenen religiösen Gruppen. Er fand heraus, dass die Scheidungsrate unter wiedergeborenen amerikanischen Christen höher war als die Scheidungsrate unter den Amerikanern insgesamt.[40] Dazu muss man sagen, dass viele nichtchristliche Paare einfach so zusammen leben, ohne zu heiraten. In den Scheidungsstatistiken wird also die Auflö-

---

40 Source: Barna Research Group, quoted by B. A. Robinson in "U. S. Divorce Rates for Various Faith Groups," March, 2002, at (http://www.religioustolerance.org/chr_dira.htm).

sungen solcher nicht eingetragenen Lebensgemeinschaften nicht berücksichtigt. Dennoch, wenn weltliche Paare sich einmal geschworen haben, „bis dass der Tod uns scheidet", halten sie sich mit gleicher Wahrscheinlichkeit (oder noch höherer!) an dieses Gelübde wie „bibeltreue" Christen.

Obwohl die Barna Research Group eine christliche Organisation ist, haben ihre Ergebnisse Proteste und Kritik von anderen Christen hervorgerufen. Herr Barna steht jedoch hinter seinen Daten. Er antwortete seinen Kritikern:

> „Es mag alamierend sein, zu entdecken, dass wiedergeborene Christen wahrscheinlicher Scheidungen erleben als andere, aber dieses Muster gibt es schon seit geraumer Zeit."[41]

Die Direktorin des Barna-Projekts, Meg Flammang, merkte an:

> „Wir würden gerne berichten können, dass Christen ein ganz anderes Leben führen und so die Gesellschaft positiv beeinflussen, aber ... im Bereich der Scheidungsraten sind sie nach wie vor wie alle anderen."[42]

Die Ergebnisse der Barna Research Group werden durch die Statistiken von Regierungsbehörden bestätigt. So ist die Scheidungsrate im „Bible Belt"[43] höher als in jedem anderen Teil Amerikas, mit Ausnahme des Bundesstaates Nevada.[44]

---

41 Barna Research Group.
42 Barna Research Group.
43 Auf Deutsch „Bibelgürtel". Gebiet in den USA, in dem es eine hohe Dichte an fundamentalen Christen gibt, die sich selbst wiedergeboren und „bibelgläubig" nennen. Es reicht von Texas bis Florida und erstreckt sich überwiegend über die Südstaaten. Anm. des Übersetzers.
44 National Center for Health Statistics. Zitiert in "U.S. Divorce Statistics," Divorce Magazine.com, at http://www.divorcemag.com/statistics/statsUS2.shtml.

Tatsächlich ist die Scheidungsrate im Bible Belt deutlich höher als in Neuengland, wo es deutlich weniger fundamentale Christen gibt.[45]

Was die evangelikalen amerikanischen Christen wirklich zum Erröten bringen sollte, ist die Tatsache, dass die Scheidungsrate unter den so genannten wiedergeborenen Christen deutlich höher ist als unter den Amerikanern, die sich selbst als Atheisten bezeichnen.[46] Ironischerweise ist die Scheidungsrate unter evangelikalen Christen im Wesentlichen gleich hoch oder höher als die der amerikanischen Gesellschaft, während die Scheidungsrate unter asiatischen Amerikanern (ob christlich oder nicht) deutlich niedriger ist als die der amerikanischen Gesellschaft im Allgemeinen.[47] Und asiatisch-amerikanische Paare leben selten ohne Ehe zusammen. Irgendwie kann die asiatische Kultur also das tun, was die Innewohnung des Heiligen Geistes nicht kann! Oder vielleicht ist das Problem, dass der Heilige Geist nicht in den meisten Menschen wohnt, die behaupten, wiedergeborene Christen zu sein.

Noch beschämender ist, dass die Scheidungsrate unter evangelikalen Christen in den Vereinigten Staaten mehr als doppelt so hoch ist wie die Scheidungsrate der gesamten Nation Kanada (die nicht gerade eine Hochburg des biblischen Christentums ist).[48] Noch schlimmer ist, dass die Scheidungsrate unter amerikanischen Evangelikalen mehr als sechs Mal so hoch ist wie die Scheidungsrate in China, mehr als 18,5

---

45 National Center for Health Statistics.
46 Barna Research Group.
47 David Knox and Caroline Schacht, Marriage and the Family: A Brief Introduction, (Belmont, California: Wadsworth Publishing Company, 1999). Quoted in "Asian-American Couples," http://www.uwyo.edu.
48 Institute for Divorce Reform, quoted in Divorce Magazine.com.

Mal so hoch wie die Scheidungsrate in Italien und mehr als 33 Mal so hoch wie die Scheidungsrate in Sri Lanka![49]

Scheidung ist unter evangelikalen Christen hier im Süden so akzeptabel, dass Scheidungsanwälte manchmal das christliche Fischlogo neben ihren Inseraten in den Gelben Seiten platzieren. Das ist das Äquivalent zu einem Juden, der einen Schinkenladen betreibt und den Davidstern auf seine Inserate gibt!

Wenn ich über das Thema Scheidung spreche, fragen mich Christen oft: „Aber was ist mit einer Situation, in der ...?"

Ja, es gibt viele schwierige Situationen, die eine Ehe zu einem echten Kreuz machen können. Aber die Situation war im ersten, zehnten oder neunzehnten Jahrhundert nicht anders. Warum glauben so viele Christen des einundzwanzigsten Jahrhunderts, dass sie Anspruch auf eine besondere Ausnahme haben, während die Christen der anderen Jahrhunderte nach den Lehren Jesu über Ehe und Scheidung lebten?

Habe ich Sie verärgert?

Mir ist klar, dass die Dinge, die ich in diesem Kapitel gesagt habe, politisch sehr unkorrekt sind. Ich bezweifle nicht, dass viele von Ihnen im Moment so wütend auf mich sind, dass Sie bereit sind, dieses Buch wegzuwerfen. Aber bevor Sie dieses Buch wegwerfen, sollten Sie selbst ehrlich nachforschen, was ich gesagt habe. Damit meine ich nicht, dass Sie sich ein Buch suchen sollen, in dem steht, dass Scheidung in Ordnung ist. Das wäre sehr einfach.

---

49 "Divorce Rates of All Countries, Compared to the U.S.," zitiert auf http://www.divorcereform.org/nonus.html.

Nein, ich meine: forschen Sie *ehrlich* nach. Überprüfen Sie, was ich über die Scheidung im Alten Testament gesagt habe. Dann lesen Sie alle Passagen, in denen Jesus die Ehescheidung erwähnt. Hat Er Gottes Gesetz über die Ehescheidung ausgeweitet, oder hat Er es erheblich eingeengt?

Wenn das, was ich gesagt habe, wahr ist, dann bin nicht wirklich ich es, an dem Sie Anstoß nehmen. Es ist Jesus Christus. Vielleicht ist der Jesus, in den Sie sich verliebt zu haben glauben, nicht der wahre Jesus? Aber wenn wir nicht dem wahren Jesus dienen, werden wir das wahre ewige Leben nicht erben. Wie Er sagte:

„Selig ist, wer nicht Anstoß nimmt an mir.“

Teil II

Der große Stolperstein

8.
Meine Feinde lieben?

Wie ich schon sagte, verärgern die Lehren Jesu über Reichtum, Eide und Scheidung die meisten Menschen, die sie hören. Und diese gehören sicherlich zu den härteren Lehren Jesu. Dabei sind diese drei Lehren gar nicht der Hauptgrund, warum die konventionellen Kirchen den Weg des Königreichs Gottes weitgehend abgelehnt haben.

Nein, der größte Stolperstein waren Seine Lehren über das „Hinhalten der anderen Wange" und die Liebe zu unseren Feinden. Und weil diese Lehren ein solcher Stolperstein sind, habe ich ihnen einen ganzen Abschnitt in diesem Buch gewidmet. Beginnen wir mit dem, was Jesus über das „Hinhalten der anderen Wange" sagte:

> „Ihr habt gehört, dass gesagt worden ist: ‚Auge um Auge und Zahn um Zahn.' Ich aber sage euch, dass ihr einem bösen Menschen nicht widerstehen sollt. Wer euch aber auf die rechte Wange schlägt, dem haltet auch die andere hin. Wenn jemand euch verklagen und euch euer Hemd wegnehmen will, so gebt ihm auch euren Mantel dazu. Und wer euch zwingt, eine Meile zu gehen, mit dem geht zwei. Gebt dem, der euch bittet, und wendet euch nicht von dem ab, der von euch borgen will."
> Mt 5,38-42

Das war in der Tat eine revolutionäre Lehre! Nicht nur die Heiden lebten nicht so, auch die Juden nicht. Und leider haben das die meisten bekennenden Christen auch nicht getan.

Wehrlosigkeit und Friedensstiftung

Die Gruppe der Gebote, die wir gerade gelesen haben, fordert ein *passives* Verhalten. Widerstehe nicht einem bösen Menschen. Halte die andere Wange hin. Wenn dich jemand um dein Hemd verklagen will, dann gib ihm auch deinen Mantel. Wenn dich jemand zwingt, eine Meile zu gehen, gehe stattdessen zwei. Gib dem, der dich bittet. Diese Gebote in die Praxis umzusetzen, wird auch *Widerstandslosigkeit* oder *Wehrlosigkeit*[50] genannt. Aber die Lehre Jesu hat auch einen *proaktiven* Teil:

> „Ihr habt gehört, dass gesagt worden ist: ‚Du sollst deinen Nächsten lieben und deinen Feind hassen.‘ Ich aber sage euch: Liebt eure Feinde, segnet die, die euch fluchen, tut wohl denen, die euch hassen, und bittet für die, die euch gehässig behandeln und verfolgen, damit ihr Söhne Eures Vaters im Himmel seid; denn Er lässt Seine Sonne aufgehen über die Bösen und die Guten und lässt es regnen über die Gerechten und die Ungerechten. Denn wenn ihr die liebt, die euch lieben, welchen Lohn habt ihr dann? Tun nicht auch die Zöllner dasselbe? Und wenn ihr nur eure Brüder grüßt, was tut ihr mehr als andere? Tun das nicht auch die Zöllner? Darum sollt ihr

---

50 Der englische Begriff heißt „nonresistance“ und ist dem Bibeltext aus Mt 5,39 entnommen: „But I tell you *not to resist* an evil person.“ Wörtlich hieße das „Nichtwiderstehen“ oder „Widerstandslosigkeit“. Viel gebräuchlicher ist auf Deutsch jedoch das Wort „Wehrlosigkeit“, das die Täuferbewegung prägte und ich deswegen in weiterer Folge verwende. Anm. des Übersetzers.

perfekt sein, wie euer Vater im Himmel perfekt ist."
Mt 5,43-48

Es reicht nicht aus, nur wehrlos zu sein. Wir Christen müssen auch proaktiv werden und jedem in Liebe die Hand reichen, den wir früher vielleicht als Feind betrachtet hätten. Wenn uns jemand hasst, sollten wir herausfinden, warum. Vielleicht können wir die Angelegenheit klären, so dass die Person, die unser Feind war, zu einem Freund wird. Jesus sagte uns:

> „Wenn du deine Gabe zum Altar bringst und dich dort erinnerst, dass dein Bruder etwas gegen dich hat, dann lass deine Gabe vor dem Altar liegen und geh deinen Weg. Versöhne dich zuerst mit deinem Bruder, und dann komm und bringe deine Gabe dar." Mt 5,23-24

Als Bürger des Königreichs Gottes müssen wir also alles tun, was wir können, um mit anderen Frieden zu schließen. Jesus sagte:

> „Gesegnet sind, die Frieden stiften, denn sie werden Söhne Gottes genannt werden." Mt 5,9

Im täglichen Umgang am Arbeitsplatz, mit Nachbarn und Freunden gibt es immer Verletzungen, Streit und Auseinandersetzungen. Wenn wir in einen solchen Streit verwickelt sind, sollten wir die ersten sein, die den Olivenzweig anbieten und Frieden schließen. Selbst wenn wir überzeugt sind, dass wir Recht haben.

Jesu Lehren im Alltag

Und Wehrlosigkeit geht absolut gegen unser gefallenes Fleisch! Wehrlosigkeit ist etwas, das wir lernen müssen. Es ist definitiv nichts, womit wir geboren werden.

Das habe ich gemerkt, als ich Kleinkinder beim Spielen beobachtet habe. Wenn ein Kind ein Spielzeug hat, will das andere Kind immer sein Spielzeug haben. Sagt das erste Kind dann: „Ja, lieber Freund, du darfst mit meinem Spielzeug spielen"? Wohl kaum. Das zweite Kind greift meist einfach zu, und das erste Kind wehrt sich mit aller Kraft. Normalerweise gibt es viel Geschrei und manchmal Schläge und Bisse.

Ich weiß, wenn ich aufgefordert wurde, die andere Wange hinzuhalten und nicht dem Bösen zu widerstehen, hat sich mein Fleisch mächtig gewehrt. Ich bin sicherlich nicht von Natur aus wehrlos. Vor vierzehn Jahren zogen meine Familie und ich in das Haus, in dem wir jetzt leben. Es liegt auf dem Lande und hat ein Grundstück von dreieinhalb Hektar. Kurz nach unserem Einzug stellten wir fest, dass eine Reihe von Kojoten und streunenden Hunden die Wälder und Felder um uns herum durchstreiften. Da wir ein paar Ziegen hatten, beschlossen wir, für sie ein Gehege mit einem stabilen Zaun zu bauen, um sie vor den Hunden und Kojoten zu schützen.

Wir beauftragten eine professionelle Zaunbaufirma damit, einen starken, drei Meter hohen Zaun um unser Ziegengehege zu bauen. Trotzdem wachten wir eines Morgens auf, weil Hunde bellten und Ziegen meckerten. Wir eilten nach draußen und entdeckten, dass Hunde irgendwie in das Gehege geschlichen waren und die Ziegen angriffen. Wir rannten so schnell wir konnten zum Ziegengehege. Als die Hunde uns sahen, schlüpften sie wieder hinaus und verschwanden im benachbarten Feld. Eine unserer Ziegen starb an diesem wilden Angriff, und die andere stand mehrere Tage lang in einem schweren Schockzustand und fraß kaum.

Im Halbdunkel der Morgendämmerung konnten wir die Hunde nicht genau sehen, aber wir nahmen an, dass es sich um streunende Hunde handelte. Also riefen wir die Tierschutzbeauftragten des Bezirks an und baten sie um Hilfe. Sie stellten uns mehrere humane, zahnlose Fallen zur Verfügung, die sich am Fuß des Hundes festkrallen und ihn festhalten, aber nicht verletzen. Die Behörde sagte, sie würde alle Hunde, die wir fingen, abholen.

Wir stellten die Fallen in dieser Nacht auf, und am nächsten Morgen wurden wir erneut durch ein Geräusch draußen geweckt. Wir liefen eilig hinaus und sahen ein Rudel Hunde vor dem Ziegengehege. Aber wir erkannten bald, dass es sich nicht um streunende Hunde handelte, sondern um die Hunde unserer Nachbarn. Die Hunde liefen schnell weg, als sie uns sahen. Das heißt, alle Hunde bis auf einen. Einer der Hunde war in einer Falle gefangen und konnte sich nicht befreien. Der arme Hund war zu Tode erschrocken und zitterte wie Espenlaub, als wir uns ihm näherten.

In diesem Moment sah ich einen Pickup in unsere Einfahrt einbiegen. Er raste unsere Auffahrt hinunter und wirbelte dabei eine Staubfahne auf. Der Fahrer sprang heraus und sprintete sofort auf den eingefangenen Hund zu, der sich als sein Hund herausstellte.

„Oh, ist das Ihr Hund?" fragte ich sanftmütig.

„Ja, das ist er", antwortete er mürrisch, während er mir half, die Falle zu öffnen und seinen Hund zu befreien. „Wissen Sie", fuhr er fort, „das wird Ihnen nichts als Ärger mit Ihren Nachbarn bringen. Ich bin aufs Land gezogen, damit ich meine Hunde frei herumlaufen lassen kann."

Mein erster Gedanke war, zu erwidern: „Nun, ich bin aufs Land gezogen, damit unsere Ziegen frei herumlaufen können." Aber ich tat es nicht. Ich dachte auch daran zu sagen: „Hören Sie, ich schlage Ihnen ein Geschäft vor: Ihr haltet

Eure Hunde von meinem Land fern, und ich halte meine Ziegen von Eurem fern!"

Doch dann dachte ich an die Worte Jesu, die andere Wange hinzuhalten. Was würde Er in einer Situation wie dieser tun? Daran bestand für mich kein Zweifel. Also antwortete ich fröhlich: „Nun, ich bin für jeden Vorschlag offen."

Der Nachbar (den ich noch nie zuvor getroffen hatte) schien etwas überrascht über meine milde Antwort. Er verlor seinen mürrischen Gesichtsausdruck und antwortete ruhig: „Nun, was Sie tun könnten, ist, einen elektrischen Draht unten und oben an Ihrem Zaun anzubringen. Das wird die Hunde fernhalten."

„Das werde ich gerne tun", antwortete ich und war ein wenig überrascht von mir selbst. „Ich werde tun, was Sie vorgeschlagen haben, und die Fallen an den Bezirk zurückgeben."

Es erschien mir ein wenig ungerecht, dass ich zusätzliche Kosten auf mich nehmen musste, damit seine Hunde meinen Ziegen nichts antun konnten. Aber ich wusste, dass ich diese kleine Krise so gemeistert hatte, wie Jesus es von mir wollte.

Biblische Beispiele

Wehrlosigkeit und Feindesliebe sind vielleicht die herausforderndsten - und sicherlich die revolutionärsten - Lehren Jesu. Sie sind das genaue Gegenteil der Botschaft, die die Welt lehrt. Einem bösen Menschen nicht widerstehen? Unsere Eltern, Schulen, Regierungen und Kirchen schärfen uns genau das Gegenteil ein: Kämpfe für deine Rechte! Wehr dich gegen Mobbing! Lass dich von niemandem herumschubsen! Die Helden, denen wir nacheifern sollen, sind selten wehrlose Menschen. Nein, in der Regel sind es Menschen, die gegen ihre Feinde aufstanden und ihnen Widerstand leisteten.

Wehrlosigkeit ist nicht nur eine theologische Lehre, sondern eine Lebenseinstellung. Sie berührt alle Arten des täglichen Umgangs mit Menschen und Unternehmen. Wehrlos zu sein bedeutet jedoch nicht, ein Fußabtreter oder ein Wattebausch zu sein. Jesus und Paulus waren wehrlos. Dennoch war keiner von ihnen ein Fußabtreter, keiner von ihnen war ein Weichei. Sie waren beide sehr durchsetzungsfähig und unverblümt. Aber beide entschieden sich, Verwundungen einzustecken, anstatt jemand anderen körperlich zu verwunden. Sie *sprachen* sich beide gegen das Böse aus, aber sie widerstanden dem Bösen nicht mit *physischer Gewalt*.

Sehen Sie sich an, wie oft Paulus geschlagen und gesteinigt wurde. Paulus hätte sich bewaffnen und mit einer Gruppe von starken Leibwächtern reisen können. Aber er tat es nicht. Paulus war einer der mutigsten Männer, die je gelebt haben, aber er hat dem Bösen nicht mit physischer Gewalt widerstanden. Später sagte er:

> „Obwohl wir im Fleisch wandeln, führen wir nicht Krieg nach dem Fleisch. Denn die Waffen unserer Kriegsführung sind nicht fleischlich, sondern mächtig in Gott, um Festungen niederzureißen." 2.Kor 10,3

Paulus war eine andere Art von Krieger - ein Krieger eines Königreichs, indem die Werte auf den Kopf gestellt sind.

Rechtsstreitigkeiten

Oft war es ein gesetzloser Mob, der Paulus schlug oder steinigte. Als römischer Bürger hätte er gegen diejenigen, die ihn unrechtmäßig schlugen oder steinigten, Strafanzeige erstatten können. Aber er tat es nicht. Er hielt die andere Wange hin. Jesus sagte, wenn uns jemand verklagen will, um uns unser Hemd zu nehmen, sollten wir ihm auch unseren Mantel geben. Daraus folgt, dass wir nicht vor Gericht gehen müssen, um unser Hemd zurückzubekommen, wenn jemand es einfach *beschlagnahmt*. Wie Jesus sagte: Gebt dem, der euch bittet.

Gleichzeitig hat Paulus gezeigt, dass es für Christen angemessen ist, den Schutz der Regierung in Anspruch zu nehmen, wenn sie verfolgt werden. So entkam Paulus zum Beispiel einer Auspeitschung, indem er den römischen Hauptmann fragte:

> „Ist es dir erlaubt, einen Mann zu geißeln, der ein Römer ist, und nicht verurteilt wurde?" Apg 22,25

Paulus wiederholte die Lehre Jesu in seinem Brief an die Korinther:

> „Wer von euch wagt es, wenn er eine Sache gegen einen anderen hat, vor die Ungerechten zu gehen und nicht vor die Heiligen? ... Ich sage das zu eurer Schande. Ist denn kein Weiser unter euch, nicht einmal einer, der zwischen seinen Brüdern zu richten vermag? Aber Bruder gegen Bruder geht vor Gericht, und das vor Ungläubigen! So ist es nun schon ein völliger Fehlschlag für euch, dass ihr gegeneinander vor Gericht geht. Warum nehmt ihr nicht lieber das Unrecht an?" 1.Kor 6,1.5-7

Vor fast zwanzig Jahren erkannte ich den Konflikt zwischen den Lehren Jesu und der Praxis des Gerichtsrechts. Wenn es für mich als einzelnen Christen falsch ist, meinen Bruder vor Gericht zu bringen, wie kann es dann für mich als Anwalt richtig sein, einen anderen Christen zu vertreten, der *seinen* Bruder vor Gericht bringt? Der richtige Weg war ganz klar.

Andererseits war das mein Lebensunterhalt. Wenn ich die Rechtsstreitigkeiten aus meiner Praxis streichen würde, was bliebe übrig? Nichts anderes als das Aufsetzen von Testamenten und Urkunden sowie die Prüfung von Grundbucheinträgen. Und das sind nicht gerade die aufregendsten oder finanziell lohnendsten Bereiche des Rechtswesens. Aufgrund meines eigenen begrenzten Glaubens war das eine schwere Entscheidung für mich. Aber letztendlich wusste ich, dass ich Jesus gehorchen musste. Also verweigerte ich die Bearbeitung weiterer Rechtsstreitigkeiten oder anderer Rechtssachen, die im Konflikt mit Jesu Lehre standen.

Was ist mit Krieg?

Es ist wichtig, dass wir verstehen, dass die Anweisungen Jesu zur Wehrlosigkeit nur für diejenigen Sinn machen, die Seine anderen Lehren angenommen haben, wie zum Beispiel:

> „Wer von euch nicht allem entsagt, was er hat, kann nicht mein Jünger sein." Lk 14,33

Wenn wir allem entsagt haben, gibt es kaum noch etwas, wofür wir kämpfen können, nicht wahr? Selbst wenn es um unser eigenes Leben geht, hat Jesus uns gesagt:

> „Wer sein Leben findet, wird es verlieren, und wer sein Leben um Meinetwillen verliert, wird es finden." Mt 10,39

Jesus sagte zu Pilatus:

> „Wenn Mein Königreich von dieser Welt wäre, dann würden Meine Diener kämpfen." Joh 18,36

Die Schlussfolgerung daraus ist, dass wenn wir ein Reich haben, das durch physische Kämpfe verteidigbar *ist*, dann *ist* unser Reich von dieser Welt, nicht wahr? Ob wir nun über persönlichen Besitz, ein Haus oder eine Nation sprechen, die Situation ist dieselbe. Wenn wir einen Anteil an dieser Welt haben, sind wir sehr versucht, zu kämpfen, um ihn zu schützen. Wenn wir versuchen, die Lehren Jesu mit dem Festhalten an Besitz, irdischer Macht und nationalem Stolz in Einklang zu bringen, stellen wir fest, dass dies unmöglich ist. Wir versuchen, zwei Dinge miteinander zu vereinbaren, die letztlich unvereinbar sind.

Der christliche Schriftsteller des 19. Jahrhunderts, Adin Ballou, schrieb das folgende satirische Stück, um die Absurdität des Versuchs zu demonstrieren, die Gebote des Königreichs Gottes mit den Militärgesetzen menschlicher Regierungen in Einklang zu bringen:

> „Jesus Christus verbietet mir, den Übeltätern zu widerstehen und ihnen Auge um Auge, Zahn um Zahn, Blut um Blut und Leben um Leben zu nehmen.
>
> Meine Regierung verlangt von mir das Gegenteil und gründet ein System der Selbstverteidigung auf Galgen, Muskete und Schwert, das sie gegen ihre Feinde im In- und Ausland einsetzt. Und das Land ist dementsprechend mit Galgen, Gefängnissen, Arsenalen, Kriegsschiffen und Soldaten gefüllt.
>
> Beim Unterhalt und Gebrauch dieser teuren Mordwerkzeuge können wir die Tugenden der Vergebung gegenüber denen, die uns verletzen, der Liebe gegenüber unseren Feinden, des Segens gegenüber denen, die uns verfluchen, und der Wohltat gegenüber denen, die uns hassen, in vollem Umfang ausüben. Dafür haben wir eine Reihe von christlichen Priestern, die für uns beten und den Segen des Himmels für das heilige Werk des Schlachtens erflehen.

Ich sehe dies alles und bekenne mich weiterhin zur Religion und nehme an der Regierung teil und bin stolz darauf, gleichzeitig ein ergebener Christ und ein ergebener Diener der Regierung zu sein. Ich will mich nicht mit diesen sinnlosen Vorstellungen von Wehrlosigkeit abfinden. Ich kann nicht auf meine Autorität verzichten und die Kontrolle über die Regierung nur unmoralischen Männern überlassen.

Die Verfassung sagt, dass die Regierung das Recht hat, den Krieg zu erklären, und ich stimme dem zu und unterstütze es und schwöre, dass ich es unterstützen werde. Und deswegen höre ich nicht auf, ein Christ zu sein. Auch der Krieg ist eine christliche Pflicht. Ist es nicht eine christliche Pflicht, Hunderttausende seiner Mitmenschen zu töten, Frauen zu schänden, Städte zu verwüsten und niederzubrennen und alle möglichen Grausamkeiten zu begehen? Es ist an der Zeit, all diese falschen Sentimentalitäten abzulegen. Es ist das wahrhaftigste Mittel, um Verletzungen zu verzeihen und Feinde zu lieben. Wenn wir es nur im Geiste der Liebe tun, kann nichts christlicher sein als ein solcher Mord.“[51]

Im letzten Kapitel haben wir gesehen, dass sogenannte bibeltreue Christen eine höhere Scheidungsrate haben als die Welt. Das Muster ist das gleiche, wenn es um Wehrlosigkeit geht. „Bibeltreue“ Christen sind sogar militanter als die Welt, wenn es darum geht, dem Bösen mit Gewalt zu widerstehen. Wenn die Vereinigten Staaten über einen Krieg nachdenken, sind „bibeltreue“ Christen heutzutage immer diejenigen, die am vehementesten für militärische Aktionen sind.

---

51 Adin Ballou, zitiert von Leo Tolstoy in *The Kingdom of God Is Within You* (Lincoln, Nebraska: University of Nebraska Press) 10.

Während ich an diesem Buch schrieb, begannen die Vereinigten Staaten einen Krieg gegen den Irak, um dessen Diktator Saddam Hussein zu entmachten. Sofort begannen die örtlichen Kirchengemeinden, amerikanische Flaggen auf ihren Kirchenrasen zu stellen. Auf den Anschlagtafeln und Werbeflächen der Kirchen standen Slogans wie: „Gott segne Amerika" und „Betet für unsere Truppen". Aber ich habe kein einziges Plakat gesehen, auf dem stand: „Betet für die Menschen im Irak". Obwohl das erklärte Ziel des Krieges darin bestand, Hussein zu entmachten, so war es doch die ganz normale irakische Bevölkerung - Männer, Frauen, Kinder und Babys – die bei der Invasion sterben würden. Aber offensichtlich dachte keine Kirche daran, uns daran zu erinnern, für sie zu beten.

9.
Aber was wäre, wenn ...?

Wenn Sie wie die meisten Christen sind, ist dieses ganze Konzept der Wehrlosigkeit und Feindesliebe wahrscheinlich neu für Sie. Und vielleicht sagen Sie sich: „Ja, aber was wäre, wenn ... ?" Lassen Sie mich daher auf einige der „Was wäre wenn"- Fragen eingehen, und andere, die Sie vielleicht haben.

Was wäre, wenn jemand in Ihr Haus einbrechen und Ihrer Frau und Ihren Kindern etwas antun würde? Sicherlich würden Sie nicht einfach dastehen und es zulassen!

Diese Frage zielt natürlich auf den starken Beschützerinstinkt ab, den Männer gegenüber ihren Familien haben. Aber die Antwort, die ein Bürger des Königreich Gottes auf diese Frage geben muss, ist dieselbe, die er auf jede andere Frage geben würde, in der es darum geht, ein Gebot von Jesus zu brechen. Ich möchte Sie fragen: „Was wäre, wenn Ihre Regierung Sie auffordern würde, Jesus Christus zu verleugnen und Satan ein Opfer darzubringen - oder andernfalls würde man Ihre Frau vergewaltigen und Ihre Kinder töten? Was würden Sie tun?" Für einen Bürger des Königreichs ist die Antwort ganz klar. Jesus hat uns bereits gesagt, dass wir nicht Seine Jünger sein können, wenn wir unsere Familien mehr lieben als Ihn. Und Er hat uns auch gesagt:

> „Wer Mich vor den Menschen verleugnet, den werde
> auch Ich vor Meinem Vater im Himmel verleugnen."
> Mt 10,33

Was wäre, wenn meine Regierung, anstatt Christus zu verleugnen, mir befehlen würde, meinen Nachbarn zu ermorden oder seine Frau sexuell zu missbrauchen? Und wenn ich es nicht täte, würden sie meiner Frau und meinen Kindern etwas antun? Wäre die Situation anders, als wenn ich dem Satan ein Opfer darbringen würde? In einem Fall würde ich Christus mit meinem Mund verleugnen. Im anderen Fall würde ich Ihn durch mein Handeln verleugnen.

Was wäre, wenn eine ausländische Regierung mir befehlen würde, eine Bombe auf eine Stadt in den Vereinigten Staaten zu werfen oder den amerikanischen Präsidenten zu ermorden, weil sie sonst meiner Frau und meinen Kindern etwas antun würden? Was sollte ich dann tun? Ich denke, die meisten Amerikaner würden eher zulassen, dass ihre Frauen und Kinder verletzt oder sogar getötet werden, als ihr Land zu verraten.

Inwiefern ist die Situation also anders, wenn es um die Loyalität zu Jesus geht? Die Lehren Jesu über die Wehrlosigkeit sind glasklar. Es geht darum, entweder Ihn zu verleugnen oder meine Familie zu verleugnen. Sicherlich ist das eine sehr schwierige Entscheidung, aber ich habe diese Entscheidung bereits getroffen, als ich mein Leben Christus übergab.

Bedeutet das, dass ich nichts tun würde, um meine Familie zu schützen? Nein, natürlich nicht. Ich habe bereits das Beste getan, was ich tun konnte, um ihre Sicherheit zu gewährleisten: Ich habe mein Haus und meine Familie der Fürsorge und dem Schutz Jesu anvertraut. Und das ist nicht irgendein naives Vertrauen. Es gibt Zehntausende von anderen Christen im

Königreich Gottes, die in ähnlicher Weise ihre Schwerter zu Pflugscharen geschlagen und die Sicherheit ihrer Familien in die Hände ihres Königs gelegt haben. Und obwohl Jesus nicht versprochen hat, dass unseren Familien niemals etwas zustoßen kann, kann ich Folgendes sagen: Außer in Zeiten religiöser Verfolgung ist es sehr selten, dass Familien aus dem Königreich Gottes von gewöhnlichen Kriminellen geschädigt werden.

Ein Beispiel, das mir in den Sinn kommt, ist die Begegnung des verzweifelten kriminellen Flüchtigen Stephen Roy Carr mit einer wehrlosen mennonitischen Familie in Pennsylvania im Mai 1988. Zuvor war Carr aus Florida geflohen, wo er wegen schweren Diebstahls gesucht wurde. Er versteckte sich in den Bergen der Appalachen und war bereit, jeden zu töten, der seine Freiheit bedrohte. Kurz darauf traf er zwei Frauen, die auf dem Appalachenweg mit dem Zelt unterwegs waren, und schoss auf beide, wobei er eine tötete und die andere schwer verletzte.

Auf der Flucht fand Carr eine verlassene Zementmischwanne und trieb darin den Conodoguinet Creek hinunter zur Farm von Chester und Esther Weaver. Als konservative Mennoniten besaßen die Weavers weder Fernsehen noch Radio und hatten daher nichts von dem Mord gehört. Der flüchtige Carr bat die Weavers um Essen und Unterkunft, was sie ihm gerne gewährten. Carr blieb fünf Tage lang im Haus der Weavers - doch er tat ihnen weder etwas zuleide noch bestahl er sie. Carr wäre gerne noch länger geblieben, aber die Polizei erwischte ihn schließlich.[52]

---

52 Aus dem Interview, das der Autor mit der Weaver Familie führte, und
    aus „*Mountain Man Arrested*", The Sentinel (Carlisle, PA: May 25,
    1988) 1,2.

Schubkarrenglaube

Das erinnert mich an den Bericht des christlichen Autors und Redners Winkey Pratney über den „Great Blondin", einen unglaublich begabten Seiltänzer des neunzehnten Jahrhunderts. Um seine Fähigkeiten zu demonstrieren, spannte Blondin ein 335 Meter langes Seil über die Niagarafälle. Zur Begeisterung einer riesigen Menschenmenge spazierte er auf dem Seil über die Wasserfälle und vollführte dabei verschiedene spektakuläre Stunts. Er machte sogar einen Rückwärtssalto in der Seilmitte. Doch Blondin hatte kein Sicherheitsnetz unter sich, das ihn bei einem Sturz hätte retten können.

Ein Zeitungsreporter, der gekommen war, um dem Spektakel beizuwohnen, staunte nicht schlecht. „Ich wette, es gibt nichts, was Sie auf dem Drahtseil nicht können", sagte er zu Blondin.

„Glauben Sie, ich könnte das Seil mit einer Schubkarre überqueren?" fragte Blondin den Reporter.

„Oh, ich bin sicher, dass Sie das könnten."

„Glauben Sie, ich könnte das Seil überqueren, während ich eine Schubkarre mit einem Mann darin schiebe?" fragte Blondin den Reporter.

„Zweifellos!"

Blondin sah dem Reporter direkt in die Augen und fragte dann: „Glauben Sie, ich könnte das Seil überqueren, während ich eine Schubkarre mit *Ihnen* darin schiebe?"

„Nun, äh ..."

Aber das ist es, worum es beim echten Glauben geht - für Christus in die Schubkarre zu steigen. Jede andere Art von Glaube ist kein echter Glaube. Es sind nur Worte. Die meisten Christen werden bereitwillig anerkennen, dass Gott allmächtig ist. Sie werden verkünden, dass Gott für das Universum verantwortlich ist. Sie sagen, dass nichts außerhalb von Gottes aktivem oder zulässigem Willen geschehen kann. Sie werden Autoaufkleber auf ihre Autos kleben, auf denen steht: „Seine Engel wachen über mich!" Aber nein, sie werden nicht in die Schubkarre steigen. Sie werden die Sicherheit ihrer Familie nicht Gott anvertrauen.

Traurigerweise erleiden christliche Familien jedes Jahr Tod und Verletzungen *durch ihre eigenen Waffen*, weil sie ihr Vertrauen nicht in Gott gesetzt hatten. Einer der herzzerreißendsten Vorfälle ereignete sich vor ein paar Jahren, als ein Mann und seine Frau von einer Reise nach Hause kamen. Ihre Tochter war bei einem Freund untergebracht. Die Tochter dachte jedoch, sie würde ihre Eltern überraschen, indem sie früher nach Hause kam und sich in ihrem Schlafzimmerschrank versteckte. Als ihre Eltern nach Hause kamen, hörten sie ein Geräusch in ihrem Schrank. In der Annahme, es handele sich um einen Einbrecher, holte ihr Vater seine geladene Pistole heraus und näherte sich langsam dem Schrank. Als die Schranktür plötzlich aufflog, drückte ihr Vater instinktiv den Abzug. Er erkannte sofort, dass es seine Tochter war, aber es war zu spät. Sie murmelte: „Ich hab dich lieb, Papi", und fiel tot um.

Dies war kein seltener Vorfall. Mit einer Waffe im Haus ist es 22 Mal wahrscheinlicher, dass ein Familienmitglied oder ein Freund getötet wird, als dass ein Eindringling getötet oder verwundet wird.[53] Dem Bösen kann man mit weniger gefährlichen Methoden begegnen als mit einer Waffe.

---

53 Arthur Kellermann, MD, New England Journal of Medicine, 1998,
     wie es zitiert wurde auf http://goodsforguns.org.

Vor einigen Jahren übernachteten Decio und Olivia, zwei christliche Freunde von mir, in einem Motel in Atlanta. In der Stadt hatte es eine Reihe von bewaffneten Raubüberfällen und Morden gegeben. Bei diesen Raubüberfällen hatten die Angreifer ihren Opfern befohlen, sich mit dem Gesicht nach unten auf den Boden zu legen, und ihnen dann in den Hinterkopf geschossen. Decio war also auf der Hut.

Es war ein lauer Oktoberabend, und Decio und Olivia hatten ihre Zimmertür kurzzeitig für einen Freund offen gelassen. Plötzlich erschienen zwei jugendliche Schläger mit Pistolen in der Tür. Sie befahlen allen, sich auf den Boden zu legen. Decio zögerte, kniete dann nieder, betete und überlegte, wie er den Raubüberfall vereiteln könnte.

Seine Frau Olivia, die dachte, es handele sich um einen Halloween-Streich, blieb auf dem Bett sitzen. Daraufhin winkte einer der jungen Räuber ihr mit seiner Waffe und befahl ihr, sich auf den Boden zu legen. Stattdessen begann sie laut „Jesus Loves Me" zu singen, stand vom Bett auf und ging langsam auf die beiden jungen Männer zu. Einer von ihnen hob seine Pistole, richtete sie auf ihr Gesicht und spannte sie. Doch als sie weiter sang und auf ihn zuging, schrie er plötzlich seinem Komplizen zu: „Das ist ein Haufen Jesus-Spinner! Lass uns hier verschwinden!" Und damit verschwanden die beiden jungen Männer in der Dunkelheit.

Im Laufe der Jahre habe ich viele andere Berichte darüber gehört und gelesen, wie ein Gebet, ein Lied oder ein Zeugnis einen Möchtegern-Einbrecher oder Angreifer effektiv entwaffnet hat. Es hat keinen Sinn, „Our God Is an Awesome God" zu singen, wenn wir nicht wirklich glauben, dass Er es ist.

„Aber was ist mit Hitler?"

Das werde ich oft gefragt. Eigentlich ist das *meine* Frage an Christen, die keinen Widerstand leisten wollen: „Aber was ist mit Hitler?" Sehen Sie, wenn alle Christen das praktiziert hätten, was Jesus lehrte, hätte Hitler niemals die Dinge tun können, die er tat. Und warum? Weil die meisten der Soldaten in Hitlers Armee bekennende Christen waren. Sie waren freiwillig in die deutsche Armee eingetreten oder eingezogen worden, und sie dienten ihrem Land genauso wie die britischen und amerikanischen christlichen Soldaten, die gegen sie kämpften. Hätten sich die Christen an die Gebote Jesu gehalten, wäre das Böse von Hitler nie geschehen. Er hätte nur wenige Soldaten gehabt, um seine Pläne auszuführen.

Würden sich alle Christen an die Lehren Jesu halten, gäbe es vielleicht keine Kriege. Das ist kein leerer Traum. Die Pax Romana hat dies bewiesen. Die Pax Romana ist die Bezeichnung, die weltliche Historiker für die Friedenszeit des Römischen Reiches von 27 v. Chr. bis 180 n. Chr. verwenden. Die Pax Romana war die friedlichste Zeit, die das Römische Imperium je erlebt hatte. In der Tat war es die längste Friedensperiode, die die mediterrane Welt vom Beginn der europäischen Zivilisation bis zum heutigen Tag erlebt hat. Während der Pax Romana erlebte das Imperium keine einzige erfolgreiche Invasion an seinen Grenzen. Es gab einige wenige Aufstände im Inland, wie etwa die der Juden. Aber es gab keine Bürgerkriege zwischen Römern.

Wodurch wurde die Pax Romana herbeigeführt? Durch die mächtigen Armeen Roms? Nein, diese mächtigen Armeen Roms bestanden auch noch im vierten und fünften Jahrhundert, als es keinen Frieden gab. Und es war im vierten und fünften Jahrhundert, als die Barbaren schließlich erfolgreich in das Imperium eindringen konnten.

War die Pax Romana das Ergebnis guter Herrscher? Sicherlich gab es in dieser Zeit eine Reihe von sehr fähigen Kaisern, wie Caesar Augustus und Marcus Aurelius. Aber es gab auch Wahnsinnige und unmoralische Monster wie Caligula, Nero und Domitian. Doch selbst während der Herrschaft dieser Wahnsinnigen herrschte Frieden unter den Römern.

Was war also wirklich anders in der Zeit der Pax Romana? Die säkularen Historiker haben darauf keine klare Antwort. Ich glaube jedoch, dass der Unterschied darin bestand, dass Gott den Frieden in die mediterrane Welt gebracht hatte, in die Sein Sohn, der Friedefürst, geboren werden sollte. Ich glaube, dass Gott diesen Frieden ohne die Hilfe menschlicher Armeen herbeigeführt hat. Und ich glaube, dass die Christen diesen Frieden später aufrechterhalten haben - nicht mit dem Schwert, um das Reich zu verteidigen, sondern durch ihr wehrloses, friedliches Leben und durch ihre Gebete.

Aber das ist nicht nur meine persönliche Überzeugung. Auch die frühen Christen, die zur Zeit der Pax Romana lebten, waren fest davon überzeugt, dass die Pax Romana das Ergebnis des Eingreifens Gottes war. So sagte Origenes zu den Römern:

> „Wie hätte da diese friedliche Lehre, die nicht einmal gestattet, an seinen Feinden Vergeltung zu üben, durchdringen können, wenn nicht bei der Ankunft Jesu die weltlichen Verhältnisse überall eine ruhigere Gestaltung erhalten hätten?"[54]

Ein andrer frühchristlicher Schriftsteller, Arnobius, schrieb:

---

54 Origenes „*Gegen Celsus*" (BKV), Zweites Buch, Kap. 30.

„Wiewohl ihr sagt, diese Kriege würden wegen der Mißgunst unsrer Lehre erregt, dennoch läßt sich unschwer
beweisen, daß, nachdem Christus auf Erden gehört worden ist, dieselben nicht sowohl zugenommen, sondern
vielmehr größtenteils durch Zügelung der Wut *entkräftet*
wurden: denn da wir, eine so mächtige Menge durch Seinen Unterricht und Seine Gebote empfangen haben,
nicht müsse Böses mit Bösem vergolten werden; es sei
trefflicher Unrecht erleiden als antun, sein eigenes Blut
vergießen als mit dem eines anderen Hand und Gewissen beflecken; so genießt sogleich der undankbare Erdkreis eine Wohltat von Christus, der die wilde Wut sänftigte und die feindlichen Hände vom Blute verwandter
Geschöpfe abzuhalten begann. Wollten nun alle, welche
einsehen, sie seien Menschen nicht der Leibesgestalt
nach, sondern gemäß dem Vermögen der Vernunft,
überhaupt nur ein wenig den heilsamen und friedlichen
Verordnungen Gehör geben, und nicht aus Stolz und Arroganz mehr ihren Sinnen als Seinen Ermahnungen
glauben, so lebte alsbald der ganze Erdkreis, den Gebrauch des Eisens zu sanfteren Werken umgewandelt, in
behaglichster Ruhe und stimmte durch unverletzte
Bündnisse des Friedens überein.[55]

Ein Land durch Wehrlosigkeit verteidigen

Heute kritisieren viele bekennende *Christen* die Königreich-
Christen dafür, dass sie nicht zu den Waffen greifen und ihr
Land verteidigen. Interessanterweise übten die *Heiden* die
gleiche Kritik an den frühen Christen, die sich weigerten, das

---

55 Arnobius „*Gegen die Heiden*" (BKV), Erstes Buch, Nr. 6.

Römische Imperium mit dem Schwert zu verteidigen. Als Antwort auf diese heidnischen Kritiker schrieb Origenes:

> Wir vernichten aber mit unseren Gebeten auch alle Dämonen, welche die kriegerischen Unternehmungen anstiften und Eide brechen und den Frieden stören, und helfen dadurch den Herrschern mehr als die Personen, welche äußerlich zu Felde ziehen. „Wir mühen uns" aber für die gemeinsamen Angelegenheiten „ab", indem wir unserer Gebete, die wir nach Schuldigkeit Gott darbringen, mit Übungen und Betrachtungen verbinden, die uns lehren, die Vergnügungen zu verachten und uns von ihnen nicht fortreißen zu lassen. „Wir kämpfen" sogar mehr (als andere) „für den Kaiser"; und wenn wir auch nicht „*mit* ihm ins Feld rücken", „sobald die Not es fordert", so ziehen wir doch *für* ihn zu Felde, indem wir ein besonderes Kriegsheer der Frömmigkeit durch die an die Gottheit gerichteten Fürbitten zusammenbringen.
>
> Verlangt aber Celsus von uns, daß wir „zur Verteidigung des Vaterlandes" auch „die Führung von Truppen" übernehmen, so mag er wissen, daß wir auch dieses tun, und zwar nicht in der Absicht, um von den Menschen gesehen zu werden und bei ihnen eitlen Ruhm zu ernten. Denn im Verborgenen und in unserm Herzensinnern sind die Gebete, die, wie von Priestern, von uns für das Wohl unserer Mitbürger zum Himmel emporgesandt werden. Die Christen aber erweisen ihrem Vaterlande mehr Wohltaten als die übrigen Menschen.[56]

Die totale Abhängigkeit von Gott hat funktioniert! Sie brachte mächtige Ergebnisse. Sie bewirkte die längste Frie-

---

56 Origenes „*Gegen Celsus*" (BKV), Achtes Buch, Kap. 73-74.

densperiode in der mediterranen Welt, die es seit Beginn der Zivilisation gegeben hat. Wenn es dort gegen alle kriegerischen Völker der antiken Mittelmeerwelt funktioniert hätte, dann hätte es auch Hitler aufgehalten. Tatsächlich wäre Hitler, wie wir bereits besprochen haben, gar nicht erst an die Macht gekommen.

Aber jemand mag einwenden: „Haben Sie noch nie gehört, dass ‚das Einzige, was das Böse braucht um zu siegen, ist, dass die Guten nichts tun'?" Aha, da haben wir den Kern des ganzen Problems. Ungeachtet unserer frommen Worte über Glauben und Vertrauen betrachten die meisten Christen das Gebet im Wesentlichen als „Nichtstun". Ob sie es zugeben oder nicht, die meisten Christen glauben, dass, wenn wir nicht unsere Waffen in die Hand nehmen um das Böse zu stoppen, es durch nichts anderes gestoppt wird.

Aber was wäre, wenn alle bekennenden Christen heute wehrlos leben und ihre Feinde lieben würden? Was wäre, wenn die gesamte Kirche wirklich auf Gott als den Beschützer der Menschheit vertrauen und wirklich an die Wirksamkeit des Gebets glauben würde? Die gesamte Kirche tat dies in den ersten drei Jahrhunderten, und die Welt, in der sie lebte, hatte als Ergebnis Frieden. Ich habe keinen Zweifel daran, dass wir eine neue Pax Europa oder Pax Americana hätten, wenn die Kirche heute dasselbe tun würde.

Das Böse kann niemals durch das Böse besiegt werden, noch kann der Irrtum jemals durch den Irrtum korrigiert werden. Satan kann nicht mit Satans Mitteln vertrieben werden. Das Befolgen der Lehren Christi ist der einzig effektive Widerstand gegen das Böse.

Aber gelten die Worte Jesu nicht bloß für private Vergeltungsmaßnahmen, nicht jedoch für staatlich autorisierte Aktionen?

Einige Christen behaupten, dass es falsch ist, wenn wir als *Privatpersonen* Böses mit Bösem vergelten. Wenn wir es jedoch unter *staatlicher* Autorität tun, verstößt es nicht gegen die Lehre Jesu. Dieses Argument erinnert mich an das Pamphlet von Adin Ballou mit dem Titel „Wie viele Menschen sind nötig, um ein Verbrechen in eine Tugend zu verwandeln?" Darin fragte er:

„Wie viele braucht es, um die Gebote Gottes zu annulieren und etwas für rechtmäßig zu erklären, das Er verboten hat? Wie viele braucht es, um Boshaftigkeit in Gerechtigkeit umzuwandeln? Ein Mensch darf nicht töten. Wenn er es doch tut, ist es Mord. Zwei, zehn, hundert Männer, die auf eigene Verantwortung handeln, dürfen nicht töten. Wenn sie es doch tun, ist es immer noch Mord.

Aber ein Staat oder eine Nation kann so viele Menschen töten, wie sie wollen, und es ist kein Mord. Es ist gerecht, notwendig, lobenswert und richtig. Man muss nur genug Leute dazu bringen, zuzustimmen, und das Abschlachten von Myriaden von Menschen ist völlig unschuldig. Aber wie viele müssen es sein? Das ist die Frage.

Genau wie bei Diebstahl, Raub, Einbruch und allen anderen Verbrechen. Entführung ist ein großes Verbrechen, wenn sie von einem einzigen Menschen oder von wenigen Menschen begangen wird. Aber ein ganzes Volk kann es begehen, und die Tat wird nicht nur unschuldig, sondern höchst ehrenhaft. So kann ein ganzes Volk im größten Ausmaß rauben und mit kriegerischer Gewalt einen Einbruch in eine ganze Stadt begehen, ohne ein Verbrechen zu begehen. Sie können all diese Dinge ungestraft tun und die Geistlichen auffordern, für sie zu beten. Wahrlich, in der Zahl liegt die Magie! Die souveräne Menge kann den Allmächtigen überstimmen, zumindest in ihrer eigenen Einbildung. Aber wie viele müssen es sein?"[57]

Wenn der Staat mir befiehlt, Götzen zu verehren, ist das dann richtig? Mit anderen Worten: Ist es falsch, wenn ich als *Privatperson* Götzen anbete, aber vollkommen richtig, wenn ich es unter der Autorität des *Staates* tue? Ist es falsch für mich, als Privatperson Wahrsagerei zu betreiben, aber akzeptabel, wenn ich es unter staatlicher Autorität tue? Ist es falsch, wenn ich als Privatperson Ehebruch begehe, aber keine Sünde, wenn der Staat es mir befiehlt? Ist es für mich als Privatperson falsch, mich scheiden zu lassen, aber völlig legitim, wenn der Staat mir erlaubt, mich von meinem Ehepartner zu scheiden?

Oder nehmen wir an, ein Christ lebt in einem Land, in dem die Regierung Frauen anweist, zum Wohle des Landes abzutreiben. Vielleicht ist das Land überbevölkert, und die Regierung ist der Meinung, dass die Überbevölkerung am besten durch eine Verringerung der Geburtenrate zu beseitigen ist. Ist es deshalb für eine christliche Frau rechtmäßig, ihr Baby durch eine Abtreibung zu töten? Wenn nicht, warum ist es etwas anderes, wenn dieselbe Regierung ihren Bürgern befiehlt, andere in einem Krieg zu töten?

---

57 Ballou, *"How Many Does It Take"*, verfügbar unter
　　http://www.adinballou.org/HowMany.shtml.

Hat Jesus, als Er Seine Gebote zur Wehrlosigkeit und zur Feindesliebe gab, einen Unterschied zwischen privaten und staatlichen Handlungen gemacht? Nein, überhaupt nicht. In der Tat ersetzte Seine Lehre ein alttestamentliches Gesetz, das sich auf staatliche Handlungen bezog, nicht auf private. Wie Sie sich erinnern, begann Jesus Seine Botschaft über die Wehrlosigkeit mit den Worten:

> „Ihr habt gehört, dass gesagt worden ist: ‚Auge um Auge und Zahn um Zahn‘. Ich aber sage euch, dass ihr einer bösen Person nicht widerstehen sollt." Mt 5,39

Wo hatten Seine Zuhörer „Auge um Auge und Zahn um Zahn" gehört? Sie hatten es aus dem Gesetz Moses gehört, wo es dreimal vorkommt.

Der erste Abschnitt, in dem dieser Ausdruck vorkommt, ist im Buch Exodus, wo es heißt:

> „Wenn Männer miteinander raufen und dabei eine schwangere Frau verletzen, so dass sie vorzeitig gebärt, und sonst kein Schaden folgt, so soll er so bestraft werden, wie es ihm der Ehemann der Frau auferlegt, und er soll bezahlen, wie es die *Richter* bestimmen. Aber wenn irgendein Schaden folgt, so sollst du Leben um Leben geben, Auge um Auge, Zahn um Zahn, Hand um Hand, Fuß um Fuß." Ex 21,22-24

Bitte beachten Sie, dass die Richter an dieser Aktion beteiligt waren; es handelte sich nicht um private Rache.

Die zweite Stelle befindet sich in Levitikus, wo es um einen Vorfall geht, bei dem ein Mann mit einem ägyptischen Vater und einer israelitischen Mutter Gott gelästert hatte. Als die Israeliten den Herrn fragten, was sie tun sollten, antwortete Gott:

„Wer den Namen des Herrn lästert, den soll man sicherlich töten. *Die ganze Gemeinde* soll ihn steinigen. ... Wer immer einen Menschen ermordet, der soll des Todes sterben. ... Wenn jemand seinen Nächsten verunstaltet, wie er es getan hat, so soll man ihm tun - Bruch um Bruch, Auge um Auge, Zahn um Zahn; wie er einen Menschen verunstaltet hat, so soll man ihm tun. ... Und Mose redete mit den Kindern Israel, daß sie den, der gelästert hatte, aus dem Lager herausführen und mit Steinen steinigen sollten. Und die Kinder Israel taten, wie der HERR dem Mose geboten hatte." Lev 24,16-23

Handelt es sich bei dieser Passage um private Handlungen? Wohl kaum! Die ganze Gemeinde Israels sollte an der Vollstreckung der Strafe beteiligt sein.

Der letzte Abschnitt steht im Deuteronomium:

„Wenn ein falscher Zeuge gegen einen Menschen aufsteht, um gegen ihn ein Unrecht zu bezeugen, dann sollen beide streitenden Männer vor dem Herrn stehen, vor den *Priestern* und den *Richtern*, die in jenen Tagen dienen. Und die *Richter* sollen eine sorgfältige Untersuchung anstellen, und wenn der Zeuge ein falscher Zeuge ist, der gegen seinen Bruder falsch ausgesagt hat, dann sollt ihr mit ihm tun, was er meinte, diesem Bruder getan zu haben; so sollt ihr das Böse aus eurer Mitte austreiben. Und die Übriggebliebenen sollen hören und sich fürchten, und von nun an sollen sie nicht mehr solches Übel unter euch begehen. Euer Auge soll kein Mitleid haben: Leben um Leben, Auge um Auge, Zahn um Zahn, Hand um Hand, Fuß um Fuß." Dtn 19,16-21

Abermals geht es in dieser Passage nicht um eine private Selbstjustiz. Sowohl die Priester als auch die Richter waren daran beteiligt.

Der Kontext der Lehre Jesu über die Wehrlosigkeit bezog sich also auf nationale und gerichtliche Vergeltung, nicht auf private Rache. Schließlich ging es bei dem Grundsatz „Auge um Auge" genau um diesen Aspekt. Und die Lehre Jesu ersetzte diesen Grundsatz.

Aber können wir nicht zwei Hüte aufhaben? Wenn ich eine Armeeuniform trage und der US-Armee angehöre, bin nicht *ich* es, der tötet. Es ist die Regierung der Vereinigten Staaten. Und die Regierung der USA ist von Gott mit dem Schwert betraut worden, wie es in Römer 13 heißt.

Dieses Argument erscheint nur deshalb plausibel, weil die meisten Christen immer noch nicht in der Lage sind, sich das Königreich Gottes als eine real existierende Regierung vorzustellen.

Zur Veranschaulichung: Nehmen wir an, ein amerikanischer Bürger würde in den 1930er Jahren in Deutschland leben. Und nehmen wir weiter an, dass die deutsche Armee ihn einberufen hat (Ja, Regierungen haben die Macht, Einwohner einzuziehen, die nicht ihre Staatsbürger sind). Nehmen wir an, dieser Amerikaner akzeptierte die Einberufung zur deutschen Armee und tötete später seine amerikanischen Landsleute in einer der Schlachten des Zweiten Weltkriegs. Nehmen wir weiter an, dass er schließlich von den amerikanischen Streitkräften gefangen genommen und vor Gericht gestellt wurde.

Nehmen wir an, dass dieser Amerikaner bei seiner Verhandlung die folgende Verteidigung vortrug: „Ich weiß, dass es für mich, einen einzelnen Amerikaner, falsch gewesen wäre, die Waffen gegen meine Mitbürger zu ergreifen. Ich wurde jedoch zur deutschen Armee eingezogen, und daher war es nicht mehr ich, der amerikanische Bürger, der andere Amerikaner tötete. Es war die deutsche Regierung, die einen rechtmäßigen Krieg gegen die Vereinigten Staaten führte."

Glauben Sie, dass das Volk und die Regierung der Vereinigten Staaten dieses Plädoyer akzeptieren würden? Natürlich nicht! Warum also stellen wir uns vor, dass Jesus solch ein Plädoyer akzeptieren würde?

Tatsächlich hat sich vor kurzem eine Situation im wirklichen Leben ereignet, die meiner Veranschaulichung ähnelt. Vor ein paar Jahren führten die Vereinigten Staaten einen Krieg gegen das Taliban-Regime in Afghanistan. Im Verlauf des Krieges nahm die US-Armee einen amerikanischen Staatsbürger namens John Walker Lindh gefangen, der sich den Taliban angeschlossen hatte. Nehmen wir nun an, Herr Lindh hätte bei seinem Prozess die folgende Verteidigung vorgebracht:

„Ich, John Walker Lindh, als einzelner amerikanischer Staatsbürger, würde nie etwas tun, was einem anderen Amerikaner schaden könnte. Ja, es ist wahr, dass ich mich der Taliban-Armee angeschlossen habe. Aber zu dem Zeitpunkt, als ich mich ihnen anschloss, befanden sie sich nicht im Krieg mit den Vereinigten Staaten. Was auch immer ich danach getan habe, es waren nicht meine Handlungen, sondern die der Taliban-Regierung. Ich habe nicht als Einzelperson gegen die Vereinigten Staaten gekämpft. Ich habe nur als Einheit der Taliban-Regierung gekämpft. Daher bin ich unschuldig."

Glauben Sie, ein amerikanisches Gericht hätte das akzeptiert? Ich glaube nicht.

Christen, die die Wehrlosigkeit ablehnen, wollen, dass Jesus sich dem Kaiser unterwirft. Sie wollen, dass Jesus anerkennt, dass Seine Gesetze gebrochen werden können, wenn der Kaiser dies von den Menschen verlangt. Aber wäre der Kaiser auch bereit, das umgekehrt zu tun? Wird der Kaiser uns erlauben, des Kaisers Gesetz zu brechen, wenn Jesus es verlangt?

Um diese Frage zu beantworten, nehmen wir an, Herr Lindh hätte sich wie folgt verteidigt: „Ich, John Walker Lindh, *amerikanischer Staatsbürger*, würde nie etwas tun, was einem anderen Amerikaner schadet. Das wäre natürlich falsch! Wenn ich in Afghanistan gegen die Vereinigten Staaten kämpfte, tat ich dies ausschließlich als John Walker Lindh, der *Muslim*. Meine Treue zu Allah verpflichtet mich, alle Ungläubigen zu töten. Deshalb habe ich, als Mitglied des Islams, Amerikaner getötet. Aber ich tat dies nur als Teil der islamischen internationalen Gemeinschaft - nicht als Einzelperson oder als Amerikaner. Deshalb bin ich unschuldig.“

Was meinen Sie dazu? Hätte diese Verteidigung funktioniert? Nein, natürlich nicht. Die Regierung der Vereinigten Staaten wird ihren Bürgern nicht erlauben, sich gegenseitig zu töten, ungeachtet ihrer religiösen Überzeugungen. Wenn jemand einen anderen Amerikaner tötet, wird er wegen Mordes angeklagt. Die Tatsache, dass seine Religion es verlangt, wird keine Entschuldigung sein.

Wenn unsere Regierung ihren Bürgern nicht erlaubt, sich gegenseitig wegen ihrer *religiösen* Unterschiede abzuschlachten, warum glauben wir dann, dass Jesus Seinen Bürgern erlaubt, sich gegenseitig wegen ihrer *politischen* oder *nationalen* Unterschiede abzuschlachten?

10.
Aber heißt es nicht in der Heiligen Schrift ...?

Im Laufe der Jahre haben mich Christen, die sich mit der Wehrlosigkeit unwohl fühlen, nach verschiedenen Schriftstellen gefragt, die der Wehrlosigkeit zu widersprechen scheinen. Schauen wir uns also einige dieser Stellen an.

Jesus sagte, dass Er nicht gekommen sei, um Frieden auf die Erde zu bringen, sondern ein Schwert. Hat Er mit dieser Aussage nicht den Krieg autorisiert?

Es stimmt, dass Jesus sagte:

> „Denkt nicht, dass ich gekommen bin, um Frieden auf Erden zu bringen. Ich bin nicht gekommen, Frieden zu bringen, sondern ein Schwert." Mt 10,34

Betrachtet man nur diese eine Aussage, könnte es so klingen, als würde Jesus sagen, dass Seine Nachfolger zum militärischen Schwert greifen müssten, um für das Königreich Gottes zu kämpfen. Wenn wir allerdings den gesamten Abschnitt lesen, wird deutlich, dass Jesus nicht davon sprach.

Tatsächlich war die Aussage Jesu ein Teil der Anweisungen, die Er den zwölf Aposteln gab, als Er sie zum Predigen aussandte. Schauen wir uns den ganzen Abschnitt an:

„Seht, ich sende euch aus wie Schafe mitten unter die Wölfe. Darum seid klug wie die Schlangen und harmlos wie die Tauben. Hütet euch aber vor den Menschen; denn sie werden euch den Ratsversammlungen überantworten und euch in ihren Synagogen geißeln. ... Es wird aber ein Bruder seinen Bruder dem Tode ausliefern und ein Vater sein Kind; und Kinder werden sich gegen die Eltern erheben und sie töten lassen. Und ihr werdet von allen gehaßt werden um Meines Namens willen. Wer aber ausharrt bis ans Ende, der wird gerettet werden.

Wenn sie euch in dieser Stadt verfolgen, flieht in eine andere. ... Und fürchtet euch nicht vor denen, die den Leib töten, aber die Seele nicht töten können. Fürchtet vielmehr Ihn, der fähig ist, sowohl Seele als auch Leib in der Hölle zu vernichten. ...Wer mich also vor den Menschen bekennt, den werde ich auch vor Meinem Vater im Himmel bekennen. Wer mich aber vor den Menschen verleugnet, den werde ich auch vor meinem Vater im Himmel verleugnen.

Denkt nicht, dass ich gekommen bin, um Frieden auf Erden zu bringen. Ich bin nicht gekommen, um Frieden zu bringen, sondern ein Schwert. Denn ich bin gekommen, um einen Mann gegen seinen Vater aufzubringen, die Tochter gegen ihre Mutter und die Schwiegertochter gegen ihre Schwiegermutter; und die Feinde des Menschen werden seine eigenen Hausgenossen sein. Wer Vater oder Mutter mehr liebt als Mich, ist Meiner nicht würdig. Und wer Sohn oder Tochter mehr liebt als Mich, ist Meiner nicht würdig. Und wer nicht sein Kreuz auf sich nimmt und Mir nachfolgt, ist Meiner nicht würdig. Wer sein Leben findet, wird es verlieren, und wer sein Leben um Meinetwillen verliert, wird es finden." Mt 10,16-39

Wenn wir den gesamten Abschnitt lesen, können wir leicht erkennen, dass Jesus Seine Apostel wohl kaum dazu autorisierte, zu den Waffen zu greifen und heilige Kriege gegen diejenigen zu führen, die sich dem Königreich Gottes widersetzen. Genau das Gegenteil ist der Fall. Er sagte Seinen Aposteln, dass Er sie als Schafe unter Wölfen aussenden würde. Schafe tragen keine Schwerter, und sie erlegen keine Wölfe. Vielmehr sind es die Wölfe, die das Töten übernehmen. Jesus sagte Seinen Aposteln, dass sie bereit sein müssten, für Ihn zu sterben. Wenn sie nicht bereit wären, für Ihn zu sterben, wären sie Seiner nicht würdig. Das Einzige, wozu Er Seine Jünger im Angesicht der Gewalt autorisierte, war, an einen anderen Ort zu fliehen, wenn sie konnten.

In der Antike diente ein Schwert zwei Zwecken. Normalerweise denken wir an den Einsatz im Krieg, wo das Schwert zum Töten verwendet wurde. Ein Schwert war aber auch ein Werkzeug zum Schneiden oder Trennen. Die Heilige Schrift spricht davon, dass das Wort Gottes „schärfer ist als jedes zweischneidige Schwert, durchdringend bis zur *Trennung* von Seele und Geist." Hebr 4,12

Spricht nicht Jesus in Matthäus 10,34 ausgerechnet von dem Schwert der Trennung? Denn Er sagte:

> „Ich bin gekommen, einen Mann gegen seinen Vater aufzubringen[58], die Tochter gegen ihre Mutter und die Schwiegertochter gegen ihre Schwiegermutter; und die Feinde des Menschen werden seine eigenen Hausgenossen sein." Mt 10,34

---

58   Die Schlachter 2000 schreibt hier „Denn ich bin gekommen, den Menschen zu *entzweien* mit seinem Vater und die Tochter mit ihrer Mutter und die Schwiegertochter mit ihrer Schwiegermutter…" und macht den Sinn, den David Bercot anhand der KJV vorsichtig herausliest, noch deutlicher, ja eindeutig. Anm. des Übersetzers.

Wollte Jesus damit sagen, dass Mütter und Töchter das Schwert des Krieges gegeneinander ergreifen und sich gegenseitig töten würden? Hat Er Christen autorisiert, ihre Eltern und Kinder zu ermorden? Oder wollte Jesus stattdessen sagen, dass das Evangelium vom Königreich Gottes zu Familientrennungen führen würde?

Ich denke, die meisten von uns können erkennen, dass Er von Letzterem sprach. Unsere eigene Familie mag uns enterben und verfolgen. Doch wenn wir sie über unseren Herrn stellen, sind wir Seiner nicht würdig.

Lassen Sie uns einen Moment darüber nachdenken, was Jesus in Matthäus 10 über Prioritäten sagte. Er sagte:

> „Wer Sohn oder Tochter mehr liebt als mich, ist Meiner nicht würdig." Mt 10,37

Wenn Er uns nicht einmal erlaubt, unsere eigenen Kinder mehr zu lieben als Ihn, warum bilden wir uns dann ein, dass es akzeptabel ist, unser Land mehr zu lieben als Ihn?

Was ist mit den Soldaten, die zu Johannes dem Täufer kamen? Johannes sagte ihnen nicht, sie sollten ihre Schwerter niederlegen oder die Armee verlassen.

Lasst uns diesen Abschnitt gemeinsam lesen. Da heißt es:

> Dann kamen auch Steuereintreiber um getauft zu werden und sprachen zu ihm: „Meister, was sollen wir tun?" Er aber sprach zu ihnen: „Treibt nicht mehr ein, als euch zusteht." Ebenso fragten ihn auch die Soldaten indem sie sagten: „Was sollen wir tun?" Da sagte er zu ihnen: „Schüchtert niemand ein und beschuldigt niemand falsch, sondern begnügt euch mit eurem Sold." Lk 3,14

Das griechische Wort, das in der New King James Version mit „intimidate" (auf Deutsch „einschüchtern") übersetzt wird, ist *diaseio*, was wörtlich „gewalttätig schütteln" bedeutet.[59] Die King James Version übersetzt dieses Wort mit „do violence to" (auf Deutsch „Gewalt antun"). Die King James Version gibt diese Passage folgendermaßen wieder:

> „Ebenso verlangten auch die Soldaten nach ihm und sprachen: „Was sollen wir tun?" Er aber sprach zu ihnen: „Tut niemandem Gewalt an und beschuldigt keinen falsch, sondern begnügt euch mit eurem Sold." Lk 3,14

Also *hat* Johannes den Soldaten vielleicht tatsächlich gesagt, dass sie andere nicht angreifen oder töten sollen.

Doch unabhängig davon, wie wir *diaseio* interpretieren, bleibt die Tatsache bestehen, dass Johannes ein Prophet der alten Ordnung war, nicht der neuen. Johannes war nicht einmal ein Bürger des neuen Königreichs Gottes. Wir wissen das, weil Jesus zu Seinen Jüngern sagte:

> „Ich sage euch: Unter den von Frauen geborenen ist kein Größerer aufgestanden als Johannes der Täufer; aber der Geringste im Königreich des Himmels ist größer als er." Mt 11,11

Und weiter sagte Jesus:

> „Das Gesetz und die Propheten waren bis zu Johannes. Seit dieser Zeit ist das Königreich Gottes gepredigt worden." Lk 16,16

Kurz gesagt, Johannes war ein Wegbereiter, der den Weg für Jesus bereitete. Obwohl seine Botschaft der Umkehr viele Dinge vorausschattete, die Jesus predigte, war er der letzte *jü-*

---

59 W. E. Vine, Expository Dictionary of New Testament Words (Grand Rapids: Zondervan Publishing House, 1940) 188.

dische Prophet, nicht der erste *christliche* Prophet. Gott sandte Johannes nicht, um das Evangelium des Königreichs zu erklären.

Was ist mit dem römischen Zenturio? Jesus hat ihm nicht gesagt, dass er die Armee verlassen muss. Oder was ist mit Kornelius? Die Bibel sagt nicht, dass er die Armee nach seiner Bekehrung verlassen hat.

Werfen wir zunächst einen kurzen Blick auf die Passage über den Zenturio[60]:

> Als aber Jesus nach Kapernaum gekommen war, kam ein Zenturio zu Ihm und bat Ihn und sprach: „Herr, mein Knecht liegt zu Hause und ist gelähmt und wird furchtbar gequält." Jesus aber sprach zu ihm: „Ich will kommen und ihn heilen." Der Zenturio antwortete und sprach: „Herr, ich bin nicht würdig, dass Du unter mein Dach kommst. Aber sprich nur ein Wort, so wird mein Knecht gesund werden." ... Da sprach Jesus zu dem Zenturio: „Geh hin; und wie du geglaubt hast, so soll dir geschehen." Und sein Knecht wurde in derselben Stunde gcheilt. Mt 8,5-13

Die Wahrheit ist, dass Jesus absolut nichts über den Beruf dieses Mannes sagte. Er drückte weder Zustimmung noch Missbilligung aus. In der Tat ging es in diesem Abschnitt nicht darum, dass dieser Mann ein *Zenturio* war. Vielmehr ging es darum, dass er ein *Heide* war. Deshalb sagte Jesus:

---

60 In deutschen Bibeln wird der römische Militärrang „Zenturio" mit „Hauptmann" übersetzt. In englischen Bibeln steht Centurion. Anm. des Übersetzers.

„Wahrlich, ich sage euch: Einen so großen Glauben habe ich nicht gefunden, nicht einmal in Israel!" Lk 8,10

Diese Begebenheit war ein Vorschatten der Tatsache, dass die Heiden später für das Evangelium empfänglicher waren als Israel.

Die Begegnung Jesu mit dem römischen Zenturio ist der Begegnung mit der samaritischen Frau am Jakobsbrunnen sehr ähnlich. Sie lebte mit einem Mann zusammen, mit dem sie nicht verheiratet war. Doch Jesus sagte ihr nicht, sie solle diesen Mann verlassen, oder? Bedeutet das aber, dass Jesus ein uneheliches Zusammenleben gutheißt?

Was Kornelius betrifft, so sagt die Heilige Schrift nichts darüber aus, was er nach seiner Bekehrung getan hat, weder so noch so. Es gibt keinen Beweis dafür, dass Kornelius weiterhin das Schwert benutzte, nachdem er Christ geworden war.

In der Tat finden wir in der Heiligen Schrift relativ wenige Berichte darüber, was Neubekehrte taten, nachdem sie Christen geworden waren. Ich denke, die meisten von uns gehen davon aus, dass Neubekehrte, die Berufen nachgingen, die nicht mit den Geboten Christi vereinbar waren, ihren Lebensunterhalt nach ihrer Bekehrung änderten. Zum Beispiel glaubten viele Prostituierte an Jesus. Wir nehmen zu Recht an, dass sie ihre Hurerei aufgegeben haben, aber die Heilige Schrift schweigt darüber (Mt 21,31-32).

Aber hat Jesus nicht die Geldwechsler ausgepeitscht und sie gewaltsam aus dem Tempel vertrieben?

Lasst uns den Bericht lesen:

> Es war aber das Passahfest der Juden nahe, und Jesus ging hinauf nach Jerusalem. Und Er fand im Tempel die, welche Ochsen, Schafe und Tauben verkauften, und die Geldwechsler, die ihr Geschäft machten. Nachdem Er eine Peitsche aus Stricken machte, trieb Er sie alle aus dem Tempel, samt den Schafen und Rindern, und schüttete das Geld der Wechsler aus und stieß die Tische um. Und zu denen, die Tauben verkauften, sagte Er: „Nehmt diese Dinge weg! Macht das Haus Meines Vaters nicht zu einem Haus des Handels!" Joh 2,13-16

Gegen wen oder was hat Jesus also die Peitsche eingesetzt? Der Bericht sagt das nicht, oder? Schafe folgen normalerweise nur ihrem eigenen Hirten. Wie wollte Jesus also die Schafe und Ochsen dazu bringen, den Tempelhof zu verlassen? Abgesehen von einem Wunder (das Er bei dieser Gelegenheit nicht vollbrachte) war die vernünftigste Methode die Tiere aus dem Tempel zu bringen, sie mit einer Peitsche hinauszutreiben. Es gibt absolut keinen Beweis dafür, dass Jesus Seine Peitsche gegen *Menschen* eingesetzt hat.

Dennoch wirft dieser Bericht ein wichtiges Licht auf die Wehrlosigkeit. Jesus hat gezeigt, dass Wehrlosigkeit nicht bedeutet, dass ein Mensch nicht durchsetzungsfähig sein oder sich nicht gegen Sünde aussprechen kann. Da Er Gottes Sohn war, hatte Er natürlich viel mehr Autorität als Sie oder ich. Die Apostel haben die Geldwechsler nie aus dem Tempel vertrieben.

Vielleicht waren die Lehren Jesu über die Wehrlosigkeit nur temporär. Sagte Er nicht später zu Seinen Jüngern, sie sollten Schwerter kaufen?

Gemeint ist meist folgende Stelle:

Und Er sprach zu ihnen: Als Ich euch ohne Geldbeutel, Ranzen und Sandalen aussandte, fehlte euch da etwas? Da sagten sie: „Nichts". Da sprach Er zu ihnen: „Nun aber, wer einen Geldbeutel hat, der nehme ihn, und ebenso einen Ranzen; und wer kein Schwert hat, der verkaufe sein Gewand und kaufe eins." Lk 22,35-36

Auf den ersten Blick könnte man meinen, dass dieser Abschnitt den früheren Lehren Jesu über die Wehrlosigkeit widerspricht. Aber wenn wir den Rest des Kapitels lesen, sehen wir, dass dies nicht der Fall ist. Unmittelbar nachdem Er Seine Apostel angewiesen hatte, ein Schwert zu kaufen, erklärte Jesus:

„Denn Ich sage euch, dass das, was geschrieben steht, noch an Mir vollendet werden muss: Und er wurde unter die Missetäter gerechnet." Lk 22,37

So erklärte Jesus selbst Seine Worte. Der Zweck der Schwerter bestand einfach darin, die Prophezeiung in Jesaja 53,12 zu erfüllen, die besagte, dass Jesus unter die Missetäter gerechnet werden würde.

Der nächste Vers gibt weitere Aufschlüsse:

Da sprachen sie: „Herr, siehe, hier sind zwei Schwerter. Und Er sprach zu ihnen: Es ist genug." Lk 22,38

Offensichtlich wollte Jesus Seinen Aposteln nicht sagen, dass sie sich auf einen bewaffneten Konflikt vorbereiten sollten. Schließlich reichten zwei Schwerter nicht aus, um zwölf Männer zu verteidigen. Vielmehr reichten die zwei Schwerter aus, um die alttestamentliche Prophezeiung zu erfüllen.

Der Rest dieses Abschnitts im Lukasevangelium, in dem es um die Verhaftung Jesu geht, verdeutlicht die Angelegenheit noch weiter:

> Als die Umstehenden sahen, was geschehen würde, sagten sie zu Ihm: „Herr, sollen wir mit dem Schwert zuschlagen?" Und einer von ihnen [Petrus] schlug den Diener des Hohenpriesters und hieb ihm das rechte Ohr ab. Jesus aber antwortete und sprach: „Lass sogar dies zu!" Und Er berührte sein Ohr und heilte ihn. Lk 22,49-51

Am Ende erlaubte Jesus Seinen Jüngern also nicht, die beiden Schwerter zur Selbstverteidigung zu benutzen. Er machte sogar die böse Wirkung des Schwertes rückgängig.

Jesus nutzte diese Episode mit den Schwertern, um eine Gegenstandslektion zu erteilen. Das schlimmste Verbrechen der Menschheitsgeschichte stand bevor. Der unschuldige Sohn Gottes sollte zu Unrecht verhaftet, gefoltert und getötet werden. Wenn es jemals einen Zeitpunkt für Christen gab, das Schwert zu benutzen, dann war es dieser! Aber Jesus erlaubte Seinen Jüngern nicht, das Schwert zu benutzen, weder um sich selbst noch Ihn zu verteidigen. Als Er ihnen sagte, sie sollten dem Bösen nicht widerstehen, meinte Er genau das! Selbst dann, wenn das Verbrechen aller Verbrechen begangen wurde.

Der Bericht bei Matthäus fügt noch ein weiteres Detail über das hinzu, was Jesus zu Petrus sagte:

> Jesus aber sprach zu ihm: „Stecke dein Schwert an seinen Platz; denn alle, die das Schwert nehmen, werden durch das Schwert umkommen. Oder glaubst du, dass Ich jetzt nicht zu Meinem Vater beten kann, und Er wird Mir mehr als zwölf Legionen von Engeln zur Verfügung stellen?" Mt 26,52-53

Wenn Gott uns beschützen will, sind Seine Engel ausreichend. Wie Tertullian es später ausdrückte:

Wenn auch Soldaten zu Johannes kamen und die Richtschnur für ihr Verhalten hinnahmen, wenn sogar ein Hauptmann gläubig wurde, so hat doch der Herr in der Entwaffnung des Petrus jedem Soldaten den Degen abgeschnallt.[61]

Was hat Jesus gemeint, als Er sagte: „Alle, die das Schwert nehmen, werden durch das Schwert umkommen"? Diese Aussage ist den früheren Worten Jesu sehr ähnlich:

„Wer sein Leben findet, wird es verlieren, und wer sein Leben um meinetwillen verliert, wird es finden." Mt 10,39

Wenn wir unser Vertrauen in militärische Waffen und in die Macht der Welt setzen, werden wir letztlich in diesem Vertrauen umkommen.

Wir lesen nie wieder davon, dass die Jünger von Jesus Schwerter hatten oder kämpften, um sich zu verteidigen. Die Apostelgeschichte beschreibt anschaulich die Wehrlosigkeit der Apostel und anderer Christen. Christen wurden von Mobs, jüdischen Behörden und heidnischen Machthabern angegriffen. Aber in keinem Fall leisteten sie physischen Widerstand. Stephanus wehrte sich nicht gegen den Mob, der ihn ergriff. Und selbst bei seinem Tod zeigte er seine Liebe zu seinen Feinden, indem er sagte:

„Herr, rechne ihnen diese Sünde nicht an." Apg 7,60

Die Apostelgeschichte berichtet, dass unmittelbar nach dem Tod des Stephanus „eine große Verfolgung gegen die Gemeinde in Jerusalem" einsetzte (Apg 8,1). Was taten also die Jünger Jesu? Sich bewaffnen und zurückschlagen?

Nein. Lukas berichtet:

---

61 Tertullian, *Über den Götzendienst* (BKV), Kap. 19.

Und sie waren alle zerstreut in den Gegenden von Judäa und Samarien, außer den Aposteln. Apg 8,1

Die einzige Maßnahme, wozu Jesus Seine Nachfolger im Angesicht der Verfolgung autorisiert hatte, war zu fliehen. Und genau das taten sie.

Die permanente Beständigkeit der Lehren Jesu

Am Ende der Bergpredigt, die so viele der Gesetze des Königreichs Gottes enthält, sagte Jesus zu Seinen Zuhörern:

„Darum wer immer nun diese Meine Worte hört und sie tut, den will Ich mit einem klugen Mann vergleichen, der sein Haus auf den Fels baute; und es regnete und flutete, und die Winde wehten und stießen an das Haus, und es stürzte nicht ein, denn es war auf den Fels gegründet." Mt 7,24-25

Wenn wir an einen Felsen als Fundament denken, denken wir an Beständigkeit. Das Gesetz Moses hatte fünfzehnhundert Jahre lang Bestand, aber es wurde schließlich erfüllt. Es erwies sich als temporär, als vorübergehend. Die Lehren Jesu sind dagegen von permanenter Dauer. Letzten Endes hätte es nicht viel von einem Felsen, wenn Jesus oder Seine Apostel Seine Lehren innerhalb weniger Jahre, nachdem Er sie gegeben hatte, wieder aufgehoben hätten. Nein, Seine Lehren ändern sich nicht. Sie gelten für uns genauso buchstäblich und genauso absolut, wie sie für die ersten Hörer Jesu galten.

Wie ich bereits früher zitiert habe:

„Jesus Christus ist derselbe gestern, heute und in Ewigkeit." Hebr 13,8

11.
Was ist mit den Königreichen der Welt?

Ich habe viel über das Königreich Gottes gesprochen, aber bisher habe ich nur sehr wenig über die Königreiche der Welt gesagt. Lassen Sie uns also eine Weile über sie sprechen.

Eigentlich verrät die Heilige Schrift nur wenig über Gottes Herrschaft über die Reiche der Welt. Im Alten Testament sehen wir, wie Gott mit Königreichen umging, die mit den Israeliten Umgang hatten, wie Ägypten, Assyrien und Babylon. Aber die Bibel erzählt uns wenig oder gar nichts über andere Weltreiche dieser Zeit, wie beispielsweise jene in China, Indien, Japan, Afrika und Amerika.

Wir können vermuten, dass Gott das Römische Imperium errichtete, um die Verbreitung des Christentums im Mittelmeerraum zu erleichtern. Schließlich bauten die Römer im ganzen Reich gute Straßen und machten den Mittelmeerraum für Reisen sicher. Aber warum entstand die Han-Dynastie in China? Oder das Aztekenkönigreich in Mexiko? Warum kam die Shunga-Dynastie in Indien an die Macht, und warum wurden die Maurya-Herrscher dort gestürzt? Wir wissen es nicht. Die Wahrheit ist, dass wir relativ wenig über Gottes Herrschaft über die Reiche der Welt wissen. Die Tatsache, dass eine Nation im Krieg siegt, bedeutet keineswegs, dass Gott sie als Nation gutheißt.

Die Heilige Schrift offenbart jedoch fünf Prinzipien von Gottes Herrschaft über die Reiche der Welt:

1. Gott hat die ultimative Kontrolle über diese Reiche.
2. Alle irdischen Herrscher leiten ihre Macht von Gott ab.
3. Gottes Aufsicht über die irdischen Reiche ist getrennt und verschieden von Seiner Herrschaft über Sein Königreich.
4. Alle irdischen Reiche sind nur temporär.
5. Satan ist stark an den Reichen der Welt beteiligt.

1. Gott hat die ultimative Kontrolle über die Reiche der Welt.

Diese Tatsache wurde dem König Nebukadnezar auf eindringliche Weise vor Augen geführt, als Gott ihm vorübergehend sowohl seinen Verstand als auch sein Königreich wegnahm. Die Heilige Schrift erklärt, warum Gott dies tat:

> „Damit die Lebenden erkennen, dass der Allerhöchste im Königreich der Menschen herrscht und es gibt, wem immer Er will, und die Niedrigsten der Menschen darüber setzt." Dan 4,17

Gott hat also die ultimative Kontrolle. Deshalb machen sich Königreich-Christen keine Sorgen über die Hitlers dieser Welt. Gott lässt ihr Böses nie unkontrolliert laufen. Sie mögen eine Zeit lang herrschen, aber nur so lange, wie Gott es ihnen erlaubt. Christen, die wirklich glauben, dass Gott die Kontrolle hat, wissen, dass das Gebet die wirksamste Waffe gegen das Böse ist.

2. Alle irdischen Herrscher leiten ihre Macht von Gott ab.

Als Pilatus Jesus warnte, dass er die Macht habe, Ihn zu kreuzigen, antwortete Jesus ruhig:

> „Du könntest überhaupt keine Macht über Mich haben, wenn sie dir nicht von oben gegeben wäre." Joh 19,11

Oder wie Paulus sagte:

> „Es gibt keine Obrigkeit außer von Gott, und die Obrigkeiten, die es gibt, sind von Gott eingesetzt." Röm 13,1

Die Reiche der Menschen haben also legitime, von Gott gegebene Obrigkeiten. Aber warum hat Gott ihnen diese Autorität verliehen? Paulus erklärt:

> „Herrscher sind kein Schrecken für gute Werke, sondern für böse. Ihr wollt keine Angst vor der Obrigkeit haben? Tut, was gut ist, und ihr werdet von derselben gelobt werden. Denn er ist Gottes Diener an euch zum Guten. Wenn ihr aber Böses tut, so fürchtet euch; denn er trägt das Schwert nicht umsonst; denn er ist Gottes Diener, ein Rächer, der den Zorn über den ausführt, der Böses tut." Röm 13,3-4

Also hat Gott den Königreichen der Menschen Macht gegeben wegen der Sündhaftigkeit der Menschheit. Selbst böse Herrscher sind fast immer besser als Anarchie. Im jüngsten Krieg gegen den Irak besiegten die westlichen Koalitionsstreitkräfte die Armeen von Saddam Hussein im Irak rasch. Trotzdem gab es eine Unterbrechung von mehreren Tagen zwischen dem Zusammenbruch der Regierung Hussein und der Einsetzung einer Übergangsregierung durch die amerikanischen Besatzungstruppen in Bagdad, der irakischen Hauptstadt. Während dieser wenigen Tage herrschte Anarchie. Plünderer plünderten ein Geschäft nach dem anderen aus, bewaffnete Schurken entführten Autos, und die Menschen führten Rachefeldzüge gegen ihre Feinde durch. So schlimm das Regime von Saddam Hussein auch war, selbst sein Regime war besser als gar keine Regierung.

Als Paulus sagte, der Herrscher sei „Gottes Diener", war der Mann, der das Römische Imperium regierte, Nero - ein durch und durch böser Mann. Es soll sich also niemand einbilden, dass Paulus damit meinte, dass der Herrscher in einer Partnerschaft mit Gott ist oder dass er gar ein Freund Gottes ist. Das Wort, das Paulus hier für „Diener" verwendet, ist *diakonos*. Die normale Bedeutung dieses Wortes im Griechischen ist „Diener". Paulus will damit nicht sagen, dass der Herrscher ein williger Vertreter oder Partner Gottes ist. Er sagt, dass der Herrscher Gottes *Diener* ist, weil Gott der Meister[62] ist.

Wie Nero haben die meisten Könige und Herrscher die Autorität Gottes über sie nicht anerkannt. In den meisten Fällen haben sie gegen Gott und Sein Volk gearbeitet. Das galt schon zu Zeiten des alten Israel, und das gilt seit den Tagen Jesu. Fast immer versuchten Herrscher mehr Macht auszuüben, als Gott ihnen zugestanden hat. Sie geben sich nicht mit dem zufrieden, „was des Kaisers ist". Sie wollen auch das, „was Gottes ist".[63]

---

62 Oder „Herr", engl. „master". Betont wird hier das untergeordnete Verhältnis eines Dieners zu seinem Herrn. Anm. des Übersetzers.

63 Der Autor zitiert hier die Anweisung Jesu aus Mt 22,21: „Gebt dem Kaiser, was des Kaisers ist, und Gott, was Gottes ist!" (SCH2000).

3. Gottes Aufsicht über die irdischen Reiche ist getrennt und verschieden von Seiner Herrschaft über Sein Königreich.

Jesus erklärte dies Pilatus und sagte:

> „Mein Königreich ist nicht von dieser Welt. Wenn Mein Königreich von dieser Welt wäre, dann würden Meine Diener kämpfen, damit Ich den Juden nicht ausgeliefert würde. Nun aber ist Mein Königreich nicht von hier."
> Joh 18,36

Alle irdischen Regierungen sind „von dieser Welt". Damit stehen sie im Gegensatz und gewöhnlich in Opposition zum Königreich Gottes. Kein irdisches Reich kann jemals ein Partner des Königreichs Gottes sein. Das Wesen des einen ist dem Wesen des anderen völlig entgegengesetzt. Der Versuch, eines der Reiche der Menschen mit dem Königreich Gottes zu verbinden, wäre wie der Versuch, Knetmasse mit Plastik zu verbinden. Sie lassen sich nicht verbinden, weil ihre Naturen zu unterschiedlich sind.

Bibeltreue amerikanische Christen vermischen typischerweise Patriotismus mit ihrem Christentum und stellen sich vor, dass die Vereinigten Staaten irgendwie mit dem Königreich Gottes verbunden sind. Sie sprechen von Amerika als einer „christlichen Nation". Aber die Vereinigten Staaten sind genauso ein Reich der Welt wie Frankreich, Deutschland oder China. Die USA mögen „In God We Trust" („Wir vertrauen auf Gott") auf ihre Münzen prägen, aber sie vertrauen nicht auf Gott. Sie vertrauen auf ihre Armeen, Panzer und Raketen.

4. Alle irdischen Reiche sind nur temporär.

Der Gegensatz zwischen dem Königreich Gottes und den Reichen der Welt wird in der Prophezeiung Daniels deutlich gemacht:

> „In den Tagen dieser Könige wird der Gott des Himmels ein Königreich aufrichten, das niemals zerstört werden wird; und das Königreich wird nicht anderen Völkern überlassen werden, sondern es wird in Stücke zerbrechen und verzehren alle diese Königreiche und es wird für immer bestehen." Dan 2,44

Daniel sagte nicht, dass sich das Königreich Gottes mit einem oder mehreren der irdischen Reiche verbinden würde. Er sagte nicht, dass manche von ihnen eine Partnerschaft mit dem Königreich Gottes eingehen würden. Nein, er sagte, dass Gottes Königreich jedes einzelne dieser Reiche in Stücke zerbrechen und verzehren würde. Das gilt auch für die Vereinigten Staaten. Die Reiche der Welt sind nur temporäre Instanzen, die eines Tages zerstört werden.

5. Abschließend müssen wir uns immer vor Augen halten, dass Satan in erheblichem Maße an den Reichen der Menschen beteiligt ist.

Das sollte ziemlich offensichtlich sein aus der Art und Weise, wie Regierungen im Laufe der Jahrhunderte gehandelt haben. Aber der Punkt wurde uns noch deutlicher vor Augen geführt, als Satan Jesus versuchte:

> Der Teufel nahm Ihn mit auf einen übermäßig hohen Berg und zeigte Ihm alle Königreiche der Welt und ihre Herrlichkeit. Und er sprach zu Ihm: „Alle diese Dinge

will ich Dir geben, wenn Du niederfällst und mich anbetest." Da sagte Jesus zu ihm: „Hinweg mit dir, Satan! Denn es steht geschrieben: ‚Du sollst den HERRN, deinen Gott, anbeten, und Ihm allein sollst du dienen.'" Mt 4,9-10

Es ist wichtig zu beachten, dass Jesus die Macht Satans, Ihm alle Königreiche der Welt zu geben, nicht abstreitet. Schließlich wäre es keine große Versuchung gewesen, wenn Satan etwas angeboten hätte, was er ohnehin nicht einlösen konnte. Tatsächlich bezeichnete Jesus den Satan später als den „Herrscher dieser Welt"[64] (Johannes 12,31). Jahrhunderte vor Christi Geburt wurde in den Prophezeiungen Daniels offenbart, dass die irdischen Reiche von ungöttlichen geistlichen Mächten beherrscht werden (Dan 10,13.20).

Natürlich hätte Satan keine Macht über die Regierungen der Welt, wenn Gott das nicht zulassen würde. Die ultimative Autorität der Reiche der Menschen kommt von Gott, nicht von Satan. Aber normalerweise folgen die Reiche der Welt dem Weg Satans, nicht dem Weg Gottes.

---

64 Das ist der wörtlich übersetzte Wortlaut der NKJV. In deutschen
    Bibeln steht üblicherweise „Fürst dieser Welt". Anm. des Übersetzers.

12.
Leben unter zwei Königreichen

Ein Bürger von Gottes Königreich zu sein, ist nicht einfach. Was es besonders schwierig macht, ist, dass Gottes Königreich - anders als alle anderen Reiche - kein geografisches Gebiet exklusiv besetzt. Seine Bürger werden also immer unter zwei Regierungen leben: dem Königreich Gottes und einem Reich der Welt. Welcher Regierung sollen die Christen gehorchen?

Die Situation unterscheidet sich nicht wesentlich von der eines Bürgers der Vereinigten Staaten, der in einem fremden Land lebt. Nehmen wir an, Joe American, ein Bürger der Vereinigten Staaten, würde nach Deutschland ziehen und dort eine Arbeitsstelle annehmen. Würde die Tatsache, dass er ein Bürger der Vereinigten Staaten ist, ihn davon befreien, die Gesetze in Deutschland zu befolgen? Ganz und gar nicht. Wenn er gegen die deutschen Verkehrsregeln verstößt, wird er nicht entschuldigt, weil er ein Ausländer ist. Wenn Joe eine Bank ausraubt, wird er nach deutschem Recht verfolgt werden. Und ihm droht eine Gefängnisstrafe in Deutschland. Außerdem muss Joe, auch wenn er Staatsbürger der Vereinigten Staaten ist, deutsche Steuern zahlen, wenn er in Deutschland arbeitet.

Gleichzeitig räumt das deutsche Gesetz Joe American, obwohl er ein Ausländer ist, auch viele *Rechte* ein. Er hat Anspruch auf Polizeischutz, genau wie ein deutscher Staatsbürger. Er kann bei den deutschen Gerichten eine Klage einreichen. Wenn er in Deutschland arbeitet, steht er unter dem Schutz der gleichen Arbeitsschutzbestimmungen wie ein deutscher Staatsbürger.

Unsere Situation als Bürger des Königreichs Gottes ist nahezu identisch mit Joes Situation. Obwohl wir Bürger von Gottes Königreich sind, müssen wir uns an die Gesetze des Landes halten, in dem wir wohnen. Die Heilige Schrift macht das ganz deutlich:

> „Unterwerft euch jeder menschlichen Ordnung um des Herrn willen, sei es dem König als dem Obersten, sei es den Statthaltern, als jenen, die von ihm gesandt sind zur Bestrafung der Übeltäter und zum Lob derer, die Gutes tun. Denn das ist der Wille Gottes, dass ihr durch gute Taten die Unwissenheit der törichten Menschen zum Schweigen bringt." 1.Petr 2,13-15

Obwohl wir Bürger des Königreichs Gottes sind, betrachten wir irdische Regierungen nicht als unrechtmäßige, feindliche Mächte. Denn wir wissen, dass die Reiche der Welt ihre Autorität letztlich von Gott ableiten. Die Heilige Schrift macht dies deutlich:

> „Alle Menschen sollen sich der staatlichen Obrigkeit unterordnen. Denn es gibt keine Obrigkeit außer von Gott, und die Obrigkeiten, die es gibt, sind von Gott eingesetzt. Wer sich also der Obrigkeit widersetzt, der widersetzt sich der Ordnung Gottes, und diejenigen, die sich widersetzen, werden das Gericht über sich bringen."
> Röm 13,1-2

Eine der scheinbaren Ironien im Leben eines Bürgers von Gottes Königreich ist, dass wir, um *Christus* gehorsam zu sein, zuerst dem *Kaiser* gehorsam sein müssen. In der Tat sind Bürger des Königreichs Gottes in der Regel gewissenhafter darin, den Gesetzen der irdischen Regierungen zu gehorchen, als Menschen, deren *einzige* Staatsbürgerschaft hier auf Erden ist.

Ein Konflikt zwischen Königreichen

Aber kehren wir für einen Moment zu unserem Beispiel von Joe American zurück, der in Deutschland lebt. Was ist, wenn die Gesetze Deutschlands mit den Gesetzen Amerikas kollidieren? Was wäre zum Beispiel, wenn Joe, um die deutschen Gesetze zu befolgen, etwas machen müsste, das illoyal gegenüber Amerika wäre? In dieser Situation müsste Joe entscheiden, wo er seine permanente Staatsbürgerschaft haben möchte. Denn wenn es zu einem Konflikt kommt, wird er nicht *beiden* Regierungen gehorsam sein können. Er wird sich entscheiden müssen.

Zur Veranschaulichung: Nehmen wir an, Deutschland und die Vereinigten Staaten erklären einander den Krieg. Hätten die Vereinigten Staaten die Macht, Joe in die Streitkräfte einzuziehen, obwohl er in einem fremden Land lebt? Ja, natürlich. Hat Deutschland die Macht, Joe einzuziehen, obwohl er kein deutscher Staatsbürger ist? Ja, allerdings. Kann Joe sich in die deutsche Armee einberufen lassen und einen militärischen Eid auf Deutschland ablegen? Nicht, wenn er ein amerikanischer Staatsbürger bleiben will! Er kann nicht zwei Herren dienen. Er wird sich entscheiden müssen, welche Regierung sein absoluter Herr sein wird und welche nur seinen bedingten Gehorsam erhalten wird.

Gott geben, was Gottes ist

Nach der Lektüre der obigen Abschnitte aus Römer 13 haben sich manche Menschen eingebildet, dass die irdischen Regierungen, unter denen wir leben, den *ultimativen* Anspruch auf uns haben. Sie bilden sich ein, dass wir der Nation, in der wir leben, unsere Untertanentreue - und sogar unser Leben - schulden. Aber die Heilige Schrift sagt das nie.

Wir dürfen nie vergessen, was Jesus antwortete, als die Pharisäer und Herodianer Ihn fragten, ob es rechtmäßig sei, Steuern an den Kaiser zu zahlen oder nicht. Er sagte ihnen:

> „Gebt also dem Kaiser, was des Kaisers ist, und Gott, was Gottes ist." Mt 22,21

Beachten Sie bitte, dass die Pharisäer und Herodianer Jesus nicht nach Gott gefragt hatten. Sie hatten nur nach den Steuern gefragt. Indem Jesus Gott ins Spiel brachte, zeigte Er, dass Seine Fragesteller einen zu engen Blickwinkel hatten. Ihr Herz war auf die Themen dieser Welt fixiert, nicht auf die Angelegenheiten der Ewigkeit. Ja, natürlich sollten sie die Steuern an den Kaiser zahlen. Aber warum? Weil sein Bild auf ihren Münzen war. Gott hat diese Münzen nicht geprägt. Der Kaiser war es. Also gebt ihm zurück, was ihm gehört.

Aber was ist mit uns Menschen? Wessen Bild ist auf uns geprägt? Das des Kaisers? Wohl kaum. Gott hat uns nach *Seinem* Ebenbild geschaffen. Wir gehören zu Ihm. Folglich hat Gott das letzte Wort in unserem Leben. Der Kaiser hat nur Rechte an den Dingen, die er geschaffen hat. Er hat weder unsere Körper noch unsere Seelen erschaffen. Also hat er auf beides kein Recht.

In Römer 13 sagt Paulus, dass wir uns den höheren Mächten oder Autoritäten unterordnen sollen. Aber er fährt dann fort, die Bereiche der Unterordnung zu skizzieren, von denen er spricht:

> „So gebt nun allen, was ihnen zusteht: Steuern, wem Steuern zustehen, Zoll, wem Zoll zusteht, Furcht, wem Furcht zusteht, Ehre, wem Ehre zusteht. Seid niemandem etwas schuldig, außer dass ihr einander liebt; denn wer den anderen liebt, hat das Gesetz erfüllt." Röm 13,7-8

Beachten Sie bitte, dass Paulus nur *irdische* Dinge aufzählt: Steuern, Zölle (d.h. Abgaben, die auf transportierte Waren erhoben werden), Furcht und Ehre. All diese Dinge fallen in die Sphäre des Kaisers. Auffallend ist, dass Paulus den Militärdienst nicht zu den Dingen zählt, die er der Obrigkeit schuldet.

Wie ich schon früher bemerkt habe, geben sich die meisten irdischen Regierungen nicht mit dem, was des Kaisers ist, zufrieden. Sie wollen auch das, was Gottes ist, haben. Sie glauben, dass sie Anspruch auf die absolute, uneingeschränkte Untertanentreue aller ihrer Bürger haben. Sie bilden sich sogar ein, dass ihnen das Leben ihrer Bürger gehört, und in hohem Maße auch deren Seelen. Aber wie Tertullian fragte:

> „Andernfalls aber, wenn dem Kaiser alles gehört, was wird für Gott übrig bleiben?"[65]

Was haben denn die meisten bekennenden Christen noch übrig, um es Gott zu geben? Sie haben in der Regel ihr Leben riskiert und ihr Geld, ihre Jugend, ihre Seele und ihre uneingeschränkte Untertanentreue dem Kaiser geopfert. Was haben sie dem Königreich Christi noch zu geben? Nichts als ein paar übrig gebliebene Brosamen - ihren Zehnten und ein paar Stunden pro Woche ihrer Zeit. Und sie bilden sich ein, dass dies für Jesus akzeptabel sein wird!

---

65 Tertullian, *Über den Götzendienst* (BKV), Kap. 15.

Wenn der Kaiser das will, was Gottes ist

Was sollen wir also tun, wenn die Gesetze des Kaisers und die Gesetze Gottes miteinander kollidieren? Nun, wir befinden uns im Wesentlichen in der gleichen Lage wie Joe American in unserem Bild. Er muss sich entscheiden, welchem Land er die ultimative Untertanentreue hält - Deutschland oder den Vereinigten Staaten. Er kann nicht beiden seine ultimative Untertanentreue schenken. In ähnlicher Weise müssen die Bürger von Gottes Königreich entscheiden, wem ihre ultimative Untertanentreue gehört, dem Königreich Gottes oder dem Reich des Kaisers.

Die Apostel wurden genau auf diese Probe gestellt. Jesus hatte ihnen befohlen, die gute Nachricht vom Königreich Gottes zu verkünden. Die jüdischen Behörden ließen sie jedoch verhaften und befahlen ihnen, nicht mehr von Jesus zu predigen. Bei diesen jüdischen Behörden handelte es sich nicht um irgendwelche Abtrünnigen, die die Regierungsgewalt unrechtmäßig an sich rissen. Zu ihnen gehörte der Hohepriester, dessen Position direkt von Gott eingesetzt worden war. Und die römische Regierung akzeptierte ihre Autorität in Fragen der jüdischen Religion.

Aber all das änderte nichts an den Dingen. Die Apostel hatten ihre Befehle von Jesus, den sie als ihren König anerkannten und dem sie ihre letzte Treue schenkten. So antworteten sie den jüdischen Behörden:

> „Urteilt selbst, ob es vor Gott recht ist, auf euch mehr zu hören als auf Gott. Wir aber können nicht anders, als von dem zu sprechen, was wir gesehen und gehört haben." Apg 4,20

Und die Apostel gingen sofort wieder auf die Straße und predigten weiter.

Die Obrigkeit rief sie bald zurück und sagte:

„Haben wir euch nicht streng geboten, nicht in diesem Namen zu lehren?" Aber Petrus und die anderen Apostel antworteten ihnen: „Wir sollen Gott mehr gehorchen als den Menschen." Apg 5,28-29

Was sollten wir aus ihrem Beispiel lernen? Wir sollten lernen, dass wir, wenn wir ein Bürger von Gottes Königreich werden und *bleiben* wollen, Seinem Königreich unsere oberste Untertanentreue erweisen müssen. Es darf kein Zögern geben, wem wir gehorchen müssen, wenn die Gebote unseres himmlischen Königs mit denen der irdischen Herrscher in Konflikt geraten. Die Antwort ist immer dieselbe: Wir müssen Gott gehorchen und nicht den Menschen. Wenn wir Bürger des Königreichs Gottes sein wollen, dann müssen wir anerkennen, dass es das dominante Königreich ist.

Das Verhältnis der Reiche der Welt zu Gott ist dem Verhältnis eines Unternehmens zum Staat sehr ähnlich. Ein Unternehmen existiert durch die Macht des Staates. Es hätte keine Autorität, wenn der Staat ihm keine Autorität verliehen hätte. Bedeutet das, dass der Staat alles gutheißt, was ein Unternehmen tun darf? Nein. Wird das Unternehmen dadurch zu einem Partner des Staates? Nicht im Geringsten. Aber weil der Staat das Unternehmen ermächtigt hat, sind die Mitarbeiter des Unternehmens verpflichtet, dem Unternehmen zu gehorchen, solange sie dort beschäftigt sind.

Dieser Gehorsam ist jedoch relativ. Wenn das Unternehmen seinen Mitarbeitern befiehlt, etwas Illegales zu tun, erwartet der Staat, dass sie dem Unternehmen nicht gehorchen. Andernfalls machen sie sich strafbar. Die Tatsache, dass das Unternehmen sie angewiesen hat, etwas Illegales zu tun, schützt sie nicht.

In gleicher Weise ist das Königreich Gottes das dominante Anwesen[66], wenn es einen Konflikt zwischen den Gesetzen Gottes und den Gesetzen der Menschen gibt. Die Gesetze der Menschen müssen den Gesetzen Gottes weichen - nicht umgekehrt. Jesus wird Ungehorsam gegenüber Seinen Gesetzen nicht entschuldigen, nur weil ein irdischer Herrscher so anmaßend war, seinen Untertanen etwas zu befehlen, was Jesus für illegal erklärt hat.

Es ist ähnlich wie bei der Beziehung zwischen den Gesetzen der Bundesstaaten und der US-Verfassung. Jeder Bundesstaat hat die Befugnis, Gesetze zu einer Vielzahl von Themen zu erlassen. Und Personen, die sich in diesem Bundesstaat aufhalten, müssen diese Gesetze befolgen. Was aber, wenn ein bundesstaatliches Gesetz im Widerspruch zu einer der Bestimmungen der Verfassung steht? In diesem Fall hat die Verfassung Vorrang vor dem bundesstaatlichen Gesetz. Es ist nie andersherum. Ebenso haben die Gesetze Gottes immer Vorrang vor den widersprüchlichen Gesetzen der Menschen. Wenn der Kaiser sagt, wir sollen etwas tun, Gott aber etwas anderes, dann gilt Gottes Gesetz - nicht das der Menschen. Das ist die Grundregel des Königreichs Gottes.

---

66 Engl. „dominant estate", ein juristischer Begriff des amerikanischen Immobilienrechts, der in den USA und Kanada angewandt wird. Dabei kann ein dominantes Grundstück oder Haus über andere, ihm dienende, Grundstücke herrschen. Somit genießt dann der Eigentümer des dominanten Anwesens spezielle Rechte auf den dienenden Grundstücken und er kann umgekehrt die Rechte deren Besitzer einschränken. Anm. des Übersetzers.

Unsere Feinde lieben

Abgesehen von religiöser Verfolgung besteht der größte Konflikt zwischen den Gesetzen des Kaisers und den Gesetzen Christi wahrscheinlich im Bereich der Wehrlosigkeit. Zum Beispiel sagt eine irdische Regierung einem jungen Mann oft, dass er sich bei den Streitkräften einschreiben, zu den Waffen greifen und andere töten muss, die Feinde seines Landes sind. Unser König hat uns jedoch bereits befohlen, unsere Feinde zu lieben und sie nicht zu hassen. Ob es sich nun um Buddhisten, Muslime oder Atheisten handelt, wir können sie wohl schlecht abschlachten und trotzdem behaupten, dass wir sie lieben. Wir können also nicht sowohl Christus als auch dem Kaiser gehorchen.

Wenn die Gesetze Christi uns nicht erlauben, *Ungläubige* zu töten, wie viel mehr verbieten sie uns dann, unsere *Mitchristen* zu töten? Dennoch gab es in fast jedem Krieg, der in den letzten 1700 Jahren von Europäern oder später Amerikanern geführt wurde, bekennende Christen auf beiden Seiten. Wenn eine ausländische Regierung einem Amerikaner befehlen würde, gegen seine Mitbürger zu kämpfen und sie zu töten, würden sich die meisten Amerikaner weigern, dies zu tun. Wenn jedoch eine irdische Regierung einem Christen befiehlt, gegen seine Mitchristen zu kämpfen und sie zu töten, *werden* die meisten bekennenden Christen dies tun.

Unsere ultimative Untertanentreue kann nicht zwei verschiedenen Königen gehören. Wenn ein Christ einen Mitbürger aus Gottes Königreich tötet, nur weil ein irdischer Herrscher es ihm befohlen hat, gibt er damit zu, dass seine ultimative Untertanentreue seinem irdischen Herrscher gehört. Er wird das Wohl seines Landes über das Wohl des Königreichs Gottes und der Bruderschaft Christi stellen.

Aber noch einmal: Die Weigerung eines Christen, zu den Waffen zu greifen, gilt nicht nur für Kriege, an denen andere Christen beteiligt sind. Jesus hat uns gesagt, dass wir unsere *Feinde* lieben sollen. Wenn wir uns weigern, nur gegen unsere Mitbürger des Königreichs Gottes zu den Waffen zu greifen, unterscheiden wir uns nicht so sehr von der Welt. Auch sie weigern sich, gegen ihre Mitbürger zu den Waffen zu greifen. Wenn wir uns dem Königreich Gottes anschließen, gehen wir einen Schritt weiter als die Welt - wir lieben unsere Feinde genauso wie unsere Kameraden.

Die Regierung ehren

Angesichts der Lehren Jesu über die Wehrlosigkeit und die Feindesliebe haben einige Christen die irrige Vorstellung, Christen sollten Soldaten und Polizisten ablehnen und herabwürdigen. Aber das ist überhaupt nicht der Fall. Jesus und Seine Apostel haben sich gegenüber den Soldaten, mit denen sie zu tun hatten, stets respektvoll verhalten. Die Heilige Schrift sagt uns, dass Gott den Regierungen dieser Welt das Schwert anvertraut hat. Während Gottes Königreich keine militärischen Kräfte braucht, brauchen die Regierungen dieser Welt normalerweise welche. Jesu Lehren sind für Sein Königreich bestimmt. Er hat nicht behauptet, dass eine Regierung dieser Welt ohne das Schwert der Macht auskommen kann.

Aus diesem Grund versuche ich, Soldaten und Polizisten stets Höflichkeit und Respekt entgegenzubringen. Ich denke, eine der größten sozialen Ungerechtigkeiten in unserer Gesellschaft ist die geringe Bezahlung der Soldaten. Sie ertragen alle möglichen Strapazen und riskieren ihr eigenes Leben für ihre Mitbürger. Dennoch befinden sie sich am unteren Ende der wirtschaftlichen Lohnskala. Im Jahr 2003 betrug das Grundgehalt für einen amerikanischen Soldaten mit einem Dienstjahr nur 15.480 Dollar pro Jahr. Das ist nur geringfügig höher als das Durchschnittsgehalt von Platzanweisern in US-Theatern ($14.144) und Schülerlotsen ($15.080).[67]

Natürlich würde ich mir wünschen, dass sich alle Soldaten in die Armee des Königreichs Gottes einschreiben, anstatt in die Armeen dieser Welt. Aber das ist eine Entscheidung, die sie für sich selbst treffen müssen. Aber solange sie dem Volk ihres Landes im Namen ihrer Regierung dienen, verdienen sie Respekt, nicht Spott. Und sie verdienen eine Bezahlung durch ihre Regierung, entsprechend den Entbehrungen, die ihnen abverlangt werden.

---

67 "Survey: U. S. Pays Soldiers Less Than $16K," unter
    https://comp.blr.com/Compensation-news/Compensation/Compensati
    on-Administration/Survey-U.S.-Pays-Soldiers-Less-Than-16K-/
    (3.5.2024).

13.
Bin ich von dieser Welt?

Vor kurzem haben wir uns Jesu Worte an Pilatus angesehen:

> „Mein Königreich ist nicht von dieser Welt. Wenn Mein Königreich von dieser Welt wäre, dann würden Meine Diener kämpfen, damit Ich den Juden nicht ausgeliefert würde. Nun aber ist Mein Königreich nicht von hier."
> Joh 18,36

Falls Pilatus noch Zweifel an der revolutionären Natur des Königreichs Christi gehabt hätte, dann hätte er nach diesen Worten keine mehr haben dürfen. Es war ein Königreich, das nicht mit dem Schwert verteidigt werden würde - ja, in Wahrheit gar nicht mit dem Schwert verteidigt werden *konnte*. Pilatus hatte von Jesus nichts zu befürchten. Das Königreich Jesu würde das Imperium, dem Pilatus diente, nicht stürzen - zumindest nicht zu seinen Lebzeiten und nicht mit irdischen Schwertern. Das Königreich Jesu war nicht von dieser Welt. Es hing allein von übernatürlicher Macht ab, um es zu erhalten - nicht von irdischer Gewalt.

Nicht nur das Königreich Christi ist nicht von dieser Welt, sondern auch Seine Untertanen sind nicht von dieser Welt. Kurz vor Seiner Verhaftung hatte Jesus für Seine Untertanen gebetet:

> „Ich habe ihnen Dein Wort gegeben; und die Welt hat sie gehasst, weil sie nicht von der Welt sind, wie auch Ich nicht von der Welt bin. Ich bitte Dich nicht, dass du sie

aus der Welt nimmst, sondern dass Du sie vor dem bösen Einen bewahrst. Sie sind nicht von der Welt, so wie Ich nicht von der Welt bin. Heilige sie durch Deine Wahrheit. Dein Wort ist Wahrheit. Wie du Mich in die Welt gesandt hast, so habe auch Ich sie in die Welt gesandt." Joh 17,14-18

Wenn wir also Untertanen von Jesus Christus sein wollen, müssen wir „nicht von der Welt" sein. Bedeutet das, dass wir uns auf einen unzugänglichen Berggipfel oder in ein Wüstenheiligtum zurückziehen? Ganz und gar nicht. Denn Jesus sagte, dass Er uns in die Welt sendet. Nicht weg von ihr, sondern *in* sie hinein.

Wenn wir also in die Welt gesandt wurden, wie vermeiden wir es dann, „von der Welt" zu sein? Johannes erklärt das:

„Liebt nicht die Welt oder die Dinge in der Welt. Wenn jemand die Welt liebt, so ist die Liebe des Vaters nicht in ihm. Denn alles, was in der Welt ist, die Begierde des Fleisches, die Begierde der Augen und der Hochmut des Lebens, ist nicht vom Vater, sondern ist von der Welt. Und die Welt vergeht und ihre Lust; wer aber den Willen Gottes tut, der bleibt in Ewigkeit." 1.Joh 2,15-17

„Nicht von der Welt" zu sein bedeutet also, dass wir in der Welt leben, aber für alle ihre Attraktionen tot sind. Wir sind einfach Pilger, die durch die Welt ziehen, aber sie nicht zu unserer Heimat machen. Wie Johannes uns sagt, ist es sinnlos, darüber zu reden, wie sehr wir Jesus lieben, wenn wir die Welt lieben. Wir erreichen nichts durch das großzügige Bekleben unserer Autos und Häuser mit Jesus-Aufklebern, wenn wir die Welt lieben. Denn wenn wir die Welt lieben, lieben wir Jesus nicht.

Wie Jakobus es ausdrückt:

„Ehebrecher und Ehebrecherinnen! Wisst ihr nicht, dass
die Freundschaft mit der Welt Feindschaft mit Gott ist?
Wer immer also ein Freund der Welt sein will, macht
sich zum Feind Gottes." Jak 4,4

Aus diesem Grund haben weder Jesus noch Seine Jünger jemals von einer „christlichen Nation" gesprochen. Der Begriff
ist eigentlich ein Oxymoron, wie der Ausdruck „donnernde
Stille". Das Wort „christlich" muss sich notwendigerweise
immer auf Personen und Dinge beziehen, die „nicht von dieser Welt" sind. Auf der anderen Seite bezieht sich das Wort
„Nation" notwendigerweise auf etwas, das immer „von dieser
Welt" ist, es sei denn, wir beziehen uns auf das Königreich
Gottes.

Im gesamten Neuen Testament gibt Gott Seinem Volk Anweisungen, wie es sich in verschiedenen Bereichen der Autorität zu verhalten hat. Er gibt Anweisungen sowohl für Ehemänner als auch für Ehefrauen. Er gibt Anweisungen sowohl
für Herren als auch für Diener. Er gibt Anweisungen sowohl
für Eltern als auch für Kinder. Er gibt Anweisungen sowohl
für Pastoren als auch für die Mitglieder der Herde, die sie hüten. Wenn es jedoch um irdische Regierungen geht, ist es
ganz anders. Das Neue Testament gibt Anweisungen nur den
christlichen *Untertanen* - niemals den christlichen Herrschern. Wenn Gott beabsichtigt hätte, dass es christliche
Herrscher gibt, warum wurden ihnen dann keine Anweisungen gegeben?

Der Farbstoff der Welt

Selbstverständlich behauptet jede Kirche, dass sie Jesus
liebt. Keine Kirche wirbt damit, dass sie ein Freund der Welt
ist. Aber gesagt ist es leicht. Es kommt nicht darauf an, was

eine Kirche sagt, sondern was sie tut. Am Tag des Jüngsten Gerichts wird Jesus uns mit „Gut *gemacht,* guter und treuer Knecht" loben, nicht mit „Gut *gesprochen,* guter und treuer Knecht" (Mt 25,21).

Viele Banken verwenden Farbpäckchen, um Raubüberfälle zu durchkreuzen. Bei einem Überfall legen die Bankangestellten heimlich dünne Farbpäckchen in jedes Geldbündel, das sie dem Räuber aushändigen. Etwa zehn Minuten später, wenn der Räuber aus der Bank flieht, explodieren die Farbpäckchen und versprühen roten Farbstoff über das gestohlene Bargeld und in der Regel auch über den Räuber.

1999 überfiel in Wilmington, Delaware, ein nicht allzu cleverer Gauner eine örtliche Bank und flüchtete mit einer beträchtlichen Menge Bargeld. Doch kurz nachdem der Räuber die Bank verlassen hatte, explodierten die Farbpäckchen und versprühten den Farbstoff über das gesamte Geld und die rechte Hand des Räubers. Der Gauner schaffte es nur ein paar Straßen weiter, bevor er einen Polizisten bemerkte, der ihn verfolgte. Also lehnte er sich an ein Wohnhaus, versteckte den Geldsack hinter seinem Rücken und steckte die Hände in die Taschen.

Er stand lässig da, als der Polizist vorbeirannte und nach dem Bankräuber suchte. Der Dieb erkannte den Polizisten sofort als einen Bekannten. Also holte er seine rechte Hand aus der Tasche und winkte dem Beamten zu. Ups - das war die Hand mit dem Farbstoff. Und das war das Ende seiner kurzen kriminellen Laufbahn.[68]

Genau wie dieses Farbpäckchen hinterlässt die Welt ein Identifikationsmerkmal an ihren Freunden. Wenn die Freunde

---

68 Dave Moreland, *"Dave Moreland's Bozo Criminal of the Day"* at
   http://www.kooi.com/bozo/jan99.htm.

der Welt ihre Hände zur Anbetung Jesu erheben, sieht Er die roten Farbspuren, die die Welt hinterlassen hat. Völlig egal, wie lautstark eine Kirche das Gegenteil beteuert, dieses Merkmal ist da, um sie zu identifizieren.

Woran können wir erkennen, ob die Kirche, die wir besuchen, mit dem Farbstoff der Welt befleckt ist? Wenn eine Kirche mit dem Farbstoff der Welt befleckt ist, werden alle sozialen Sitten, Einstellungen und Bewegungen, die durch die Welt gehen, jedes Mal auch durch diese Kirche gehen. Im Gegensatz dazu ist Jesus „derselbe gestern, heute und in Ewigkeit". Seine Haltungen, Werte und Gebote ändern sich nie. Eine Kirche, die nicht von dieser Welt ist, wird die gleichen Werte haben und den gleichen Lebensstil führen wie die Kirche im Neuen Testament. Ihre moralischen Standards ändern sich nicht alle ein oder zwei Jahrzehnte.

Doch seit der Zeit Konstantins geht die institutionelle Kirche im Gleichschritt mit der Welt. Zum Beispiel war es für die Römer akzeptabel, Menschen auf dem Scheiterhaufen zu verbrennen, also wurde es auch für die Kirche akzeptabel, dies zu tun. Die alten Römer sahen in der Folter ein völlig akzeptables Mittel, um Beweise von angeklagten Verbrechern zu erhalten. Also akzeptierte die Kirche die Folter. Die Römer sahen auf verschiedene „barbarische" Volksgruppen herab, also tat dies auch die Kirche.

Die nachkonstantinische Kirche bekannte sich weiterhin zu ihrer Liebe zu Jesus Christus, aber ihre schuldigen Hände waren mit dem Farbstoff der Welt überzogen. Die Kirche liebte die Welt, und so übernahm sie viele Werte und Sitten der Welt. Und typischerweise hat die Kirche diese Übel so lange praktiziert bis die *Welt* sie schließlich als falsch erkannte. Erst als die Welt zum Beispiel verabscheute, Menschen auf dem Scheiterhaufen zu verbrennen, tat dies auch die Kirche. Erst als ein Großteil der Welt endlich erkannte, dass Folter ein abscheuliches Übel ist, hörte die Kirche auf zu foltern.

Vor fünfzig Jahren wollten weltliche Weiße hier im Süden nicht in denselben Restaurants essen, nicht in denselben Motels schlafen und nicht in denselben Hörsälen mit Schwarzen verkehren. Hat die Kirche eine andere Haltung eingenommen? Nein, weiße Christen verhielten sich nicht anders als die Welt. Sie weigerten sich sogar, zusammen mit Schwarzen zu beten. Aber heute essen weltliche Weiße aus dem Süden in denselben Restaurants, schlafen in denselben Motels und sitzen in denselben Hörsälen mit Schwarzen. Die Welt hat endlich erkannt, dass Rassismus falsch ist. Und raten Sie mal? Jetzt erkennen auch die meisten Kirchen den Rassismus als falsch an. In den meisten, aber nicht in allen Kirchen des Südens können Schwarze jetzt zusammen mit Weißen Gottesdienst feiern. Aber die Welt musste sich erst ändern, bevor weiße Christen bereit waren, sich in der Liebe zu Menschen mit anderer Hautfarbe zu üben. Irgendwie sind die Lehren Jesu nie in die Herzen der weißen Christen des Südens gedrungen, aber die *Welt* ist schließlich zu ihnen durchgedrungen.

Vorhin haben wir über Scheidung gesprochen. Vor fünfundsiebzig Jahren verbot praktisch jede Kirche die Ehescheidung. Heute tut das kaum noch eine Kirche. Was hat sich geändert? Jesus sicherlich nicht. Nein, die Welt hat sich geändert, und die Kirche mit ihren farbbefleckten Händen hat sich gleich mit ihr geändert.

Eine der bedeutendsten sozialen Bewegungen der letzten vierzig Jahre war der Feminismus. Als der Feminismus begann, so ziemlich alle Institutionen der Welt zu beeinflussen, begann er auch die institutionelle KIRCHE zu beeinflussen. Plötzlich schämte sich die KIRCHE für das, was Jesus Christus und Seine Apostel über die beiden Geschlechter lehrten. Infolgedessen hat die Kirche fast jeden Abschnitt der Heiligen Schrift, der sich auf Männer und Frauen bezieht, „uminterpretiert".

Obwohl der Feminismus den Slogan der Gleichheit in den Mund nimmt, hat er in Wirklichkeit eine enorme Doppelmoral zwischen den Geschlechtern gefördert. Wenn jemand etwas sagt, das auch nur im Entferntesten als abwertend gegenüber Frauen ausgelegt werden könnte - egal wie fair und korrekt es ist -, wird er sofort niedergeschrien, missachtet und als Sexist bezeichnet. Männer können jedoch frei verunglimpft werden - egal, ob es fair und korrekt ist oder nicht - und das ist vollkommen akzeptabel.

Sogar so genannte bibeltreue Christen haben die Doppelmoral der Welt im Großen und Ganzen übernommen. Das Verunglimpfen von Männern in Predigten ist heute ganz normal. Hinzu kommt, dass praktisch jede Schriftstelle, die ein spezielles Gebot für Frauen enthält, neutralisiert oder außer Kraft gesetzt wurde. Im Gegensatz dazu wurde jede Schriftstelle, die ein spezielles Gebot für Männer enthält, hervorgehoben und oft noch erweitert.

Zum Beispiel sprechen heute nur wenige Pastoren darüber, dass sich die Frauen ihren Männern in allem unterordnen sollen, wie es die Heilige Schrift lehrt. Oder wenn sie darüber sprechen, interpretieren sie es auf eine so phantasiereiche Weise, dass das Gebot nichts bedeutet. Viele Pastoren predigen jedoch typischerweise ausführlich über die Liebe der Männer zu ihren Frauen. Und sie legen dieses Gebot so aus, dass es eine schwere, fast unmöglich zu erfüllende Last ist.

Ein weiteres Beispiel ist die biblische Lehre über die Kopfbedeckung:

„Jeder Mann, der betet oder weissagt und sein Haupt bedeckt hat, entehrt sein Haupt. Aber jede Frau, die mit unbedecktem Haupt betet oder weissagt, entehrt ihr Haupt; weil das ist dasselbe, als wenn sie ihr Haupt scheren würde. Denn wenn eine Frau nicht bedeckt ist, dann soll sie auch geschoren werden." 1.Kor 11,4-5

Von den Anfängen der neutestamentlichen Kirche bis in die Mitte des neunzehnten Jahrhunderts gehorchte praktisch jede Kirche dem Heiligen Geist in dieser Frage. Männer nahmen ihre Hüte ab, wenn sie beteten oder in der Kirche waren. Frauen bedeckten ihren Kopf mit einem Schleier, wenn sie beteten oder in der Kirche waren. Doch dann fegte die erste Frauenbewegung um 1800 durch die Gesellschaft - und durch die Kirche. In vielen Kirchengemeinden hörten die Frauen auf, irgendeine Art von Gebetsbedeckung zu tragen. In den meisten Kirchen trugen die Frauen zwar immer noch Bedeckungen, aber die Bedeckungen änderten sich von Schleiern oder Hauben zu modischen Hüten. Bis in die sechziger Jahre trugen Frauen in vielen Kirchen noch Hüte, wenn sie in der Kirche waren. Doch mit der neuen feministischen Bewegung der sechziger Jahre verschwanden auch die Hüte rasch.

Die Ironie ist, dass praktisch alle Kirchen heute noch den ersten Teil der Anweisungen des Paulus anwenden - den Teil, in dem er sagt, dass Männer mit unbedecktem Haupt beten müssen. Männern wird immer noch gesagt, dass sie ihre Hüte abnehmen sollen, wenn sie in die Kirche kommen oder wenn ein Gebet gesprochen wird. Ich erinnere mich, dass ich einmal an einem Gebetstreffen teilnahm und ein paar Männer mit Hüten hereinkamen. Der Prediger rief sie sofort zu sich und forderte sie auf, ihre Hüte abzunehmen. Ich habe jedoch noch nie erlebt, dass ein Prediger einer Frau gesagt hätte, sie solle ihren Kopf in der Kirche oder vor dem Gebet bedecken.

Die Welt hat eine neue Doppelmoral gegenüber den Geschlechtern, und genauso auch die Kirche.

Auf den ersten Blick mag es so aussehen, als ob die heutige Kirche den Frauen einen großen Gefallen tut. Doch in Wahrheit praktiziert sie die schlimmstmögliche Form der Diskriminierung von Frauen.

Ich habe früher als Unternehmensanwalt gearbeitet und war direkt dem Präsidenten und anderen Führungskräften des Unternehmens unterstellt. Diese verließen sich darauf, dass ich sie in Rechtsfragen korrekt informierte. Was für ein Anwalt wäre ich gewesen, wenn ich ihnen gesagt hätte, dass ein bestimmtes Verhalten rechtmäßig sei, obwohl es in Wirklichkeit nicht so war? Hätten sie mir, wenn sie im Gefängnis gelandet wären, dafür gedankt, dass ich nicht ehrlich zu ihnen war? Ich glaube nicht.

Genauso verhält es sich mit den Gesetzen von Jesus. Die Gesetze und Lehren, die Er jedem Geschlecht gegeben hat - entweder persönlich oder durch Seine Apostel - bleiben dieselben „gestern, heute und in Ewigkeit". Wenn christliche Autoren und Prediger christlichen Frauen sagen, dass sie Jesus nicht zu gehorchen brauchen, stellen sie diese Frauen so auf, dass sie vom Königreich Gottes disqualifiziert werden.

Die Rechten sind genauso weltlich wie die Linken

Viele bibeltreue Christen in Amerika sind heute stolz darauf, von der Welt abgesondert zu sein, weil sie die heutigen linksliberalen Ansichten zu Homosexualität, Abtreibung und anderen sozialen und politischen Themen ablehnen. Sie bilden sich irgendwie ein, dass das Befolgen einer rechtsgerichteten republikanischen Agenda bedeutet, von der Welt verschieden zu sein. Aber die Republikanische Partei *ist* die Welt, oder zumindest ein Teil davon. In der Tat tendiert sie dazu, noch militaristischer und kriegsbefürwortender zu sein als die linken liberalen Parteien. Ihr politisches Programm basiert ebenso wenig auf den Lehren Jesu wie das der Demokraten. Allerdings, und das spricht für sie, ist die Republikanische Partei in der Regel langsamer als die Demokratische Partei, wenn es darum geht, traditionelle und biblische Moralvorstellungen über Bord zu werfen.[69]

Jesus ist es egal, mit welchem Teil der Welt wir befreundet sind. Wenn wir mit *irgendeinem* Teil davon befreundet sind, sind wir Seine Feinde.

---

69 Anm. des Übersetzers: Diesen Abschnitt muss man für Europäer erklären, denn in Europa herrscht seit Jahrzehnten ein offener politischer, medialer und gesellschaftlicher „Kampf gegen Rechts", den auch die meisten Christen mittragen. Es wird vor rechten Parteien gewarnt oder dagegen gehetzt, als sei Rechts das Böse schlechthin und dürfe ein bibeltreuer Christ keineswegs Rechts wählen. Diese Sicht ist den Amerikanern fremd. Dort gibt es zwar auch die politischen Lager „Links" und „Rechts", aber Rechts wird nicht dämonisiert, sondern gilt für die meisten bibeltreuen amerikanischen Christen als die bessere, christlichere Wahl, weil die konservativen Rechten (Republikaner) sich nicht so rasch von den biblischen Werten und Moralvorstellungen verabschieden wollen, wie es die liberalen Linken (Demokraten) längst getan haben. Letzteres trifft in Europa eigentlich auch zu, aber trotzdem müsste man für europäische Christen das ganze Kapitel vielleicht umschreiben und ihnen sagen, dass die Linken nicht besser sind als die Rechten. Das wird auch in diesem Buch später noch thematisiert.

14.
Macht uns das zu Aktivisten für Frieden und Gerechtigkeit?

Nach dem, was ich bisher gesagt habe, könnten Sie denken, dass ich sage, dass wir alle Aktivisten für „Frieden und Gerechtigkeit" sein sollten. Vielleicht sollten wir alle vor Atomkraftwerken und Munitionsfabriken demonstrieren? Aber das ist ganz und gar nicht das, was ich sage.

Der Aktivismus für „Frieden und Gerechtigkeit" ist lediglich die Kehrseite des Aktivismus für „Gott und Vaterland". Beide Seiten bilden sich ein, dass die Reiche der Welt Teil des Königreichs Gottes sind - oder zumindest, dass die Reiche der Welt nach den Lehren Jesu regiert werden können. Aber hat Jesus versucht, die Welt zu „christianisieren"? Hat Jesus, als Er vor Pilatus stand, diesen über verschiedene soziale Missstände im Römischen Reich belehrt? Haben sich die Christen des Neuen Testaments für die Abschaffung der Todesstrafe und der Folter im gesamten Römischen Imperium eingesetzt?

Die Inkonsequenz der Aktivisten für „Frieden und Gerechtigkeit"

„Friede und Gerechtigkeit"-Christen bilden sich ein, dass sie jenseitig gesinnt sind, im Gegensatz zu den rechten, hinterwäldlerischen Fundamentalisten. Sie bilden sich ein, dass nur sie für die Lehren Jesu eintreten. Aber in Wahrheit sind sie genauso weltlich wie rechte Fundamentalisten. Sie schließen sich lediglich einem anderen Teil der Welt an - der liberalen Linken. Doch auch die Demokratische Partei *ist* die Welt, genau wie die Republikanische Partei.

Wie ihre rechten Gegenspieler praktizieren „Friede und Gerechtigkeit"-Christen eine wählerische Herangehensweise an die Gebote Jesu. Irgendwie schaffen sie es, nur die Lehren herauszupicken, die in linken Kreisen politisch korrekt sind. Sie sprechen sich inbrünstig gegen die Sünden des Krieges und der wirtschaftlichen Gier aus. Aber sie schweigen in der Regel, wenn es um andere Sünden geht, wie Scheidung, Abtreibung und Homosexualität. Sie bilden sich ein, dass sie aktive Bürger des Königreichs Gottes sein können und dennoch niemals politisch inkorrekt sein müssen.

Aber Jesus ist niemals politisch korrekt. Er war im ersten Jahrhundert nicht politisch korrekt, und Er war es auch in keinem Jahrhundert seitdem. Er kam nicht, um eine Botschaft zu verkünden, die die Regierungen und Königreiche dieser Welt verändern sollte. Er strebte danach die *Individuen* zu verändern, nicht die Welt. Er kam, um uns alle einzuladen, *Seinem* Königreich beizutreten.

Seine Botschaft lautete nicht: Lasst uns die Reichen dazu bringen, sich um die Armen zu kümmern, indem wir sie mit hohen Steuern belegen. Nein, Seine Botschaft lautete: „David Bercot, du gibst *deinen* Komfort auf, um den Armen zu helfen". Er und Seine Apostel schlossen sich nicht zu einem politischen Aktionskomitee zusammen, um Zachäus zu zwingen, mit seinem ganzen Geld für die Armen zu sorgen. Nein, Jesus veränderte Zachäus, so dass der sich um die Armen kümmern *wollte*.

Christen, die sich für „Frieden und Gerechtigkeit" einsetzen, sprechen sich lautstark gegen die Todesstrafe aus, die jedes Jahr etwa hundert Amerikaner tötet.[70] Doch die meisten von ihnen schweigen völlig zur Abtreibung, die jedes Jahr mehr als eine *Million* Amerikaner tötet.[71] Christen, die sich für „Frieden und Gerechtigkeit" einsetzen, protestieren gegen die Diskriminierung von Frauen, aber sie sind ziemlich stumm, wenn es um die Diskriminierung von Männern geht. Sie sprechen sich gegen die Verfolgung linker Revolutionäre aus, aber sie sagen selten etwas über die Verfolgung von Christen in linken Diktaturen. Genauso wie die „Gott und Vaterland"-Christen lassen sie sich ihre Agenda von der Welt diktieren.

Sind Königreich-Christen antiamerikanisch?

Viele „Friede und Gerechtigkeit"-Christen glauben, dass fast alle Übel in der Welt von Amerika verursacht werden. Sie prangern ständig die Sünden und die Politik Amerikas an. Doch sie verschließen die Augen vor den Übeln und der Unterdrückung durch andere Regierungen.

Amerika ist nicht „das Land Gottes", genauso wenig wie alle anderen Reiche dieser Welt es sind. Es hat seine Ungereimtheiten, seinen Stolz und seine Selbstsucht, wie alle anderen Länder auch. Es hat seinen enormen Reichtum und seine militärische Macht in erster Linie zur Förderung seiner eigenen egoistischen Interessen eingesetzt. Nur selten setzt es sein Geld und seine Macht ein, um einer armen, machtlosen Nation zu helfen - es sei denn, diese Nation ist für die amerikanischen Interessen von Bedeutung.

---

70 "Capital Punishment Statistics" at http://www.ojusdoj.gov.
71 Statistics furnished by the Alan Guttmacher Institute and reported at http://www.nrlc.org/abortion/aboramt.html.

Gleichzeitig ist Amerika sicherlich eine der wohlwollendsten Weltmächte, die es je gegeben hat. Es hat seine Macht nicht so grausam eingesetzt wie die meisten früheren Weltmächte, wie Russland, Spanien, Rom, Babylon und Assyrien. Darüber hinaus war es freundlich zum Christentum - und nicht nur zum weltlichen Christentum. Es war auch gegenüber dem Christentum des Königreichs recht tolerant. Königreich-Christen können für die Freiheiten dankbar sein, die ihnen die amerikanische Regierung gewährt. Heute bieten die meisten europäischen Länder die gleichen Freiheiten, aber Amerika war das erste Land, das dies tat.

Der schmale Weg des Königreichs Gottes schließt politische Aktivisten von rechts und links aus. Königreich-Christen ehren ihre Regierungen und gehorchen ihnen. Aber sie bilden sich nicht ein, dass ihr Land irgendwie „das Land Gottes" oder ein Partner des Königreichs Gottes ist. Sie wissen, dass das Königreich Gottes nicht von dieser Welt ist.

15.
Hat das irgendjemand im wirklichen Leben getan?

Jesus hat uns nicht nur *gelehrt*, wie ein Christ im Königreich Gottes leben sollte. Nein, Er lebte das Leben im Königreich Gottes selbst und hinterließ uns damit ein wirkliches Lebensmuster für ein Leben im Königreich Gottes. Und Gott wählte den perfekten Zeitpunkt, um Seinen Sohn auf die Erde zu schicken - einen Zeitpunkt, der genau die Dinge veranschaulichen sollte, die Jesus lehren würde. Um Gottes Timing zu verstehen, müssen wir zunächst einige der historischen Hintergründe verstehen, die zur Geburt Jesu führten.

Die meisten von uns wissen noch, wie die Juden gefangen genommen und nach Babylon ins Exil verschleppt wurden. Nachdem die Perser Babylon gestürzt hatten, kehrte ein Rest der Juden nach Judäa zurück und baute den Tempel wieder auf. Sie waren jedoch keine unabhängige Nation. Die Perser beherrschten sie noch mehr als zweihundert Jahre lang. Doch 335 v. Chr. besiegten die Griechen die Perser und wurden so die neuen Herrscher über die Juden.

Schließlich erlangten die Juden 142 v. Chr. unter Simon Makkabäus ihre Unabhängigkeit.[72] Zum ersten Mal seit der

---

72 Die Geschichte der Makkabäer Judas, Simon und Jonathan, die sich
   gegen die Griechische Unterdrückung erhoben und ihr Volk mit
   Gottes Hilfe in einen siegreichen Befreiungskampf führten,
   überliefern uns die Bücher der Makkabäer. Anm. d. Übersetzers.

Babylonischen Gefangenschaft mussten sich die Juden keinem fremden König mehr unterwerfen. Was war das für eine Zeit des Jubels!

Der Aufstieg Roms

Während die Juden gegen die Griechen kämpften, stieg Rom langsam zur dominanten Weltmacht auf. Da Griechenland der gemeinsame Feind von Rom und Judäa war, hatten die Juden einen Freundschaftsvertrag mit den Römern geschlossen. In diesem Vertrag bekräftigte Rom, dass Judäa eine unabhängige Nation sei, und warnte die Griechen davor, Judäa zurückzuerobern.[73]

Trotz dieses Vertrages übernahmen die Römer 66 v. Chr. selbst die Kontrolle über Judäa. Und schon bald begannen sie, die Juden mit hohen Steuern zu belegen. Und wofür wurden diese Steuern verwendet? Zum Wohl der Juden? Nein, sondern um die Armeen zu versorgen, die die Juden unterdrückten.

Die Juden waren über fünfundsiebzig Jahre lang ein freies Volk gewesen, und sie hatten nicht vor, sich Rom demütig zu unterwerfen. Zu der Zeit, als Jesus geboren wurde, war der jüdische Nationalismus also groß. Zu der Zeit, als Jesus zum Mann wurde, hatte es bereits eine Reihe von jüdischen Aufständen gegen die verhassten Römer gegeben. Aber Rom hatte sie alle brutal niedergeschlagen.

---

73 H. W. Hoehner, "*Maccabees*," The International Standard Bible Encyclopedia, Vol. 3 (Grand Rapids: Wm. B. Eerdmans Publishing Company, 1986) 196-199.

Jüdische Verräter

Doch nicht alle Juden hassten die Römer. Einige Juden profitierten sogar von Rom. Das lag daran, dass die Römer die Steuern, die sie von die Juden erhoben, nicht persönlich eintrieben. Vielmehr überließen sie diese Aufgabe anderen Juden. Schließlich war es für einen Juden leichter, jüdische Steuern einzutreiben als für einen Römer. Ein Jude kannte die Tricks und Machenschaften seiner Landsleute, mit denen sie Steuern hinterzogen. Außerdem lebte er mitten unter ihnen. Er wusste, was vor sich ging – wer im Wohlstand lebte und wer nicht.

Verräter! Wendehälse! Die Juden verabscheuten die Männer, die als Steuereintreiber für die verhassten Römer arbeiteten. „Wartet nur, bis wir unsere Unabhängigkeit erlangen, dann werden wir euch an den höchsten Galgen hängen", dachten sich sicher die meisten Juden.

Natürlich ersehnte der größte Teil des jüdischen Volkes begierig das Kommen des verheißenen Messias. Sie glaubten fest daran, dass *er* die Juden sicherlich in einen siegreichen Befreiungskrieg gegen Rom führen würde. Wenn die Makkabäer die Griechen hatten stürzen können, wie viel mehr würde der Messias die Römer stürzen!

Aber dann kommt dieser Zimmermannssohn namens Jesus und sagt ihnen, sie sollen ihre Feinde *lieben*. Die Römer lieben? Das grenzt an Hochverrat! Und was ist das? Wenn ein römischer Soldat dir befiehlt, sein Gepäck eine Meile weit zu tragen, trägst du es stattdessen zwei Meilen weit? Das ist nicht nur Verrat, das ist Wahnsinn! All die lästigen Steuern zahlen, die der Kaiser verlangt? Das kann doch wohl nicht der lang erwartete Messias sein. Und was noch schlimmer ist:

Dieser Jesus freundet sich sogar mit den verräterischen Steuereintreibern an und isst mit ihnen (Lukas 7,34).

Wenn es jemals eine Zeit und einen Ort gab, an dem ein Patriot von seinem Land gebraucht wurde, dann war es im Judentum des ersten Jahrhunderts. Die Römer hatten kein Recht, in Judäa zu sein. Und die einzige Möglichkeit, sie zu vertreiben, war das Schwert. Für Seine Landsleute war Jesus ein Feigling und ein Verräter. Er schloss sich nicht nur nicht ihrer Sache an, sondern behandelte die Römer wie Freunde.

Warum half Jesus den Juden nicht in ihrem Kampf um Unabhängigkeit? Weil Er einfach ein Gast auf der Erde war. Er *lebte* in Judäa, aber Sein *Bürgerrecht* lag in Gottes Königreich. Das Königreich Gottes machte die nationalen Angelegenheiten der Juden irrelevant. Welchen Unterschied würde es für das Königreich Gottes machen, ob die Juden die Unabhängigkeit von Rom erlangten? Kämpfe um irdische Macht und irdische Unabhängigkeit sind im Königreich der Ewigkeit bedeutungslos. Irdischer Patriotismus hat in Gottes Königreich keinen Platz.

Was taten die Jünger?

Einige Christen behaupten, Jesus habe sich nur deshalb nicht in den jüdischen Unabhängigkeitskampf eingemischt, weil Er nur gekommen war, um Sein Leben als Lösegeld für die Menschheit hinzugeben. Aber wenn das der Fall wäre, dann hätten sich Seine Jünger - die fast alle Juden waren - sicherlich intensiv an diesem Kampf beteiligt.

Die Jünger Jesu ignorierten jedoch den jüdischen Freiheitskampf, genau wie Jesus selbst es tat. Wenn man die Apostelgeschichte und die Briefe liest, würde man gar nicht wissen, dass ein solcher Freiheitskampf überhaupt stattfand. Die Apostelgeschichte und die Briefe erwähnen ihn kein einziges Mal - und das, obwohl die meisten Autoren des Neuen Testaments Juden waren. Das zeigt, wie irrelevant der jüdische Kampf um Unabhängigkeit für das Königreich Gottes war.

Tatsächlich zeigt die Geschichte, dass sich die christlichen Juden dem Kampf für die jüdische Unabhängigkeit nicht angeschlossen haben. Vielmehr *verließen* die Christen Jerusalem, nachdem die Juden es (kurz) von den Römern befreit hatten. Anstatt ihren Landsleuten zu helfen, flohen sie in die Stadt Pella, außerhalb von Judäa.[74] Wie Jesus waren die Judenchristen in Judäa keine jüdischen Patrioten. Es war ihnen egal, ob Judäa von Römern oder von Juden regiert wurde, denn sie hatten kein Interesse daran, *irgendein* irdisches Reich zu fördern - weder ein jüdisches noch ein heidnisches!

Klingt das unpatriotisch? Das war es in der Tat. Das Banner der Jünger Jesu lautete nicht „Gott und Vaterland!". Es war Gott *oder* Land. Entweder ist das Herz eines Menschen ganz dem Königreich Gottes gewidmet, oder den Königreichen dieser Welt. Wir können kein geteiltes Herz haben oder zwei Herren dienen. Die Liebe zum Land, die die Judenchristen des ersten Jahrhunderts einst für Judäa hegten, wurde nun auf das Königreich Gottes übertragen.

Für die römischen Christen war es dasselbe. Wie ihren jüdischen Brüdern war es ihnen gleichgültig, ob Judäa von Römern oder Juden regiert wurde. Sie nahmen nicht am Krieg gegen die Juden teil, und es gab kein Zerwürfnis zwischen jüdischen und römischen Christen über die Frage der Unabhängigkeit Judäas.

---

74 R. H. Smith, "*Pella*", The International Standard Bible Encyclopedia.

Wie ich bereits sagte, ist die Erlangung der Staatsbürgerschaft im Königreich Gottes mit der Erlangung der Staatsbürgerschaft in den Vereinigten Staaten vergleichbar. Um Bürger der Vereinigten Staaten zu werden, muss eine Person ihre Untertanentreue von ihrem früheren Land auf Amerika übertragen. Sie kann nicht beiden die Untertanentreue halten. Es ist nicht anders, wenn wir das Bürgerrecht im Königreich Gottes anstreben.

16.
Aber ist das das historische Christentum?

Die Dinge, die ich bisher mit Ihnen geteilt habe, haben Sie wahrscheinlich geistlich ein wenig gefordert. Tatsächlich könnten sie Sie angegriffen haben. Mir ist klar, dass dies alles für die meisten Christen Neuland ist. Aber es ist wichtig, dass Sie erkennen, dass das, was ich mit Ihnen geteilt habe, nicht der persönliche Gesichtspunkt von David Bercot ist. Es handelt sich nicht um eines dieser Bücher, in denen der Autor behauptet, jeder andere hätte im Laufe der Jahrhunderte die Bibel missverstanden und er der Einzige sei, der sie endlich richtig verstanden hat. An solchen Büchern herrscht kein Mangel, und ich habe wenig Verwendung für sie.

Nein, was ich Ihnen über Krieg, Wehrlosigkeit und Regierung erzählt habe, ist tatsächlich die *historische* Position der christlichen Kirche. Dies waren die ursprünglichen Lehren der Kirche, und sie blieben bis zur Zeit Konstantins im vierten Jahrhundert die universelle oder nahezu universelle Ansicht aller Christen.

Aber ich möchte nicht, dass Sie sich auf mein Wort verlassen. Ich möchte, dass Sie es aus erster Hand erfahren. Deshalb werde ich auf den folgenden Seiten das Zeugnis jener Christen mit Ihnen teilen, die der Zeit der Apostel am nächsten lebten. Bitte verstehen Sie, dass es sich dabei nicht um spezielle Beweiszitate handelt. Ich habe nicht sorgfältig gewisse Zitate der frühen Christen ausgewählt, während ich alle anderen weggelassen habe, die eine andere Ansicht unterstützen. Ich habe in den letzten zwanzig Jahren die frühe Kirche zu meinem Spezialgebiet gemacht, und ich kenne niemanden vor Konstantin, der eine andere Meinung vertrat als die, die im Folgenden dargestellt wird.

Leben als ausländische Einwohner

Als die Kirche noch nahe an der Zeit der Apostel war, lebten die Christen wirklich als Fremde und ausländische Einwohner in dieser Welt. Sie lebten nach den Werten des Königreichs Gottes und unterschieden sich dadurch merklich von der Welt um sie herum. Da sie sich auf Jesus Christus und Sein Königreich konzentrierten, waren die öffentlichen Angelegenheiten dieser Welt für sie im Wesentlichen irrelevant.

Hermas, der um das Jahr 150 n. Chr., oder vielleicht schon früher, aus der Stadt Rom schrieb, hatte Folgendes zu sagen:

> „Er sprach zu mir: „Wisset, dass ihr Diener Gottes in der Fremde wohnet! Denn eure (Heimat-) Stadt ist weit entfernt von dieser Stadt. Wenn ihr nun aber eure Heimat kennet, in der ihr wohnen sollet, wozu erwerbet ihr hier Grundbesitz, kostspielige Einrichtungen, Wohnungen und überflüssige Bauten? 2. Wer sich in dieser Stadt so einrichtet, der erwartet nicht, dass er zurückkehren werde in seine eigentliche Vaterstadt. Du unverständiger, wankelmütiger und armer Mensch, siehst du nicht ein, dass all dies nicht dir gehört und in der Gewalt eines anderen steht? ... Darum siehe zu: Da du in der Fremde weilst, erwirb dir nur den ausreichenden Lebensbedarf und halte dich bereit, damit du, wenn der Fürst dieser Stadt dich wegen des Ungehorsams gegen sein Gesetz

hinausjagen will, seine Stadt verlassen und in deine (Vater)stadt kommen kannst und du nach deinem Gesetze unbeschädigt in Freude leben kannst.“[75]

Tatian, der im Nahen Osten lebte, schrieb um 160 n. Chr. eine Verteidigung des Christentums. Darin sprach er im Namen aller Christen und verkündete:

„Herrschen will ich nicht, nach Reichtum strebe ich nicht, militärische Würden lehne ich ab, Unzucht ist mir verhaßt, aufs Meer treibt mich kein unersättlicher Hunger nach Gold, um Siegeskränze kämpfe ich nicht, vom Wahnsinn der Ruhmsucht bin ich frei, den Tod verachte ich... Stirb der Welt, indem du der Tollheit ihres Treibens entsagst; lebe für Gott.“[76]

Clemens von Alexandrien war ein christlicher Lehrmeister in der Gemeinde von Alexandrien, Ägypten. Seine Schriften, die etwa auf das Jahr 195 n. Chr. datiert werden, bringen die frühchristliche Loslösung von Politik, Patriotismus und den Ereignissen dieser Welt zum Ausdruck. Er brachte den frühchristlichen Geist auf den Punkt, als er schrieb:

„Deshalb haben wir ja keine Heimat auf Erden, daß wir den irdischen Besitz verachten.“[77]

Tertullian, der zwischen 195 und 212 n. Chr. schrieb, war ein feuriger Autor, der der Gemeinde in Karthago, Nordafrika, angehörte. Wie seine Mitchristen jener Zeit bezeugte er, dass Christen kein Interesse an den politischen und staatlichen Angelegenheiten um sie herum haben:

---

75 *Der Hirte des Hermas* (BKV), III. Gleichnisse, Erstes Gleichnis.
76 Tatian, *Rede an die Bekenner des Griechentums* (BKV), 11.
77 Clemens von Alexandrien, *Paidagogos* (BKV), 3. Buch, Kap. 8, 41,1.

„Wir hingegen, die wir von dem Feuer der Ruhm- und Ehrsucht durchaus nichts empfinden, wir haben auch kein Bedürfnis einer Parteistiftung, und es ist uns nichts fremder als die Politik. Wir erkennen nur ein einziges Gemeinwesen für alle an, die Welt. Und sogar euren Schauspielen entsagen wir in demselben Maße, wie den Ursprüngen derselben, welche wir aus dem Aberglauben entnommen wissen, da wir auch den Dingen ganz fern stehen, wodurch sie sich vollziehen. Unsere Zunge, unser Auge, unser Ohr hat keine Beziehung zum Wahnsinn des Zirkus, zur Schamlosigkeit des Theaters, zu den Gräßlichkeiten der Arena, zu den Eitelkeiten der Fechthalle. ... Wodurch denn in aller Welt beleidigen wir euch, wenn wir uns andere Vergnügungen auswählen?"[78]

An seine Mitchristen gewandt, schreibt **Tertullian**:

„Aber du - du bist ein Fremdling in dieser Welt, ein Bürger Jerusalems, der himmlischen Stadt. „Unser Wandel", heißt es, „ist im Himmel"."[79]

Origenes war einer der brillantesten Männer seiner Zeit. Mehrere Jahrzehnte lang wirkte er als Lehrer in der Gemeinde von Alexandria. Später zog er nach Cäsarea, wo er zum Ältesten oder Presbyter geweiht wurde. Eines der wertvollsten Werke von Origenes war seine Antwort auf Celsus, einen heidnischen Kritiker des Christentums:

„Celsus ermahnt uns weiter, „wir sollten obrigkeitliche Ämter in der Vaterstadt übernehmen, wenn die Erhaltung der Gesetze und die Gottesfurcht auch dieses fordere". Wir aber wissen, daß in jeder Stadt noch eine andere Heimatgemeinde durch das Wort Gottes gegründet

---

78 Tertullian, *Apologetikum* (BKV), 38. Kap.
79 Tertullian, *Vom Kranze des Soldaten* (BKV), 13. Kap.

ist, und ermahnen deshalb diejenigen, welche durch ihre Redegabe und sittliche Lebensführung zum Regieren fähig sind, die Gemeinden zu leiten. ... Wenn nun die Christen die Übernahme von staatlichen Ämtern ablehnen, so tun sie das nicht, um sich den gemeinsamen Dienstleistungen des bürgerlichen Lebens zu entziehen, sondern um sich für den göttlicheren und notwendigeren Dienst an der Kirche Gottes zum Wohle der Menschen zu erhalten."[80]

Cyprian diente um das Jahr 250 n. Chr. als Bischof von Karthago. Er hinterließ eine umfangreiche Korrespondenz mit anderen Christen und mit anderen Gemeinden, die uns einen wertvollen Einblick in die Glaubensvorstellungen der Christen seiner Zeit gibt. Er bestätigte, was seine Mitchristen sagten, und schrieb:

„Zu beherzigen haben wir, geliebteste Brüder, und immer wieder zu bedenken, daß wir der Welt entsagt haben und nur als Gäste und Fremdlinge hier leben."[81]

Wehrlosigkeit

Die frühen Christen distanzierten sich nicht nur von der Regierung und anderen Angelegenheiten dieser Welt, sondern sie befolgten die Lehren Jesu zur Wehrlosigkeit ganz wörtlich. Hier sind einige repräsentative Passagen von denselben Schriftstellern, die ich oben zitiert habe:

Clemens von Alexandrien schrieb:

---

80 Origenes, *Gegen Celsus* (BKV), Achtes Buch, 75.
81 Cyprian von Karthago, *Über die Sterblichkeit* (BKV), Schluss, K. 26.

„Christen dürfen keine Gewalt anwenden, um die Verfehlungen der Sünder zu korrigieren." [82]

Tertullian bestätigte dies, indem er sagte:

„Was ist denn für ein Unterschied zwischen dem Herausforderer und dem Herausgeforderten? Nur der, dass jener früher bei einer Schlechtigkeit betroffen wird, der andere später. Beide sind vor dem Herrn, der jede Nichtswürdigkeit verbietet und verdammt, der Beleidigung eines Menschen schuldig. Bei schlechten Handlungen kommt es aber auf die Aufeinanderfolge nicht an ... Daher wird in uneingeschränkter Weise befohlen, Böses nicht mit Bösem zu vergelten."[83]

Auch **Tertullian** schrieb:

„Der Herr wird sie an jenem Tag retten - sogar Sein Volk - wie Schafe... Niemand gibt den Namen „Schafe" denjenigen, die im Kampf mit der Waffe in der Hand fallen oder die getötet werden, wenn sie Gewalt mit Gewalt abwehren. Vielmehr wird er nur denen gegeben, die abgeschlachtet werden, während sie sich an ihrem Ort der Pflicht mit Geduld hingeben – anstatt in Selbstverteidigung zu kämpfen."[84]

Laktanz war ein gebildeter Christ, der zu Beginn des vierten Jahrhunderts schrieb:

„Wenn wir solche gottlosen Dinge erleiden, wehren wir uns nicht einmal mit Worten. Vielmehr überlassen wir die Rache Gott."[85]

---

82 Clement of Alexandria, as quoted in Sermon 55 of Maximus. ANF Vol. II, 581.
83 Tertullian, *Über die Geduld* (BKV), 10 Kapitel.
84 Tertullian *Against Marcion*, Ch. 39; ANF, Vol. III, 415.
85 Lactantius *The Divine Institutes*, Bk V, Ch. 21; ANF, Vol. VII, 158.

Und weiter:

> "Der Christ fügt niemandem Schaden zu. Er begehrt nicht das Eigentum der anderen. Er verteidigt nicht einmal sein eigenes Eigentum, wenn es ihm mit Gewalt genommen wird. Denn er weiß, wie man eine ihm zugefügte Verletzung geduldig erträgt."[86]

Und:

> „Wir leisten denen, die uns verletzen, keinen Widerstand, denn wir müssen uns ihnen fügen."[87]

Ein weiterer frühchristlicher Autor, den ich Ihnen noch nicht vorgestellt habe, ist **Athenagoras**. Er schrieb um 175 n. Chr. eine Verteidigung des Christentums, in der er sagte:

> „Denn wir haben die Lehre empfangen, Leute, die uns quälen, nicht ebenfalls zu schlagen, und Leute, die uns vertreiben und ausrauben, nicht einmal vor Gericht zu fordern, sondern ersteren, wenn sie uns schmählich auf die Schläfe schlagen, auch die andere Seite des Kopfes zum Schlage darzubieten und letzteren, wenn sie uns den Leibrock nehmen, auch noch den Mantel auszuliefern."[88]

Christen in der Armee

Weder in christlichen noch in weltlichen römischen Schriftstücken gibt es Hinweise darauf, dass Christen vor 170 n. Chr. in der römischen Armee gedient haben. Trotz der Verurteilung von Krieg und Töten durch die frühe Kirche zeigt das Zeugnis der Geschichte jedoch deutlich, dass es nach 170 n.

---

86 Lactantius Ch. 24; ANF, Vol. VII, 160.
87 Lactantius Ch. 18; ANF, Vol. VII,184.
88 Athenagoras, *Bittschrift für die Christen* (BKV), Kap. 1.

Chr. einige Christen in der römischen Armee gab. Einige Autoren haben auf diese Tatsache hingewiesen und versucht, daraus zu argumentieren, dass die frühen Christen doch nicht gegen den Krieg waren. Allerdings ist das keine ehrliche Darstellung der Geschichte, denn das einhellige Zeugnis aller frühchristlichen Autoren lautet, dass alle Christen das Töten ablehnten.

Wie lässt sich also dieser scheinbare Widerspruch auflösen? Ein frühchristliches Werk mit dem Titel *Die apostolische Tradition*, das von Hippolytus um 200 n. Chr. verfasst wurde, klärt die Angelegenheit. Darin beschreibt Hippolytus, wie die Kirche mit Taufbewerbern umgehen sollte:

> „Ein militärischer Befehlshaber darf keine Menschen hinrichten. Wenn er einen Befehl erhält, darf er ihn nicht ausführen. Er darf auch keinen militärischen Eid ablegen. Wenn er sich weigert, soll er verworfen werden. Wenn jemand ein militärischer Befehlshaber ist oder der Herrscher einer Stadt, der den Purpur trägt, soll er zurücktreten oder er soll verworfen werden. Der Katechumene oder Gläubige, der Soldat werden will, soll verworfen werden; denn er hat Gott verachtet.“[89]

Es scheint also, dass nach 170 n. Chr. die allgemeine Politik der Kirche darin bestand, dass ein Soldat, der sich zu Christus bekehrt hatte, die Armee nicht verlassen musste, um sich taufen zu lassen. Vielmehr musste er sich verpflichten, niemals das Schwert zu benutzen oder einen Eid abzulegen. Wenn jedoch ein christlicher Zivilist freiwillig in die Armee eintrat oder ein entlassener Soldat freiwillig zum Militär zurückkehrte, wurde diese Person aus der Kirche ausgeschlossen. Selbst

---

89 Hippolytus (Gregory Dix and Henry Chadwick, trans.) The Apostolic Tradition (Ridgefield, CT: Morehouse Publishing, 1992) 26.

im frühen vierten Jahrhundert war dies noch die allgemeine Politik der Kirche.[90]

Warum verlangte die Kirche von neu bekehrten Soldaten nicht, dass sie die Armee verlassen, bevor sie sich taufen lassen konnten? Weil sich ein Soldat normalerweise für 25 Jahre verpflichtete. Üblicherweise war sein einziger Ausstieg aus der Armee entweder der Tod oder die Erfüllung seines Auftrags. In der Armee zu bleiben, ohne das Schwert zu benutzen, wäre nicht so schwierig gewesen, wie es uns heute erscheinen mag. Es sei daran erinnert, dass das Römische Imperium in dieser frühen Periode des Christentums sich in einem relativen Friedenszustand befand, so dass es durchaus möglich war, dass ein Christ sein ganzes Leben in der Armee verbringen konnte, ohne jemals Blut zu vergießen oder Gewalt gegen jemanden anzuwenden. Tatsächlich dienten die Soldaten in der Zeit des frühen Christentums vor allem als zivile Friedenswächter und Ingenieure, die Straßen, Stadtmauern und Aquädukte bauten.

In den frühesten Aufzeichnungen über Christen in der Armee (ca. 170 n. Chr.) heißt es ausdrücklich, dass die Christen sich weigerten, ihre Schwerter zu benutzen, sondern nur beteten. Gott erhörte ihre Gebete, indem Er einen starken Regen brachte, der die Angreifer zum Rückzug veranlasste, ohne dass es zu einer Schlacht kam.[91]

Bitte verstehen Sie, dass ich nicht sage, dass die Haltung der frühen Kirche nach 170 n. Chr. gegenüber neu bekehrten Soldaten notwendigerweise die richtige war. Ich sage nur, dass

---

90   Canon XII of Nicaea; Philip Schaff, ed. The Nicene and Post-Nicene Fathers, First Series. Vol. 10 (Grand Rapids: Wm. B. Eerdmans Publishing Company, 1983) 27.

91   "Epistle of Marcus Aurelius to the Senate," ANF, Vol. I, 187.

die Haltung der Kirche weder eine Akzeptanz des Krieges zeigte, noch eine ausdrückliche Ablehnung der Wehrlosigkeit.

Wenn Königreiche aufeinanderprallen

Weil es nicht von dieser Welt ist, prallt Gottes Königreich typischerweise mit den Reichen dieser Welt zusammen. Wie Petrus und die Apostel weigerten sich die ersten Christen, auch nur eines der Gebote Jesu zu brechen - selbst wenn der Kaiser es verlangte.

Origenes schrieb:

> „Wenn aber das Naturgesetz, das ist das Gesetz Gottes, etwas ganz anderes anordnet als das geschriebene Gesetz, so entsteht die Frage, ob es nicht eine Forderung der Vernunft sei, den geschriebenen Satzungen und dem Willen jener Gesetzgeber durchaus den Abschied zu geben und dagegen Gott als Gesetzgeber anzuerkennen und Sein Wort zur Richtschnur des Lebens zu wählen, wenn man dies auch unter Gefahren und Schande tun muß."[92]

Laktanz fügte hinzu:

> „Wenn Menschen uns befehlen, gegen das Gesetz Gottes und gegen die Gerechtigkeit zu handeln, dürfen wir uns nicht durch Drohungen oder Strafen abschrecken lassen, die über uns kommen. Denn wir ziehen die Gebote Gottes den Geboten der Menschen vor."[93]

Kurzum, Wehrlosigkeit und Trennung von der Welt waren die historischen Praktiken des Christentums.

---

92 Origenes, *Gegen Celsus* (BKV), Fünftes Buch, 37.
93 Lactantius, Bk. 6, Ch. 17; ANF, Vol. 7, 182, 183.

Teil III

Was ist das Evangelium vom Königreich?

17.
Der Jesusweg zum Heil

„Und dieses Evangelium vom Königreich wird in der ganzen Welt gepredigt werden zum Zeugnis für alle Völker; und dann wird das Ende kommen." Mt 24,14

Das hat Jesus prophezeit. Wir haben über einige der wichtigen Werte und Gebote des Königreichs Gottes gesprochen. Aber was genau ist das *Evangelium* vom Königreich?

Das Evangelium vom Königreich ist im Grunde der ursprüngliche, *historische* christliche Glaube. Es ist das, was die Christen der ersten paar Jahrhunderte glaubten und praktizierten. Das Königreich-Evangelium umfasst die Gesamtheit dessen, was Jesus und Seine Apostel zu jedem Thema sagen. Es basiert nicht auf Beweistexten[94] und hängt auch nicht von irgendetwas außerhalb der Heiligen Schrift ab.

Sie haben sicher schon vom „Römerweg zum Heil"[95] gehört. Nun, in gewissem Sinne ist das Evangelium vom Königreich Gottes der *Jesus*weg zum Heil. Seine fundamentalen Glaubensgrundsätze sind die direkten Lehren von Jesus selbst -

---

94 Engl. „proof-texts". Auch „proof-texting" oder „Steinbruchmethode" genannt. Dabei werden Bibeltexte aus dem Zusammenhang, den der Autor im Sinn hatte, gerissen und so eingesetzt, dass sie die gewünschte Meinung oder Lehre „beweisen". Siehe auch Fußnote zu Kapitel 3 „Was die Apostel predigen". Anm. des Übersetzers.

95 Im englischsprachigen Raum ist „Romans road to salvation" ein weit verbreiteter Begriff für den Weg, das Heil nur anhand von Versen aus dem Römerbrief zu erklären. Anm. des Übersetzers.

nicht die Schriften von Paulus. Gewiss, die Schriften des Paulus sind vom Heiligen Geist inspiriert und daher irrtumslos und wahr. Aber Paulus baute auf den grundlegenden Lehren von Jesus auf. Er hat nicht ein ganz neues Evangelium angefangen. Im Gegensatz dazu beginnt die populäre heutige Theologie - das Evangelium des leichten Glaubenstums - mit Paulus. Und indem sie den Kontext der Paulusbriefe ignoriert, interpretiert sie Paulus so, dass die Lehren Jesu ketzerisch werden.

„Komm schon, jetzt gehst du aber zu weit!", werden Sie vielleicht denken. „Wie macht denn die moderne Theologie die Lehren Jesu *ketzerisch*?" Nun, was würde denn passieren, wenn ich heute in die meisten bibeltreuen Gemeinden ginge und predigte:

- Die Sünden, die ihr jeden Tag begeht, werden euch nicht vergeben werden, wenn ihr nicht anderen Menschen ihre Sünden vergebt (Mt 6,15).

- Um gerettet zu werden, muss eine Person nach den Lehren Jesu *leben* (Mt 7,24-25).

- Wenn wir die Hungrigen nicht speisen und die Armen nicht bekleiden, werden wir den Himmel nicht sehen (Mt 25,32-46).

Ich weiß, dass man mich einen Ketzer nennen würde, wenn ich diese Dinge in den meisten evangelikalen Gemeinden predigen würde. Aber das Evangelium vom Königreich Gottes sagt: „Ich kann Jesus glauben! Ich kann Ihn beim Wort nehmen." Das mag für einen Christen wie eine Binsenweisheit klingen. Doch die meisten populären theologischen Systeme verlangen heute von einem Christen, dass er Jesus *nicht* glaubt.

Die Zentralität des Königreichs

Anders als die meisten theologischen Systeme konzentriert sich das Evangelium vom Königreich auf das Königreich Gottes und nicht auf die persönliche Errettung des Menschen. Wir können das Heil nicht vom Königreich trennen. Und wir können Jesus nicht treu ergeben sein, wenn wir nicht auch Seinem Königreich treu ergeben sind.

Tatsächlich richtet sich die gesamte Heilige Schrift auf dieses Königreich aus. Von Anfang an hatte Gott die Absicht, ein besonderes Königreich zu errichten. In der Tat prophezeite Er dies während der Zeit des Alten Testaments. Eine der bedeutendsten dieser alttestamentlichen Prophezeiungen findet sich im zweiten Kapitel von Jesaja:

> „Und es wird geschehen in der letzten Zeit, dass der Berg, auf dem das Haus des Herrn steht, auf dem Gipfel der Berge errichtet und über die Hügel erhöht wird; und alle Nationen werden zu ihm strömen. Viele Leute werden kommen und sagen: Kommt, lasst uns hinaufziehen auf den Berg des Herrn, zum Haus des Gottes Jakobs; Er wird uns Seine Wege lehren, und wir werden auf Seinen Pfaden wandeln. Denn von Zion wird das Gesetz ausgehen und das Wort des Herrn von Jerusalem. Er wird richten zwischen den Nationen und viele Völker zurechtweisen; sie werden ihre Schwerter zu Pflugscharen und ihre Spieße zu Sicheln umschmieden; es wird nicht mehr Volk gegen Volk das Schwert erheben, und sie werden nicht mehr lernen, Krieg zu führen." Jes 2,2-4

Die meisten Christen lesen diesen Abschnitt so, als ob er von den Ereignissen nach der Wiederkunft Christi auf die Erde handelt. Und obwohl er sicherlich auch auf diese Zeit zutrifft, vollzieht sich seine Erfüllung bereits jetzt. In der Tat findet sie statt, seit Christus Seinen Dienst begonnen hat. Jesus eröffnete Sein Königreich, als Er auf die Erde kam und Seine Zuhörer einlud, darin einzutreten.

Zuerst waren nur die Juden eingeladen, in das Königreich einzutreten, aber dann war der Weg für alle offen. Und Menschen aus allen Nationen begannen, zu ihm zu „strömen". Diejenigen, die in dieses Königreich eintraten, „schmiedeten ihre Schwerter zu Pflugscharen und ihre Spieße zu Sicheln um". Sie erhoben nicht mehr das Schwert gegeneinander, und sie vergaßen den Krieg für immer.

Jesus hat einen Bund geschlossen, um denen ein Königreich zu geben, die in Seinen Wegen wandeln:

> „Ihr seid diejenigen, die *mit Mir durchgehalten haben* in Meinen Prüfungen. Und ich gebe euch ein Königreich, wie Mein Vater Mir eines gegeben hat." Lk 22,28-29

Und weiter:

> „Wer überwindet, dem will ich geben, mit Mir auf Meinem Thron zu sitzen, wie auch Ich überwunden habe und Mich mit Meinem Vater auf Seinen Thron gesetzt habe." Offb 3,21

Wer kann in das Königreich eintreten?

Gott hat allen Menschen die Möglichkeit eröffnet, Bürger Seines Königreichs zu sein. Er hat nicht willkürlich einen bestimmten Teil der Menschheit ausgewählt und für das Königreich bestimmt, während Er den Rest zur ewigen Strafe verurteilt hat. Was wäre der Sinn davon gewesen? Wenn die Zugehörigkeit zum Königreich Gottes eine Frage willkürlicher Auswahl gewesen wäre, hätte Gott *jeden* Menschen für das Königreich auserwählt, denn Er „will nicht, dass irgendjemand verloren gehe, sondern dass alle zur Buße kommen" (2.Petr 3,9).

Gottes Auswahl Seiner ewigen Untertanen ist alles andere als willkürlich. Nein, Gott will Sein Königreich mit jener kleinen Minderheit von Menschen füllen, die Ihn wirklich lieben. Das Königreich ist für diejenigen, die wirklich in Seinen Wegen wandeln wollen. Und Er möchte nur diejenigen in Seinem Königreich haben, die glauben, dass Er tun wird, was Er versprochen hat. Er will nur diejenigen, die glauben, dass Seine Gesetze und Seine Wege immer richtig, gut und das Beste für Seine Untertanen sind.

Und wie stellt Gott fest, wer diese Anforderungen erfüllt? Er prüft uns. Haben Sie die obigen Worte von Jesus bemerkt? „Ihr seid diejenigen, die mit Mir durchgehalten haben in Meinen Prüfungen." und „Wer überwindet". Diejenigen, die in Sein Königreich kommen, werden geprüft und auf die Probe gestellt. Wie Paulus es ausdrückte:

„Wir müssen durch viele Drangsale in das Königreich Gottes eingehen." Apg 14,22

In der Tat hat Gott die Menschen *immer* geprüft - sogar bevor Sein ewiges Königreich angekündigt wurde. Eines der ersten Dinge, die Er nach der Erschaffung der ersten Menschen tat, war, sie auf die Probe zu stellen. Er prüfte Noah, indem Er ihm befahl, eine Arche zu bauen. Er prüfte Abraham, indem Er ihm befahl, Isaak als Opfer darzubringen. Die Heilige Schrift sagt uns:

„Der Herr prüft die Gerechten." Ps 11,5

Und weiter:

„Der Schmelztiegel ist für Silber und der Schmelzofen für Gold, aber der Herr prüft die Herzen." Spr 17,3

Und:

> „Der gerechte Gott prüft Herzen und Nieren." Ps 7,10
> (SCH2000)

Die drei Hauptprüfungen

Es gibt drei Hauptprüfungen, die Gott anwendet, um diejenigen auszumerzen, die für Sein Königreich ungeeignet sind.

Prüfung Nr. 1: **Glaube.**

Das Königreich Gottes ist für jeden unsichtbar, der nicht wiedergeboren wurde.

> „Wenn jemand nicht von neuem geboren wird, kann er das Königreich Gottes nicht *sehen*." Joh 3,3

Es erfordert also erstens einen beträchtlichen Glauben von Personen, überhaupt einem Königreich beitreten zu *wollen*, das sie nicht sehen können. Zweitens finden die meisten der verheißenen Segnungen, die mit dem Königeich Gottes verbunden sind, in der Zukunft statt. Daher muss eine Person den Glauben haben, dass Gott tatsächlich das tun wird, was Er versprochen hat.

Durch diese Glaubensprüfung wird der größte Teil der Menschheit ausgemerzt. Die meisten Menschen haben nicht genug Glauben, um an ein Königreich zu glauben, das sie nicht sehen können, und sich auf Versprechen zu verlassen, die sich erst nach ihrem Tod erfüllen werden.

Prüfung Nr. 2: **Hingabe und Verpflichtung.**

Wie wir bereits besprochen haben, verlangt Jesus von uns, *alles* für Sein Königreich hinzugeben. Unsere primäre und ultimative Untertanentreue muss unserem König, Jesus Christus, und Seinem Königreich gelten. Jesus verlangt, dass unsere Loyalität zu Ihm und Seinem Reich sogar unsere Loyalität und Zuneigung zu unseren Eltern, Kindern, Ehegatten, unserem Land und sogar zu unserem eigenen Leben übersteigt.

Die einzige Art von Menschen, die Jesus in Seinem Königreich haben will, sind diejenigen, die erkennen, dass

> das Königreich des Himmels einem Schatz gleicht, der in einem Acker verborgen ist, den ein Mensch fand und verbarg; und vor Freude darüber geht er hin und verkauft alles, was er hat, und kauft den Acker. Und das Königreich des Himmels gleicht einem Kaufmann, der schöne Perlen suchte; und als er eine kostbare Perle fand, ging er hin und verkaufte alles, was er hatte, und kaufte sie. Mt 13,44-46

Die meisten Menschen, die die Glaubensprüfung bestehen, stolpern über die Prüfung der Hingabe und Verpflichtung. Sicher, sie glauben an ein unsichtbares Königreich und ewige Belohnungen - aber nur, wenn es sie nicht viel kostet. *Alles* aufgeben, nur aufgrund von Versprechungen? Auf keinen Fall.

Da nur wenige Menschen die Prüfung der Hingabe bestehen, könnten wir vernünftigerweise annehmen, dass wir mit kaum jemand im Königreich übrig bleiben. Jesus deutete jedoch an, dass viele in Sein Königreich eingehen würden, ohne jemals die erforderliche Hingabe aufzubringen. Er sagte zu Seinen Jüngern:

> „Wahrlich, ich sage euch: Wer nicht durch die Tür in den Schafstall eingeht, sondern auf einem anderen Weg hineinklettert, der ist ein Dieb und ein Räuber." Joh 10,1

Viele Menschen klettern also symbolisch über die Mauern und versuchen auf diese Weise, sich das Bürgerrecht des Königreichs zu erschleichen.

Jesus wies in Seinem Gleichnis vom Hochzeitsmahl erneut darauf hin.

> „Die Diener gingen auf die Landstraßen hinaus und versammelten alle, die sie fanden, Böse und Gute. Und der Hochzeitssaal füllte sich mit Gästen. Als aber der König hineinging, um die Gäste zu sehen, sah er dort einen Mann, der hatte kein hochzeitliches Gewand an. Da sagte er zu ihm: ‚Freund, wie bist du hierher gekommen, ohne ein Hochzeitsgewand zu tragen?‘ Und er war sprachlos. Da sprach der König zu den Dienern: ‚Bindet ihn an Händen und Füßen, führt ihn ab und werft ihn in die äußerste Finsternis; da wird Heulen und Zähneknirschen sein.‘ Denn *viele* sind berufen, aber *wenige* sind auserwählt." Mt 22,10-14

Die Menschen, die die Glaubensprüfung bestehen, aber bei der Hingabeprüfung durchfallen, gehören also zu einer anderen Sorte als die Ungläubigen, die die Einladung zur Hochzeit gänzlich ablehnen. Diejenigen, die keinen Glauben haben, lehnen die Ansprüche und Versprechen Jesu in der Regel geradeheraus ab. Sie glauben nicht, dass es überhaupt ein Königreich Gottes gibt, und sie bemühen sich nicht, in dieses Königreich einzutreten.

Diejenigen, die bei der Hingabeprüfung versagen, glauben *tatsächlich* oft an die Aussagen und Verheißungen Jesu. Aber sie wollen nicht die Verpflichtung eingehen, die Jesus verlangt. Sie versuchen, die Einladung Jesu zum Festmahl im Königreich Gottes anzunehmen, lehnen aber alle Seine Bedingungen ab. Wie machen sie das? Sie finden jemanden, der Einladungen zum Königreich Gottes ohne Bedingungen ausspricht. Also klettern sie bildlich gesprochen in Scharen über die Mauer.

Nach Jesu Aussage werden am Ende die unbefugten Eindringlinge[96] die Mehrheit in Seinem Königreich ausmachen. Sie sind die „vielen", die berufen sind, aber sie gehören nicht zu den „wenigen", die auserwählt sind. Sie gaben sich nie Christus oder Seinem Königreich hin. Sie mögen glauben, dass Jesus ihr Retter ist, aber sie nehmen Ihn nicht wirklich als ihren Herrn an.

Prüfung Nr. 3: **Gehorsam.**

In den vorangegangenen Kapiteln habe ich über einige der Gesetze des Königreichs Gottes gesprochen. Diese Gesetze helfen, um uns von den Werten und der Geisteshaltung dieser Welt zu den Werten und der Geisteshaltung Gottes zu bringen. Sie dienen darüber hinaus auch als Prüfstein. Einige der Gläubigen, die die Prüfungen des Glaubens und der Hingabe bestehen, werden später ungehorsam. Glücklicherweise tun viele dieser Christen später Buße und kehren zum Leben im Königreich Gottes zurück.

Allerdings verlieren andere ihre Liebe zu Christus ganz und gar. Sie gehorchen Ihm nicht mehr, weil sie Ihn nicht mehr lieben. Am Ende werden auch sie aus dem Königreich ausgemerzt werden:

„Und der Menschensohn wird Seine Engel aussenden, und sie werden aus Seinem Königreich sammeln alles,

---

96 Engl. „gate-crasher". Ein Begriff aus der Veranstaltungsbranche. Er bezeichnet jemand, der sich ohne Einladung oder Genehmigung gewaltsam oder hinterlistig Zugang zu einem Veranstaltungsort verschafft, oft in der Absicht, an einer Veranstaltung teilzunehmen, ohne dazu berechtigt zu sein. Anm. des Übersetzers.

was Anstoß erregt, und die, welche die Gesetzlosigkeit praktizieren, und werden sie in den Feuerofen werfen. Da wird Heulen und Zähneknirschen sein." Mt 13,41-42

Am Ende wird Jesus also nur diejenigen in Seinem Königreich behalten, die Seinen Versprechen wirklich glauben und Seine Bedingungen akzeptieren. Das sind diejenigen, die Ihn mehr als alles andere auf der Welt lieben und bereit sind, ihr Leben für Ihn hinzugeben. Das sind diejenigen, mit denen Jesus die Ewigkeit verbringen will.

Das ist, kurz gesagt, das Evangelium vom Königreich.

Beziehung zu unserem König

Im nächsten Kapitel werden wir darüber sprechen, wie ein Mensch in das Königreich Gottes kommt. Aber bevor wir das tun, ist es wichtig, dass wir verstehen, dass das Wesen des Königreich-Evangeliums die *Beziehung* ist. Sicherlich gibt es notwendige theologische Lehren, aber die Theologie ist weder das *Wesen* des Evangeliums noch das Wesen des Christentums.

Wenn wir Bürger des Königreichs Gottes werden, treten wir in eine dauerhafte Beziehung zu unserem König ein. Aber diese Beziehung unterscheidet sich deutlich von der Art von Beziehung, von der im modernen Evangelium des leichten Glaubenstums die Rede ist. Jesus selbst hat die Art von Beziehung, die Er will, erklärt:

„Ich bin der wahre Weinstock, und Mein Vater ist der Winzer. Jede Rebe an Mir, die keine Frucht bringt, nimmt Er weg; und jede Rebe, die Frucht bringt, beschneidet Er, damit sie mehr Frucht bringt. Ihr seid schon rein durch das Wort, das Ich zu euch gesprochen habe. Bleibt in Mir, und Ich in euch. Wie die Rebe nicht von sich aus Frucht bringen kann, wenn sie nicht am Weinstock bleibt, so könnt auch ihr nicht Frucht bringen, wenn ihr nicht in Mir bleibt." Joh 15,1-4

Was meint Jesus, wenn Er davon spricht, dass wir Frucht bringen sollen? Hier sind einige Beispiele dafür, wie dieser Begriff im Neuen Testament verwendet wird:

„Die Frucht des Geistes ist Liebe, Freude, Friede, Langmut, Freundlichkeit, Güte, Treue, Sanftmut, Selbstbeherrschung. Gegen diese gibt es kein Gesetz. Und die, die Christus angehören, haben das Fleisch mit seinen Leidenschaften und Begierden gekreuzigt. Wenn wir im Geist leben, lasst uns auch im Geist wandeln." Gal 5,22-25

„Bringt Früchte, die der Umkehr würdig sind. ... Jeder Baum, der nicht gute Früchte bringt, wird abgehauen und ins Feuer geworfen." Lk 3,8.9

„Möge nun der, der dem Sämann Samen gibt und Brot zur Nahrung, den Samen, den ihr gesät habt, nähren und vermehren und die Früchte eurer Gerechtigkeit mehren, während ihr in allem reicher werdet zu aller Freigebigkeit." 2.Kor 9,10

„Und dafür bete Ich, dass eure Liebe noch mehr wachse, ... damit ihr aufrichtig und ohne Ärgernis seid bis zum Tag Christi, erfüllt mit den Früchten der Gerechtigkeit, die durch Jesus Christus sind, zur Ehre und zum Lob Gottes." Phil 1,9-11

Dies sind die „Früchte der Gerechtigkeit", die an uns wachsen werden, wenn wir mit dem Weinstock Jesus verbunden sind. Sie passen sehr gut zu den Königreichwerten, über die wir gesprochen haben. Aber diese Frucht wächst nicht automatisch. Wir müssen in Christus *bleiben* und es zulassen, dass Sein Vater uns zurechtschneidet. Wir müssen weiterhin im Geist wandeln. Wenn wir keine Frucht bringen, wird der Vater uns vom Weinstock abschneiden. Deshalb ist die Staatsbürgerschaft im Königreich Gottes eine Beziehungsfrage. Sie hängt davon ab, dass wir in Christus bleiben und uns Ihm und Seinem Vater ergeben.

Aber *wie* bleiben wir in Christus? Jesus hat es uns ganz deutlich gesagt:

> „Wenn ihr Meine Gebote haltet, werdet ihr in Meiner Liebe bleiben, so wie Ich die Gebote Meines Vaters gehalten habe und in Seiner Liebe bleibe." Joh 15,10

Wir bleiben also in Jesus Christus, nicht indem wir Seine Lobpreise singen, sondern indem wir Ihm *gehorchen*. Und was geschieht, wenn wir uns entscheiden, Ihm nicht zu gehorchen? Er sagt uns ganz offen:

> „Wenn jemand nicht in Mir bleibt, so wird er wie eine Rebe hinausgeworfen und verdorrt; und man sammelt die Reben und wirft sie ins Feuer, und sie werden verbrannt." Joh 15,6

Unsere Beziehung zu Jesus ist also nicht *irgendeine* Beziehung, real oder eingebildet. Es ist eine gehorsame Liebesbeziehung. Eigentlich ist die Formulierung „gehorsame Liebesbeziehung" überflüssig. Denn es ist unmöglich, Jesus zu lieben, ohne Ihm zu gehorchen. Wir können öffentlich verkünden, wie sehr wir Ihn lieben, aber ohne Gehorsam sind das nur leere Worte. Denn Er selbst sagte:

> „Wer Meine Gebote hat und sie hält, der ist es, der Mich liebt. Und wer Mich liebt, wird von Meinem Vater ge-

liebt werden, und Ich werde ihn lieben und Mich ihm offenbaren." Joh 14,21

Wenn wir also Jesus nicht gehorchen, lieben wir Ihn nicht. So einfach ist das. (Er hat es gesagt, nicht ich!)

Vorgetäuschter Gehorsam

Wenn Jesus von Gehorsam spricht, meint Er echten Gehorsam - nicht den geheuchelten Gehorsam, der heute so beliebt ist. Seine echten Gebote sind die, die im Neuen Testament *geschrieben* stehen. Aber das heutige Evangelium des leichten Glaubenstums sagt, dass wir Seine geschriebenen Gebote ignorieren können. Die meisten Christen behandeln Seine Gebote so, als wären sie lediglich Vorschläge. Was wirklich zählt, gemäß diesem populären Evangelium, sind die *subjektiven* Impulse, die in unseren Köpfen entstehen. Das sind angeblich die wirklichen Gebote Jesu, denen wir gehorsam sein müssen. Und da diese angeblich jedem Christen persönlich geoffenbart werden, ist jeder Einzelne der alleinige Richter darüber, was Gott Ihm gesagt hat, was er tun oder lassen soll.

Es ist wie ein riesiges Spiel von des Kaisers neuen Kleidern. Millionen von Christen geben vor, Christus gehorsam zu sein, während sie in Wahrheit Seine Lehren ignorieren und mit Füßen treten. Tatsächlich finden sie viele Seiner Gebote ziemlich abstoßend. Aber sie gehorchen subjektiven Impulsen, die ihnen in den Sinn kommen, und täuschen sich so selbst, dass sie dann glauben, Jesus zu gehorchen.

Sicher *gibt* Jesus den Propheten und denjenigen, die Ihm nahe stehen, persönliche Anweisungen. Aber wem hat Er gesagt, dass Er sich offenbaren würde?

> „Wer Mich liebt, wird von Meinem Vater geliebt wer-
> den, und Ich werde ihn lieben und *Mich ihm offenbaren.*"
> Joh 14,21

Wie wir bereits gelesen haben, sind diejenigen, die Ihn lieben, diejenigen, die Seine Gebote halten. Jesus hatte bereits
zu Seinen Jüngern gesagt:

> „Wer im Geringsten treu ist, der ist auch im Großen
> treu; und wer im Geringsten ungerecht ist, der ist auch
> im Großen ungerecht." Lk 16,10

Wenn wir nicht in der Lage sind, den *grundlegenden,*
schriftlichen Anweisungen, die für alle Christen gelten, treu
zu sein, machen wir uns nur etwas vor, wenn wir denken,
dass Jesus uns zusätzliche *spezielle* Anweisungen geben wird.

Wenn wir nicht am Weinstock bleiben und Frucht bringen,
dann offenbart sich Jesus uns nicht. In einem solchen Fall ist
die besondere Beziehung, die wir zu Christus zu haben glauben, ebenso trügerisch wie die Beziehung, die viele Katholiken zu Maria zu haben glauben.

Es ist nicht noch einmal das Gesetz Moses

Wenn wir über die Gebote Jesu sprechen, denken Sie bitte
nicht, dass wir Pluspunkte sammeln durch das Befolgen der
Lehren Jesu oder dass wir uns dadurch unsere Errettung verdienen. Wie ich bereits sagte, ist die einzige Beziehung, die
für Ihn akzeptabel ist, eine Liebesbeziehung. Es ist auch nicht
das Gesetz Moses, das wir wiederholen. Jesus hat dieses Gesetz nicht erfüllt, nur um uns eine weitere lange Liste ähnlicher Vorschriften an seiner Stelle zu geben.

Jesus beschrieb, wie das christliche Leben aussieht, wenn
wir Ihn lieben, indem Er sagte:

„Kommt her zu Mir, alle, die ihr mühselig und beladen seid, und Ich werde euch Ruhe geben. Nehmt Mein Joch auf euch und lernt von Mir; denn Ich bin sanftmütig und von Herzen demütig; so werdet ihr Ruhe finden für eure Seelen. Denn Mein Joch ist sanft, und Meine Last ist leicht." Mt 11,28-30

Aber wie kann das sein? An anderer Stelle sagte Jesus, dass wir für Ihn alles aufgeben müssen. Und Er sagte sogar:

„Wer nicht sein Kreuz auf sich nimmt und Mir nachfolgt, ist meiner nicht würdig. Wer sein Leben findet, wird es verlieren, und wer sein Leben um Meinetwillen verliert, wird es finden." Mt 10,38-39

Das klingt nicht nach einem leichten Joch.

Ah, jetzt kommen wir zum Königreichsparadoxon. Aus der Sicht des Fleisches scheinen die Aussagen Jesu widersprüchlich zu sein. Aber im Geist sind sie völlig harmonisch. Das Leben im Königreich Gottes war nie dazu bestimmt, im Fleisch gelebt zu werden. Es ist kein neuer Talmud. Es sollte beziehungsorientiert sein und im Geist gelebt werden. Und nur wenn wir unser Leben in Jesus Christus vergraben, kann sein Joch leicht und Seine Last leicht sein. Seine Last ist nur dann leicht, wenn wir uns von allen Verstrickungen dieses Lebens lösen und uns im aufopfernden Dienst für unseren Herrn verlieren.

Nur wenn unsere Herzen frei sind von den Sorgen und Nöten des Lebens in dieser Welt, können wir mit Johannes sagen:

„Denn das ist die Liebe Gottes, dass wir Seine Gebote halten. Und seine Gebote sind nicht beschwerlich."
1.Joh 5,3

Seine Gebote sind leicht, wenn unser einziges Reich das Königreich Gottes ist, und unsere Seele alles andere losgelassen
hat. Andererseits sind die Gebote Jesu ziemlich schwer und
mühsam, wenn wir an dieser Welt und unseren irdischen Besitztümern, Kräften und Freiheiten festhalten wollen - und
dennoch versuchen, Jesus zu dienen.

18. Wie man in das Königreich eintritt

Man wird nicht einfach amerikanischer Staatsbürger, indem man die Grenze der Vereinigten Staaten überquert - legal oder illegal. Vielmehr hat die Regierung der Vereinigten Staaten ein Verfahren festgelegt, das ein Einwanderer durchlaufen muss, um eingebürgert zu werden. Grundsätzlich muss die Person mindestens achtzehn Jahre alt sein, sich seit fünf Jahren rechtmäßig in den Vereinigten Staaten aufhalten, einen guten moralischen Charakter haben, einfaches Englisch lesen und schreiben können und über Grundkenntnisse der amerikanischen Regierung und Geschichte verfügen. Schlussendlich muss der Antragsteller den Treueeid ablegen.

In ähnlicher Weise gibt es Verfahren oder Schritte, die unternommen werden müssen, bevor eine Person das Königreich Gottes betreten kann. Zunächst müssen Personen befreit werden, bevor sie in dieses Königreich eintreten können. Das liegt daran, dass die gesamte Menschheit in Sklaverei von Sünde, Satan und Tod ist. Jesus starb als Lösegeld, um uns aus dieser Sklaverei zu befreien. Durch Seinen Tod band Er Satan und reinigte alle Gläubigen durch Sein Blut. Ein Mensch macht sich das vergossene Blut Jesu durch den Glauben zunutze, indem er die in der Heiligen Schrift beschriebenen Schritte befolgt.

Jesus schulte Seine Apostel, damit sie anderen helfen konnten, in das Königreich Gottes zu gelangen. Kurz nachdem Jesus in den Himmel zurückgekehrt war, hatten die Apostel die Gelegenheit, die Schulung Jesu in die Tat umzusetzen. Am Pfingstsonntag trat die erste Gruppe von neuen Bewerbern in das Königreich Gottes ein. Das zweite Kapitel der Apostelgeschichte beschreibt, wie sie dies taten:

> „Als sie aber dies [die Predigt des Petrus] hörten, schnitt es sie ins Herz und sie sagten zu Petrus und den übrigen Aposteln: ‚Männer und Brüder, was sollen wir tun?' Petrus aber sprach zu ihnen: „Tut Buße, und jeder von euch lasse sich taufen auf den Namen Jesu Christi zur Vergebung der Sünden; so werdet ihr die Gabe des Heiligen Geistes empfangen. Denn die Verheißung gilt euch und euren Kindern und allen, die in der Ferne sind, so viele der Herr, unser Gott, berufen wird." Und mit vielen anderen Worten bezeugte und ermahnte er sie und sagte: „Seid errettet von diesem verkehrten Geschlecht." Da ließen sich taufen, die sein Wort gern annahmen; und an jenem Tag wurden ihnen etwa dreitausend Seelen hinzugefügt." Apg 2,37-38

Schauen wir uns noch einmal die Schritte an, durch die die Zuhörer des Petrus in das Königreich Gottes eintraten:

1. Sie hörten die Botschaft von Jesus Christus und Seinem Königreich, und sie *glaubten* sie. Und das war nicht bloß ein oberflächlicher Glaube. Es ging schmerzhaft in die Tiefe und dort „schnitt es sie ins Herz".

2. Außerdem *taten sie Buße* über ihr früheres Leben. Was bedeutet das? Mein Wörterbuch definiert „Buße tun" (oder auch „bereuen") als „ein solches Bedauern oder eine solche Unzufriedenheit über eine vergangene Handlung oder Absicht empfinden, dass man seine

Meinung darüber ändert".[97] Die Zuhörer des Petrus änderten also ihre Meinung darüber, wie sie leben wollten. Sie beschlossen, den Rest ihres Lebens als Untertanen von Jesus Christus zu leben.

3. Sie ließen sich im Wasser taufen.

4. Sie empfingen den Heiligen Geist.

Nach diesen Schritten traten sie in das Königreich Gottes ein. Bitte beachten Sie, dass diese Personen ihre Sünden bereuen mussten, aber sie mussten nicht für sie sühnen. Jesus tut die Sühne für uns. Wir retten uns nicht selbst. Jesus übernimmt die Rettung. Bitte beachten Sie auch, dass die Zuhörer des Petrus nichts tun mussten, um sich ihre Erlösung oder das Königreich Gottes zu verdienen. Sie waren völlig unwürdig. Ihre Erlösung und ihr Bürgerrecht im Königreich Gottes waren ein Geschenk. Sie wurden aus Gnade gerettet, nicht durch ihre eigene Gerechtigkeit.

Was die Wiedergeburt bewirkt

Was geschah mit der Menschenmenge zu Pfingsten, die glaubte und wiedergeboren wurde? Viele Dinge - fabelhafte Dinge! All ihre vergangenen Sünden wurden ihnen vergeben und abgewaschen. Sie hatten eine reine Weste vor Gott. Außerdem wurden sie als neue Geschöpfe wiedergeboren. Das heißt, sie durchliefen eine übernatürliche, geistliche Verwandlung. Sie wurden Bürger des Königreichs Gottes. Und diese neuen Bürger des Königreichs wurden zu einer Rebe am Weinstock Jesu (Johannes 15,5). Wären sie in diesem Moment gestorben, wären sie ins Paradies gegangen.

---

97 "Repent", Webster's New World College Dictionary, Third Edition (New York: Simon & Schuster, Inc., 1997) 1138.

Die zwei Aspekte des Heils

Nach dem Evangelium des einfachen Glaubenstums war das auch schon das Ende der Geschichte. Gemäß diesem populären Evangelium wird jede Sünde, die ein Mensch jemals begangen hat, *plus* jede Sünde, die er in Zukunft begehen wird, schlagartig vergeben, wenn er wiedergeboren wird. Dieses populäre Evangelium erklärt, dass das Heil ein einmaliger Schritt ist. Sobald ein Mensch wiedergeboren ist, kann von seinem Heil nur noch in der Vergangenheitsform gesprochen werden.

Doch Jesus hat nichts von alledem gesagt. Das Evangelium des einfachen Glaubenstums ist nicht das Evangelium vom Königreich. Das Evangelium vom Königreich Gottes erkennt an, dass es beides gibt, einen *vergangenen* wie auch einen *zukünftigen* Aspekt unseres Heils. Solange eine Person diese beiden Stufen nicht versteht, kann sie weder das Evangelium des Königreichs noch die Lehre des Neuen Testaments über das Heil verstehen.

Eine Reihe von Stellen im Neuen Testament spricht vom Heil in der *Vergangenheitsform*. Zum Beispiel heißt es in der Heiligen Schrift[98]:

> Und der Herr fügte der Gemeinde täglich hinzu, die *gerettet wurden.* Apg 2,47

> Denn aus Gnade *wurdet* ihr *gerettet* durch den Glauben, und das nicht aus euch, sondern Gottes Gabe ist es. Röm 8,24

> Denn in dieser Hoffnung sind wir *errettet worden.* Eph 2,8

---

98 Diese Zitate stammen aus der New King James Version. In der ursprünglichen KJV stehen diese Passagen alle im Präsens.

Wenn wir also wiedergeboren sind, sind wir *gerettet worden*. Wir sind aus der Welt herausgenommen worden. Wir betreten in diesem Moment das Königreich Gottes. In diesem Moment werden unsere Namen in das Buch des Lebens geschrieben. Als Paulus an die Philipper schrieb, bezeichnete er seine Mitarbeiter als diejenigen, „deren Namen im Buch des Lebens stehen" (Phil 4,3).

Aber die Heilige Schrift verweist auch auf einen *zukünftigen* Aspekt des Heils. Jesus sagte:

> „Ihr werdet von allen gehasst werden um meines Namens willen. Wer aber ausharrt bis ans Ende, der wird *gerettet werden*." Mt 10,22

Es gibt also einen *zukünftigen* Aspekt des Heils. Wir müssen bis zum Ende unseres Lebens ausharren, damit unser Heil endgültig ist. Auch dies hat Jesus in Seinem Gleichnis vom Weinstock deutlich gemacht:

> „Ich bin der Weinstock, ihr seid die Reben. Wer in Mir bleibt und Ich in ihm, der bringt viel Frucht; denn ohne Mich könnt ihr nichts tun.
>
> Wenn jemand nicht in Mir bleibt, so wird er wie eine Rebe hinausgeworfen und verdorrt; und man sammelt die Reben und wirft sie ins Feuer, und sie werden verbrannt." Joh 15,5-6

> „Jede Rebe an Mir, die nicht Frucht bringt, nimmt Er weg." Joh 15,2

Dieser Abschnitt verdeutlicht die beiden Aspekte des Heils – Vergangenheit und Zukunft. Nur jene, die wiedergeboren wurden, die gerettet wurden, können Reben an diesem Weinstock sein. Das ist der *vergangene* Aspekt des Heils. Doch nur weil wir eine Rebe am Weinstock Jesu sind, heißt das nicht, dass wir auch am Weinstock *bleiben* werden. Wenn wir unsere gehorsame Liebesbeziehung nicht aufrechterhalten, wird Gott uns vom Weinstock abschneiden. Deshalb müssen wir auch über den *zukünftigen* Aspekt des Heils sprechen.

Wegen dieses zukünftigen Aspekts des Heils sagte Jesus zu den Christen in Sardes:

> „Wer überwindet, der wird mit weißen Kleidern angetan werden, und Ich werde seinen Namen nicht auslöschen aus dem Buch des Lebens; sondern Ich werde seinen Namen bekennen vor Meinem Vater und vor Seinen Engeln." Offb 3,4-5

Nur weil unsere Namen bei unserer Wiedergeburt in das Buch des Lebens geschrieben wurden, können wir nicht davon ausgehen, dass unsere Namen dort bleiben werden. Tatsächlich klingen die Worte Jesu an die Gemeinde in Sardes so, als würde Er die *Mehrheit* ihrer Namen auslöschen. Denn Er sagte:

> „Doch du hast einige *wenige* Namen in Sardes, die ihre Kleider nicht verunreinigt haben; und sie werden in weißen Kleidern mit Mir wandeln, denn sie sind es wert." Offb 3,3-4

Wegen dieses zukünftigen Aspekts des Heils sagte Jesus zu den Christen in Thyatira:

> „Haltet fest, was ihr habt, bis Ich komme. Und wer überwindet und Meine Werke *bewahrt bis ans Ende*, dem will Ich Macht über die Nationen geben." Offb 2,25-26

Und wegen dieses zukünftigen Aspekts des Heils sagt uns die Heilige Schrift:

„Habt acht auf euch selbst und auf die Lehre. Bleibt in ihnen, denn dadurch *werdet* ihr euch selbst und die, die euch hören, *retten*." 1.Tim 4,16

„Wenn wir *standhaft ausharren*, werden wir auch mit Ihm herrschen. Wenn wir Ihn verleugnen, wird auch Er uns verleugnen." 2.Tim 2,12

„Denn wenn sie, nachdem sie den Verunreinigungen der Welt durch die Erkenntnis des Herrn und Heilandes Jesus Christus entronnen sind, wieder in sie verstrickt und überwältigt werden, so ist das letzte Ende für sie schlimmer als der Anfang. Denn es wäre besser für sie, daß sie den Weg der Gerechtigkeit nicht erkannt hätten, als daß sie, nachdem sie ihn erkannt haben, sich von dem heiligen Gebot, das ihnen überliefert ist, abwenden." 2.Petr 2,20-21

Manchmal kommunizieren wir verkehrt

Es schmerzt mich, wenn ich höre, wie Christen des Königreichs miteinander über das Heil streiten und nicht anerkennen, dass es sowohl vergangene als auch zukünftige Aspekte gibt. Ich habe Auseinandersetzungen zwischen Königreich-Christen gehört oder gelesen, die jener zwischen dem Christ Nr. 1 und dem Christ Nr. 2 in der folgenden Szene ähneln:

Christ Nr. 1 ist ein Königreich-Christ, der Jesus liebt und nach Seinen Lehren lebt. Aber er gehört zu einer Kirche, die den *zukünftigen* Aspekt des Heils betont. Christ Nr. 2 liebt Jesus ebenfalls und gehorcht Ihm, aber er gehört einer Kirche an, die den *vergangenen* Aspekt des Heils betont. Leider, obwohl beide Kirchen in Wirklichkeit an beide Aspekte des Heils glauben, legt keine Kirche den *gleichen* Schwerpunkt auf beide Aspekte. Infolgedessen kommt es zwischen ihren Mitgliedern oft zu einem Schlagabtausch wie dem folgenden:

Christ Nr. 2: „Bruder, bist du gerettet worden?"

Christ Nr. 1: „Was meinst du mit ‚gerettet *worden*'? Natürlich nicht! Es wäre anmaßend, wenn jemand behaupten würde, er sei bereits gerettet. Jesus wird diese Entscheidung treffen, wenn ich sterbe."

Christ Nr. 2: „Nun, wenn du jetzt nicht weißt, dass du bereits gerettet bist, wird es zu spät sein, wenn du stirbst. Du hältst an einem falschen Evangelium fest."

Christ Nr. 1: „Nein, du bist derjenige, der an einem falschen Evangelium festhält - einem Evangelium der Anmaßung!"

Es mag sich so anhören, als ob diese beiden Christen in ihren Überzeugungen Lichtjahre voneinander entfernt sind. Und vielleicht sind sie das auch wirklich. Aber oft sind sich ihre Überzeugungen recht ähnlich. Wenn sie wirklich Königreich-Christen sind, hält wahrscheinlich jede ihrer Kirchen sowohl an den vergangenen als auch an den zukünftigen Aspekten des Heils fest. Doch weil jede Kirche einen der beiden Aspekte fast unter Ausschluss des anderen betont, haben ihre Mitglieder ein verwirrtes Verständnis vom Heil. Und sie können das Evangelium vom Königreich Gottes nicht klar formulieren, obwohl sie in ihrem Herzen daran festhalten.

Jemanden zu fragen: „Bist du gerettet worden?" ist so, als würde man jemanden fragen: „Hast du schon aufgehört, deinen Arbeitgeber zu bestehlen?" Ein ehrlicher Angestellter kann diese Frage nicht mit einem einfachen Ja oder Nein beantworten, oder? Er kann diese trügerische Frage nur abwehren, indem er antwortet: „Ich habe meinen Arbeitgeber nie bestohlen, also gibt es nichts aufzuhören."

Die Frage nach dem Seelenheil ist ebenso trügerisch, wenn auch unbeabsichtigt. Ein einfaches Ja oder Nein wird nicht ausreichen. Jemand, der das Evangelium des Königreichs Gottes versteht, muss der innewohnenden Täuschung der Frage entgegentreten, indem er antwortet: „Ja, ich wurde gerettet, als ich wiedergeboren wurde. Meine endgültige Errettung wird jedoch erst dann feststehen, wenn ich bis zum Ende durchgehalten habe."

Bevor ich dieses Thema des Heils verlasse, möchte ich noch eine kurze Aussage zur Heilsgewissheit machen. Wir Christen aus dem Königreich Gottes leben nicht in ständiger Angst und Ungewissheit. Nein, wir leben in freudiger Erwartung der Verheißungen, die Jesus gegeben hat. Und wir wissen, dass die Gnade Jesu uns befähigen wird, am Weinstock zu bleiben - solange wir Ihn weiterhin lieben und Ihm gehorchen. Gleichzeitig dürfen wir aber nicht übermütig und anmaßend werden. Auch sollten wir niemals unsere Furcht vor unserem Herrn verlieren. Ja, wir genießen echte Gewissheit, aber es ist eine bedingte Gewissheit.

Errettung durch Theologie?

Bitte verstehen Sie, dass ein Mensch nicht in der Lage sein muss, die verschiedenen Dinge, die ich in den letzten beiden Kapiteln besprochen habe, zu artikulieren, um gerettet zu werden. Jesus ist nicht so sehr daran interessiert, was wir sagen. Er ist in erster Linie daran interessiert, was wir *tun*. Er machte das klar in einem Seiner Gleichnisse:

> „Ein Mann hatte zwei Söhne, und er kam zu dem ersten und sagte: „Sohn, geh und arbeite heute in meinem Weinberg." Er antwortete und sagte: „Ich will nicht", aber danach bereute er es und ging. Dann kam er zu dem

zweiten und sagte dasselbe. Dieser antwortete und sagte: „Ich gehe, Herr", aber er ging nicht. Wer von den beiden tat den Willen seines Vaters? Sie sagten zu ihm: ‚Der erste'." Mt 21,28-31

Es kommt also darauf an, was wir *tun*, nicht was wir *sagen*.

Die Lehren Jesu waren so gestaltet, dass sie auch von den einfachsten Menschen verstanden werden konnten. Es war keine Bildung erforderlich. Wenn unsere Theologie von jemandem verlangt, dass er jahrelang studiert, um sie zu beherrschen und andere zu lehren, dann ist etwas bedenklich falsch. Weder Jesus noch Seine Apostel haben irgendwelche theologischen Seminare gegründet, denn für das Evangelium des Königreichs Gottes sind keine nötig. Königreich-Christen gründen selten solche Seminare. Und wenn sie es doch tun, dann geht das Evangelium vom Königreich Gottes dabei verloren.

Das Evangelium vom Königreich ist so einfach, so losgelöst von komplizierter Theologie, dass in den ersten 300 Jahren des Christentums das folgende Glaubensbekenntnis genügte:

Ich glaube an Gott, den Vater, den Allmächtigen, den Schöpfer des Himmels und der Erde,

und an Jesus Christus, Seinen eingeborenen Sohn, unsern Herrn,

empfangen durch den Heiligen Geist,

geboren von der Jungfrau Maria,

gelitten unter Pontius Pilatus,

gekreuzigt, gestorben und begraben,

hinabgestiegen in das Reich des Todes,

am dritten Tage auferstanden von den Toten,

aufgefahren in den Himmel;

Er sitzt zur Rechten Gottes, des allmächtigen Vaters;

von dort wird Er kommen, zu richten die Lebenden und die Toten.

Ich glaube an den Heiligen Geist,

die heilige katholische (universelle)[99] Kirche,

Gemeinschaft der Heiligen,

Vergebung der Sünden,

Auferstehung der Toten

und das ewige Leben. Amen.[100]

---

99 In den ersten drei Jahrhunderten des Christentums, der Zeit der frühen Christen, hatte das Wort „katholisch" eine andere Bedeutung als heute im Kontext der Römisch-Katholischen Kirche, die es damals ja noch gar nicht gab. Ursprünglich stammt das Wort vom griechischen „katholikos" ($\kappa\alpha\theta o\lambda\iota\kappa\acute{o}\varsigma$), was „allgemein" oder „universal" bedeutet. Es wurde verwendet, um die universelle Kirche Jesu Christi zu bezeichnen, die Gemeinschaft aller Gläubigen weltweit, unabhängig von lokalen Gemeinden oder bestimmten Lehren. Es implizierte auch die Übereinstimmung mit der gesamten apostolischen Lehre und Tradition, die von den Aposteln überliefert wurde. „Katholisch" bedeutete daher, dass die Lehren und Praktiken der Kirche im Einklang mit dem waren, was als authentischer und wahrer Glaube angesehen wurde. Erst nach der Konstantinischen Wende und nach der Teilung des Christentums in verschiedene Konfessionen und insbesondere nach dem Schisma zwischen der westlichen (römischen) und der östlichen (orthodoxen) Kirche, wurde das Wort „katholisch" spezifischer mit der Römisch-Katholischen Kirche in Verbindung gebracht und von den anderen Kirchen nur noch ungern verwendet. Anm. des Übersetzers.

100 Das Apostolische Glaubensbekenntnis ist in vielen offiziellen liturgischen Büchern (Liederbücher, Bibeln) sowohl der Röm.-Kath.

Dieses einfache Glaubensbekenntnis ist weithin als Apostolisches Glaubensbekenntnis bekannt. Sicherlich hatten die frühen Christen auch Lehren und Ansichten, die über dieses einfache Glaubensbekenntnis hinausgingen. Aber das war die gesamte Theologie, die ein Christ zu glauben *hatte*. Wenn einige Christen mehr in die Tiefe gehen wollten, waren sie dazu eingeladen, solange sie sich selbst nicht zu wichtig nahmen und nicht über die überlieferten Dinge hinausgingen.

Wenn das Apostolische Glaubensbekenntnis für die ersten drei Jahrhunderte des Christentums eine angemessene Theologie war, dann war es auch für die folgenden Jahrhunderte eine angemessene Theologie. Und es ist auch heute noch eine angemessene Theologie. Die institutionelle KIRCHE hat sich nicht zu einem besseren Verständnis von Christus entwickelt, als sie das Evangelium vom Königreich Gottes aufgegeben hat. Vielmehr hat sie sich immer weiter von dem wahren Christus entfernt.

---

als auch der Evangelischen KIRCHE enthalten. Anm. des Übersetzers

19. Pharisäer brauchen sich nicht zu bewerben

Ich habe schon oft über die totale Hingabe gesprochen, die das Königreich Gottes erfordert. Es ist kein Ort für die Undisziplinierten, die Halbherzigen und diejenigen, die diese Welt lieben. Wir haben gesehen, dass die Mehrheit der Menschheit niemals in das Königreich eintreten wird. Wir haben auch gesehen, dass ein großer Teil derer, die das Königreich Gottes betreten, schlussendlich ausgemerzt wird.

Es wäre also ganz natürlich (aus der Perspektive eines gefallenen Menschen), wenn wir, die wir Bürger des Königreichs Gottes sind, uns Nichtchristen und weltlichen Christen gegenüber überlegen fühlen würden. Für einen Königreich-Christen wäre es ein Leichtes, auf die Menschen außerhalb des Königreichs herabzusehen.

Da Jesus diese Neigung unseres gefallenen Fleisches kennt, hat Er uns im Voraus gewarnt:

„Richtet nicht, auf dass ihr nicht gerichtet werdet. Denn mit welchem Urteil ihr richtet, werdet ihr gerichtet werden; und mit welchem Maß ihr messt, wird euch zurückgemessen werden. Und warum seht ihr den Splitter im Auge eures Bruders, aber den Balken in eurem eigenen Auge seht ihr nicht? Oder wie kannst du zu deinem Bruder sagen: „Lass mich den Splitter aus deinem Auge entfernen", und siehe, ein Balken ist in deinem eigenen Auge? Heuchler! Zieh zuerst den Balken aus deinem eigenen Auge, dann wirst du klar sehen und den Splitter aus dem Auge deines Bruders entfernen." Mt 7,1-5

Es stimmt, dass die Zaghaften und Wankelmütigen nicht in das Königreich Gottes gehören. Aber es gibt noch eine andere Klasse von Menschen, die ebenfalls nicht dorthin gehört: die Richtenden und Selbstgerechten. Jesu Gebot, nicht zu richten, ist ebenso verbindlich - und ebenso revolutionär - wie Seine Lehren über die Wehrlosigkeit. Leider weigern sich so viele, die bereit sind, die Worte Jesu über die Wehrlosigkeit oder den Mammon zu befolgen, Jesu Worte „Richtet nicht!" anzuerkennen. Sie haben sich eingeredet, dass Jesus das, was Er sagte, irgendwie nicht ernst gemeint hat.

Es ist so viel einfacher, das Leben im Königreich Gottes zu leben, wenn wir uns selbst auf die Schulter klopfen, uns in unserem Gehorsam und unserer Heiligkeit sonnen und alle verächtlich abtun, die unser Niveau der Heiligung nicht erreicht haben. Aber wenn wir das tun, leben wir nicht wirklich das Leben im Königreich. Wir leben ein Leben der Selbsttäuschung. Wir sind dann Jesus noch widerlicher als die Menschen, auf die wir herabsehen.

Die enge Pforte

Kein Wunder, dass Jesus uns rät:

„Gehet ein durch die enge Pforte; denn weit ist die Pforte und breit der Weg, der ins Verderben führt, und viele sind's, die auf ihm hineingehen. Denn eng ist die Pforte und schmal der Weg, der zum Leben führt, und wenige sind es, die ihn finden." Mt 7,13-14

Der Weg zum ewigen Leben ist in der Tat schmal und schwierig. Auf beiden Seiten gibt es große Abgründe.

Auf der einen Seite gibt es den Abgrund der Laxheit und Weltlichkeit. Die meisten bekennenden Christen fallen in diese Kluft. Der Weg des Königreichs Gottes ist für sie zu streng. Sie wollen einen einfacheren Weg. Und es gibt keinen Mangel an Predigern, die ihnen sagen, dass sie die Lehren Jesu nicht wirklich befolgen müssen. Dieselben Prediger werden ihnen auch sagen, dass sie sich nicht wirklich von der Welt absondern müssen.

Auf der anderen Seite des schmalen Weges befindet sich der Abgrund des Pharisäertums. Das ist der Abgrund der Selbstgerechtigkeit. Wenn wir nicht in den ersten Abgrund fallen, werden wir wahrscheinlich in den anderen fallen. Der Weg ist nicht einfach.

Seinerzeit, 1981, arbeitete ich als Unternehmensanwalt für eine kleine Ölgesellschaft in Osttexas. Eines Tages hatten wir eine Anhörung vor der Texas Railroad Commission in Austin. Für einen Nicht-Texaner klingt das wahrscheinlich seltsam, aber in Texas ist die staatliche Behörde, die die Öl- und Gasförderung reguliert, die Railroad Commission („Eisenbahn Komission"). Jedenfalls hatten wir eine Anhörung zur Änderung der Feldregeln für ein bestimmtes Gasfeld. Da unser Unternehmen über einen eigenen Hubschrauber verfügte, beschlossen wir, nach Austin zu fliegen. Auf dem Weg dorthin hielten wir an und holten einen Erdölingenieur und einen Geologen von Fina ab, die ebenfalls an der Anhörung teilnehmen wollten.

Das Treffen in Austin verlief reibungslos. Auf dem Rückflug saß ich vorne beim Piloten und beobachtete ihn beim Fliegen des Hubschraubers. Ich sagte zu mir: „Das sieht nicht sehr schwierig aus, das kann ich wahrscheinlich selbst. Also fragte ich den Piloten, ob er mich eine Weile ans Steuer lassen könnte, und er stimmte bereitwillig zu. Ich fragte ihn, was ich tun müsse, und er zeigte mir eine kleine Kugel auf dem Instrumentenbrett. „Alles, was Sie tun müssen, ist, diese Kugel in der Mitte des Zifferblatts zu halten", erklärte er mir. Nun, das klang einfach genug. Also sagte ich ihm, dass ich bereit sei, und er übergab mir die Steuerung.

Ich fand jedoch bald heraus, dass es für einen Anfänger alles andere als einfach war, die Kugel in der Mitte zu halten. Die Steuerung war so empfindlich, dass der Hubschrauber bei der kleinsten Bewegung in eine Richtung taumelte und dann wieder in die andere Richtung, wenn ich versuchte, meinen Fehler zu korrigieren. So flogen wir im Zickzackkurs über den texanischen Himmel, während ich verzweifelt versuchte, die kleine Kugel in der Mitte des Zifferblatts zu halten. Schließlich rief der Ingenieur von Fina auf dem Rücksitz, dem schon übel war, „Nimm diesem Anwalt die Steuerung weg!" Der Pilot verlor keine Zeit und übernahm wieder das Steuer. Als wir die Männer von Fina absetzten, warfen sie mir beide böse Blicke zu.

Tatsächlich stellte sich heraus, dass wir einen Monat später zu einer zweiten Anhörung nach Austin zurückkehren mussten. Also riefen wir bei Fina an, um zu fragen, ob ihre Ingenieure wieder mit uns fliegen wollten. Sie lehnten höflich ab und sagten, sie würden einfach mit dem Auto fahren und uns dort treffen. Ich glaube, sie hatten Angst, dass ich wieder am Steuer sitzen könnte.

Das Leben als Christ ist wie das Fliegen eines Hubschraubers. Wir müssen in der Mitte des Weges bleiben. Und das ist nicht leicht, denn der Weg ist schmal. Die Enge des Weges erlaubt es uns nicht, im Zickzackkurs zu fahren. Wir dürfen nicht zick in den Abgrund der Weltlichkeit oder zack in den Abgrund der Selbstgerechtigkeit fahren. Wir müssen gerade auf Kurs bleiben.

Dürfen wir gegen die Sünde sprechen?

Jesus hat uns gesagt, wir sollen andere nicht richten. Aber Er hat uns nicht gesagt, dass wir nicht gegen die Sünde sprechen dürfen. Paulus, Jakobus, Petrus und andere Schreiber des Neuen Testaments haben die Sünde in der Gemeinde angesprochen und sich dagegen ausgesprochen. Nicht aus Selbstgerechtigkeit, sondern im Gehorsam gegenüber Jesus.

Dieses Buch wurde geschrieben, um Christen und Nichtchristen vom Evangelium vom Königreich Gottes zu erzählen - ein Evangelium, das kaum noch gepredigt wird. Und in diesem Buch weise ich auf viele Mängel der heutigen KIRCHE hin und auf einige der abwegigen Wendungen, die die KIRCHE im Laufe der Jahrhunderte vollzogen hat. Ich spreche über das „Evangelium des leichten Glaubenstums". Ich stelle die „Königreich-Christen" denjenigen gegenüber, die sich nur Christen nennen.

Aber ich kann Ihnen versichern, dass ich dieses Buch nicht in einem Geist der Selbstgerechtigkeit schreibe. Denn ich weiß sehr wohl, dass David Bercot diese Botschaft genauso braucht wie jeder seiner Leser. Mein einziges Gebet ist, dass das Lesen dieses Buches meine Leser so sehr herausfordert, wie mich das Schreiben dieses Buches herausgefordert hat. Ich richte ehrlich gesagt nicht Individuen und maße mir nicht an, ihren endgültigen Stand bei Christus zu kennen. Dennoch bin ich sehr besorgt über den Zustand des heutigen Christentums. Und deshalb schreibe ich dieses Buch.

Gleichzeitig weiß ich, dass einige meiner Leser meinen werden, ich sollte den Begriff „Christ" nicht einmal verwenden, wenn ich über diejenigen spreche, die die Welt lieben, die an schwerwiegenden theologischen Irrtümern festhalten und die böse Übeltaten im Namen Christi begangen haben. Ich möchte also noch einmal klarstellen, dass ich, wenn ich in diesem Buch den Begriff „Christ" verwende, mich auf diejenigen beziehe, die *bekunden*, Christen zu sein. Die Echtheit ihres Christseins kann sicherlich in Frage gestellt werden, aber das will ich Jesus überlassen.

Ich sollte auch erklären, dass ich den Begriff „Königreich-Christen" verwende, um mich auf Christen zu beziehen, die es ernst damit meinen, Bürger des Königreichs Gottes zu sein, und die durch eine gehorsame Liebesbeziehung in Christus bleiben. Wenn ich diesen Begriff verwende, will ich damit jedoch nicht andeuten, dass alle anderen kategorisch dem Gericht verfallen sind. Wie gesagt, das ist Jesu Entscheidung, nicht meine.

Schließlich sollte ich noch klarstellen, dass ich mich, wenn ich den Begriff „KIRCHE" in KAPITÄLCHEN schreibe, auf die *institutionelle* KIRCHE beziehe. Ich spreche von allen Gemeinschaften von Menschen, die sich als Christen bezeichnen. Inwieweit die institutionelle KIRCHE mit der Gemeinschaft der wahren christlichen Gläubigen übereinstimmt, überlasse ich gerne Jesus.

Andere Gesetze des Königreichs

Die vier oder fünf Gesetze des Königreichs Gottes, die wir untersucht haben, sind sicherlich einige der herausfordernderen Lehren Jesu. Aber sie sind nur ein kleiner Teil der Gesetze, die unser König uns gegeben hat. Der Rest Seiner Gesetze und Lehren ist im gesamten Neuen Testament zu finden. Nur weil ich diese anderen Gesetze nicht besprochen habe, heißt das nicht, dass sie nicht genauso wichtig sind wie die, auf die wir uns konzentriert haben.

Die größte Einzelsammlung von Geboten des Königreichs findet sich in der Bergpredigt. Wenn es Ihnen ernst damit ist, ein Königreich-Christ zu sein, fordere ich Sie auf, die Bergpredigt erneut zu lesen, jede Lehre zu bedenken und Ihr eigenes Leben im Licht dieser Lehren zu bewerten.

20. Das Königreich kann nicht still gehalten werden

Wenn wir uns etwas anschließen, das die Welt dazu bringt, uns zu hassen, ist es nur natürlich, dass wir es geheim halten wollen. Warum Unruhe stiften? Lasst uns alles still und ruhig halten. Aber unser König wird nicht zulassen, dass wir Sein Königreich geheim halten:

> „Was ich euch im Dunkeln sage, das redet im Licht; und was ihr mit den Ohren hört, das verkündet auf den Dächern." Mt 10,27

Wir müssen daran denken, dass ein Mensch das Königreich Gottes nicht einmal sehen kann, wenn er nicht wiedergeboren ist. Wie soll also jemand überhaupt von diesem Königreich erfahren, wenn wir, die wir wiedergeboren sind, es ihnen nicht erzählen? Jesus hat keine Werbeagentur angeheuert, um die Nachricht von Seinem Königreich zu verbreiten. Stattdessen hat Er alle Seine Bürger beauftragt, Nachrichtenverbreiter zu sein.

Sobald Jesus nach Seiner Taufe aus der Wüste zurückkehrte, begann Er sofort zu predigen. Und was hat Er gepredigt? Matthäus erzählt uns:

> „Von da an begann Jesus zu predigen und zu sagen: Tut Buße, denn das Königreich der Himmel ist nahe herbeigekommen." Mt 4,17

Jesus verlor keine Zeit und reiste durch Galiläa, um das „Evangelium vom Königreich" zu predigen. Und Er begann schnell, andere zu rekrutieren, die sich Seinem Königreich anschließen wollten.

Jesus lehrte Seine Jünger nicht nur über das Königreich Gottes, sondern gab ihnen auch eine spezifische Ausbildung, wie das Evangelium des Königreichs anderen zu predigen ist. Gleich nachdem Er Seine zwölf Apostel ausgewählt hatte, sandte Jesus sie aus, um zu predigen. Und was sollten sie predigen?

> „Wenn ihr hingeht, predigt und sagt: Das Königreich der Himmel ist nahe." Mt 10,7

Später bildete Jesus siebzig Jünger aus und sandte sie in Zweiergruppen durch das Land. Wiederum sagte Er ihnen, dass sie, sobald sie in eine Stadt kämen, dort die Kranken heilen und zu ihnen sagen sollten (Lk 10,9):

> „Das Königreich Gottes ist nahe zu euch gekommen."

Vor Seinem Tod prophezeite Jesus:

> „Und dieses Evangelium vom Königreich wird in der ganzen Welt gepredigt werden zum Zeugnis für alle Völker; und dann wird das Ende kommen." Mt 24,14

Zu den letzten Dingen, die Er Seinen Aposteln sagte, gehört:

> „Darum gehet hin und machet zu Jüngern alle Völker: Taufet sie auf den Namen des Vaters und des Sohnes und des Heiligen Geistes und lehret sie *alles* halten, was ich euch *befohlen* habe." Mt 28,19-20

Das Predigen des Königreichs Gottes sollte also nicht aufhören, als Jesus die Erde verließ. Seine Jünger sollten all das predigen, was Er sie über das Königreich Gottes gelehrt hatte.

Sie sollten andere Bürger für das Königreich Gottes rekrutieren. Die ganze Welt würde die gute Nachricht von diesem auf den Kopf gestellten Königreich hören! Und da Gott hinter ihnen stand, konnte sie niemand aufhalten!

Seid einfach still, dann lassen wir euch in Ruhe

Es überrascht nicht, dass gerade dieser lärmende Aspekt des Königreichs Gottes die meisten Probleme verursachte. Hätten sich die Jünger in eine Oase in der Wüste zurückgezogen und dort eine geistliche Gemeinschaft abseits der Welt gegründet, hätte es wahrscheinlich keine Auseinandersetzungen mit den staatlichen Behörden gegeben. Schließlich haben weder die jüdischen noch die römischen Behörden die Qumran-Gemeinschaft am Toten Meer belästigt (bis zum jüdischen Unabhängigkeitskrieg). Hätten die Jünger Jesu nach demselben Muster gelebt, hätten sie vielleicht ein langes und friedliches Leben führen können.

Aber das wäre für den König nicht akzeptabel gewesen. Auch Er hätte ein langes und friedliches Leben führen können, wenn Er nur still gewesen wäre. Aber der Vater hatte Jesus *in* die Welt hinein gesandt, nicht weg von ihr. Und Jesus hatte dasselbe mit Seinen Jüngern getan. Ihre Mission war es, die Nachricht vom Königreich Gottes zu verbreiten, nicht es zu verbergen! Kaum war also der Geist auf die Apostel gefallen, gingen sie schon hinaus, um von Jesus Christus zu predigen und ihren jüdischen Mitbürgern von Seinem Königreich zu erzählen. Bis zu diesem Zeitpunkt hatten die jüdischen Behörden die Apostel in Ruhe gelassen. Aber das war nun zu viel. Sie verhafteten die Apostel und befahlen ihnen, sie sollten aufhören, den Menschen von Jesus zu erzählen. Doch die Apostel erwiderten furchtlos:

„Urteilt selbst, ob es vor Gott recht ist, auf euch mehr zu hören als auf Gott. Wir aber können nicht anders, als von dem zu sprechen, was wir gesehen und gehört haben." Apg 4,19-20

Später erwiderten sie der Obrigkeit:

„Wir sollten Gott mehr gehorchen als den Menschen." Apg 5,29

Bald darauf ließen die jüdischen Behörden Stephanus, einen der Jünger, hinrichten. Und sie begannen, so viele Christen wie möglich zu inhaftieren. Aber selbst das konnte das Königreich Gottes nicht bremsen. Die Christen, die aus Jerusalem geflohen waren, predigten das Wort überall, wo sie hinkamen (Apg 8,4). Königreich-Christen schweigen einfach nicht! Als das Evangelium vom Königreich Gottes Thessalonich erreichte, protestierten die Juden dort bei den Behörden:

„Diese, die die Welt auf den Kopf gestellt haben, sind auch hierher gekommen!" Apg 17,6

Verkündigung des Königreichs

Ein grundlegender Aspekt des Königreichs ist, dass es nicht geheim gehalten werden kann. Es muss verkündet werden! Es muss immer wieder neue Menschen anziehen. Wann immer eine Gruppe von Königreich-Christen zum Schweigen gebracht wird, wann immer sie das Interesse am Zeugnis verlieren, beginnen sie geistlich zu verfallen. Es ist wie ein Wasserstrom, der nicht mehr fließt. Ziemlich bald beginnen Algen zu wachsen. Schließlich wird das Wasser brackig und riecht faulig. Genauso können stagnierende Christen für ihren König zu einem Gestank werden.

Teil IV

Ein Hybrid wird geboren

21. Was ist aus dem Evangelium vom Königreich geworden?

Bisher haben wir gesehen, was Jesus und Seine Apostel gelehrt haben, und wir haben gesehen, wie die Gemeinde fast dreihundert Jahre lang Jesu Lehre sehr wörtlich befolgt hat. Dennoch werden diese Lehren von den meisten Christen heute nicht praktiziert. Was ist also geschehen?

In den letzten vierzig Jahren des dritten Jahrhunderts (etwa von 260 bis 300 n. Chr.) erlebte die Gemeinde eine nie dagewesene Zeit des Friedens. Es gab sporadische lokale Verfolgungen, aber keine Verfolgung im ganzen römischen Imperium. Dies schien ein Segen für die erschöpfte, belagerte Gemeinde zu sein, die seit ihrer Gründung eine grausame Verfolgungswelle nach der anderen überstanden hatte.

Doch die Gemeinde begann, ihre erste Liebe zu verlieren. Infolgedessen vergaß sie, dass Jesus sagte, es sei ein Segen, wenn wir verfolgt werden. Die Wachsamkeit der Gemeinde ließ nach. Als die Verfolgung kein Thema mehr war, begannen die Christen miteinander zu streiten. Theologie (die über die Grundlagen hinausgeht) war für die Gemeinde schon immer zweitrangig gewesen, aber jetzt rückte sie in den Vordergrund. Im ganzen Reich tobten theologische Kämpfe.

Die Christen vergaßen auch die Worte Jesu über die kirchliche Macht:

> „Ihr wisst, dass die Herrscher der Heiden sie unterdrücken und die Großen sie mit Gewalt beherrschen. Aber unter euch soll es nicht so sein; sondern wer unter euch groß werden will, der soll euer Diener sein. Und wer unter euch der Erste sein will, der soll euer Sklave sein."
> Mt 20,25-27

Anstatt den Wunsch zu hegen, Diener von allen zu sein, begannen die Bischöfe der großen Städte des römischen Imperiums - Rom, Antiochia und Alexandria - untereinander um die Macht zu streiten. Der Bischof von Rom begann zu behaupten, er sei der Nachfolger von Petrus und habe die Gerichtsbarkeit über alle anderen Gemeinden.

Die Christen begannen auch, ihre Abgrenzung von der Welt zu verlieren. Die Disziplin wurde lax, besonders in Rom. Zum ersten Mal begannen Christen, Regierungsämter zu übernehmen. Dennoch war die Gemeinde von 300 n. Chr. immer noch weitaus disziplinierter und stärker von der Welt getrennt als die große Mehrheit der heutigen Gemeinden. Aber sie hatte sich erheblich von dem entfernt, was sie einst gewesen war.

Als der vierzigjährige Friede plötzlich endete, traf das die meisten Christen unvorbereitet. Im Jahr 303 leitete Kaiser Diokletian die umfassendste Verfolgung ein, die die Gemeinde je erlebt hatte. Überall wurden christliche Gebetshäuser niedergebrannt, und die Heilige Schrift wurde dem Scheiterhaufen übergeben. Soldaten schleppten Männer und Frauen in Gefängnisse und folterten sie mit jeder Art von abscheulicher Folter, die sich ein verdrehter Verstand ausdenken konnte. Obwohl viele Christen während dieser Verfolgung Kompromisse eingingen, blieb die Gemeinde als Ganzes standhaft. Obwohl sie etwas von ihrem Eifer für das Königreich verloren hatten, waren die Christen immer noch bereit, für ihren König zu sterben.

Die Verfolgung loderte acht lange Jahre gegen die Christen, aber die Regierung konnte die Kirche nicht zerstören. Am Ende setzte sich das Königreich Gottes durch. Es war kein leichter Kampf gewesen, aber die Christen hatten Satan gezeigt, dass er das Königreich Gottes nicht mit roher Gewalt besiegen konnte. Erschöpft erließ Kaiser Diokletian 311 das Toleranzedikt, das die Verfolgung beendete. Als der Kaiser seine Niederlage eingestand, bat er die Christen um ihre Gebete. Dann zog er sich aus dem Amt zurück und beging später Selbstmord. Satan war besiegt worden![101]

Oder doch nicht? Was die Gemeinde nicht erkannte, war, dass Satan noch eine weitere Waffe in seinem Arsenal hatte: die Hinterlist. Wenn er und die Welt das Königreich Gottes nicht besiegen konnten, würden sie *ihm* beitreten. Oder besser gesagt, sie würden die Christen auf listige Weise dazu verleiten, sich *ihnen* anzuschließen.

Das Edikt von Mailand

Im Jahr 312 erhielten die Christen eine weitere gute Nachricht. Konstantin, einer der Mitregenten, die Diokletian ablösten, hatte seinen Rivalen Maxentius in Rom besiegt. Das war eine gute Nachricht, denn Konstantin war den Christen wohlgesonnen. Während der Verfolgung durch Diokletian waren die Christen, die in den von Konstantin kontrollierten Gebieten lebten, vor den meisten Verfolgungen geschützt.

Das Jahr 313 brachte noch mehr gute Nachrichten. Konstantin und sein Mitregent Licinius erließen ein neues Edikt, das

---

101 Eusebius, Ecclesiastical History, Bk. VIII, Ch. 17.

das Christentum mit allen anderen Religionen auf eine Stufe stellte. In diesem Edikt, das als Edikt von Mailand bekannt ist, heißt es:

> „Da wir, ich, Konstantinus Augustus, und ich, Licinius Augustus, durch glückliche Fügung nach Mailand gekommen und all das, was dem Volke zu Nutz und Vorteil gereiche, erwogen, so haben wir unter den übrigen Verfügungen, die dem Interesse der Allgemeinheit dienen sollten, oder vielmehr zuvörderst, den Erlaß jener Verordnungen beschlossen, die sich auf die Achtung und Ehrung des Göttlichen beziehen, um den Christen und allen Menschen freie Wahl zu geben, der Religion zu folgen, welcher immer sie wollten. Es geschah dies in der Absicht, daß jede Gottheit und jede himmlische Macht, die es je gibt, uns und allen, die unter unserer Herrschaft leben, gnädig sein möge. "[102]

Andere Dekrete von Konstantin und Licinius gingen noch weiter. Jegliches Eigentum, das den Christen während der Diokletianischen Verfolgung entzogen worden war, sollte ihnen zurückgegeben werden. Außerdem sollten alle Gebetshäuser, die während der Verfolgung niedergebrannt oder anderweitig zerstört worden waren, auf öffentliche Kosten wieder aufgebaut werden.

Mit dem Edikt von Mailand wurde das Christentum nicht zur Staatsreligion. Es führte lediglich die Religionsfreiheit im Römischen Imperium ein. Bald darauf verfolgte Konstantin jedoch für den von ihm regierten Teil des Römischen Imperiums eine entschieden pro-christliche Politik (Licinius, sein Mitregent, regierte immer noch einen Großteil des östlichen

---

102 Eusebius von Cäsarea, *Kirchengeschichte* (BKV), Zehntes Buch, 5. Kap. Abschriften kaiserlicher Verordnungen zugunsten der Christen.

Reiches). Der Kirchenhistoriker Eusebius von Cäsarea aus dem vierten Jahrhundert - der von all dem völlig eingenommen war - beschreibt Konstantins Handeln:

> „So hat also der gottgeliebte Kaiser sich seines Bekenntnisses des siegverleihenden Kreuzes gerühmt und mit allem Freimut auch den Römern die Kunde vom Sohne Gottes gebracht. ... Einstimmig und wie aus einem Munde bekannten sie alle, daß in Konstantin dem ganzen Menschengeschlechte durch Gottes Gnade ein Heil aufgegangen sei. Es wurde auch überall ein kaiserliches Schreiben veröffentlicht, das den ihres Vermögens Beraubten den Genuß ihrer Güter wieder zurückgab und die ungerechterweise in die Verbannung Getriebenen an den heimatlichen Herd zurückrief, und er befreite auch alle jene von ihren Ketten und von jeder Gefahr und Furcht, die durch die Grausamkeit des Tyrannen darunter hatten leiden müssen. Zu sich berief aber der Kaiser die Diener Gottes, würdigte sie der höchsten Ehre und Auszeichnung und gab den Männern als seinem Gott geweihten Personen in Wort und Tat Zeichen seiner wohlwollenden Gesinnung. Er machte sie sogar zu seinen Tischgenossen, Männer, die wohl ihrer Kleidung und ihrer ganzen äußeren Erscheinung nach für unansehnlich gelten konnten, nicht aber auch von ihm dafür gehalten wurden; denn er schien beim Menschen nicht auf das zu schauen, was den gewöhnlichen Leuten in die Augen fällt, sondern auf Gott, der in jedem geehrt wird. Er führte sie auch an allen Orten, wohin er nur immer kam, mit sich, in der Überzeugung, daß auch ihretwegen der von ihnen verehrte Gott ihm hilfreich zur Seite stehe. Und gar den Kirchen Gottes gewährte er reiche Unterstützung aus seinen Mitteln, indem er teils die Bethäu-

ser vergrößerte oder höher bauen ließ, teils die ehrwürdigen Heiligtümer der Kirche mit sehr vielen Weihegeschenken schmückte."[103]

Die Kirche „segnen"

So wurden innerhalb weniger Jahre die Christen von einer verfolgten Minderheit zu den Günstlingen des Hofes. Leider kam diese staatliche Gunst nicht ohne Einschränkungen daher. Wenn eine Regierung beschließt, das Christentum in irgendeiner Weise zu unterstützen, geht diese Hilfe in der Regel mit einem gewissen Maß an staatlicher Einmischung in die Kirche einher.

Ich habe zum Beispiel erwähnt, dass Konstantin verfügt hatte, dass die während der Verfolgung zerstörten Gebetshäuser auf öffentliche Kosten wieder aufgebaut werden sollten. Da der Staat die Mittel bereitstellte, war Konstantin natürlich der Meinung, dass der Staat ein Mitspracherecht bei der Gestaltung der neuen Gebetshäuser hatte.

Konstantin wollte wirklich das Christentum im ganzen Imperium bewerben. Doch er war ein nicht wiedergeborener Weltmensch. Daher war der einzige Weg, den er kannte, um das Christentum zu fördern, natürlich der mit menschlichen Mitteln. Er war sich sicher, dass die bisherigen Gebetshäuser der Christen nicht ausreichen würden, um die vielen Menschen aufzunehmen, die nun in die Kirche kommen würden, da er, der Kaiser, das Christentum bewarb. Daher erließ er ein Gesetz, das eine erhebliche Vergrößerung der christlichen Gotteshäuser im gesamten Imperium *vorschrieb*. Und nicht

---

103 Eusebius von Cäsarea, *Vier Bücher über das Leben des Kaisers Konstantin und des Kaisers Konstantin Rede an die Versammlung der Heiligen* (BKV), Buch I, Kap.41-42.

nur das: Er unterstellte den Bau dieser neuen Kirchengebäude der Aufsicht der römischen Provinzstatthalter.[104]

Tatsächlich entschied Konstantin, dass die Gebäude nicht nur größer, sondern auch prächtiger sein sollten. Warum sollten die christlichen Anbetungsstätten bloß Häuser oder einfache Gebäude sein, wenn die heidnischen Tempel so prunkvoll waren? Sollte es nicht andersherum sein? Sollte nicht die wahre Religion die eindrucksvollsten Gebäude haben? Diesem menschlichen Denken folgend, ordnete Konstantin an, dass die neuen Kirchengebäude mit beeindruckenden Säulengängen und Gewölbedecken geschmückt werden sollten. Er stattete viele von ihnen mit schönen Brunnen und eleganten Marmorböden aus. Konstantin wollte, dass es Ungläubigen schwer fällt, an einem Kirchengebäude vorbeizugehen, ohne in Versuchung zu geraten, einen Blick hineinzuwerfen, um mehr von der Schönheit zu sehen.

Konstantin zerbrach sich den Kopf darüber, wie er die Kirche „segnen" könnte. Denn er glaubte aufrichtig, dass Gott das Imperium segnen würde, wenn er die Kirche segnete.

Schon bald bemerkte Konstantin, dass die meisten christlichen Bischöfe und Ältesten in Armut lebten. Er fand, dass dies für die Vertreter des einen wahren Gottes nicht angemessen war. Also begann er, den Bischöfen und Ältesten Gehälter aus staatlichen Mitteln zu zahlen. Er schenkte sogar eine seiner Residenzen, den Lateranpalast, dem Bischof von Rom und seinen Nachfolgern. Außerdem befreite Konstantin alle Bischöfe, Ältesten und Diakone von der Steuerpflicht und alle Kirchengebäude von der Grundsteuer. Da die römischen Steuern recht hoch waren (und während Konstantins Herr-

---

104 Eusebius, *Constantine*, Bk. II, Chaps. 44 - 46.

schaft noch höher wurden), waren diese Steuerbefreiungen ein beträchtlicher Vorteil.

Und das Beste daran war, dass diese Gehälter und Steuerbefreiungen an keinerlei Bedingungen geknüpft waren. Zumindest schien es so.

Die Donatisten

In Nordafrika kam es zu einer Spaltung der Kirche wegen der Kirchenführer, die während der Verfolgung durch Diokletian Kompromisse eingegangen waren. Die Christen, die sich weigerten, irgendetwas mit den kompromissbereiten Führern zu tun zu haben, wurden schließlich als Donatisten bezeichnet. Die anderen wurden als Katholiken bezeichnet. Infolge dieser Spaltung gab es in Karthago, Nordafrika, zwei Bischöfe, zwei Ältestenkreise und zwei Leiber von Gläubigen - die Donatisten und die Katholiken. Beide beanspruchten für sich, die rechtmäßige Kirche dieser Stadt zu sein.

In der Vergangenheit wäre diese Kontroverse eine rein innerkirchliche Angelegenheit gewesen. Doch Konstantins „Segnungen" für die Kirche schufen ein ganz neues Problem. Welcher Bischof würde das vom Staat angebotene hübsche Gehalt erhalten? Welcher Bischof und welche Gruppe von Presbytern würde die Steuerbefreiung erhalten? Welcher Bischof würde für das prächtige neue Kirchengebäude zuständig sein, das auf Staatskosten neu errichtet worden war?

Konstantins Regierung erkannte zunächst den Katholischen Bischof Caecilian als den rechtmäßigen Bischof von Karthago an. Caecilian erhielt daher ein staatliches Gehalt, und er und sein gesamter Klerus waren von Steuern befreit. Empört darüber reichten die Donatisten eine Beschwerde beim römischen Prokonsul von Afrika ein und erklärten, sie seien die rechtmäßige Kirche von Karthago. Der Prokonsul leitete die Beschwerde an Konstantin weiter. Da Konstantin nicht wusste, was er davon halten sollte, beauftragte er den Bischof von Rom, den Fall zu prüfen. Es überrascht nicht, dass der laxe Bischof von Rom sich auf die Seite des Katholischen Bischofs Caecilian stellte, der mit ihm befreundet war.

Die Donatisten waren der Ansicht, dass dies kein fairer Prozess war, und baten Konstantin, einen unparteiischeren Richter zu ernennen. Konstantin berief daraufhin ein Bischofskonzil in der Provinz Gallien (dem heutigen Frankreich) ein, um den Fall zu verhandeln. Das Konzil tagte 314 in Arles und entschied sich erneut für die Katholiken. Also wandten sich die Donatisten ein letztes Mal an Konstantin. Diesmal verhandelte er den Fall persönlich und entschied ebenfalls zugunsten der Katholiken.

Die Donatisten-Kontroverse schuf den Präzedenzfall dafür, dass der römische Kaiser Kirchenkonzile einberuft und sogar persönlich über kirchliche Angelegenheiten entscheidet. Die Mauer zwischen Kirche und Staat war weitgehend gefallen. Die Christen waren nun bereit, die Angelegenheiten des Königreichs Gottes mit den Angelegenheiten dieser Welt zu vermischen.

Konstantin, der neue Bischof

Konstantin berief Christen in hohe Regierungsämter, weil er glaubte, dass Gott seine Herrschaft segnen würde, wenn seine Regierung mit Christen besetzt wäre. Ironischerweise hatte Laktanz nur wenige Jahre zuvor gesagt:

„Gott hätte Seinem Volk [d. h. den Christen] sowohl Reichtümer als auch Königreiche schenken können, wie Er es zuvor den Juden gegeben hatte, deren Nachfolger und Nachkommen wir sind. Er wollte jedoch, dass die Christen unter der Macht und der Herrschaft anderer leben, damit sie nicht durch das Glück des Wohlstandes verdorben werden, in den Luxus abgleiten und schließlich die Gebote Gottes verachten. Denn das ist es, was unsere Vorfahren getan haben."[105]

Wie Laktanz unbewusst vorausgesagt hatte, wurden die Christen, sobald sie an die Macht kamen, tatsächlich korrumpiert, glitten in den Luxus ab und verachteten schließlich die Gebote Gottes.

Inzwischen betrachtete sich Konstantin als „Bischof derer, die außerhalb der Kirche stehen". Mit anderen Worten: Die Bischöfe der Kirche waren dafür verantwortlich, diejenigen in der Kirche zu hüten, und Konstantin war dafür verantwortlich, der geistliche Hirte derer außerhalb der Kirche zu sein. Als weltlicher Bischof erließ Konstantin ein Dekret, das es Regierungsbeamten verbot, Götzenopfer darzubringen oder Wahrsagerei zu betreiben.

Doch schon bald begann Konstantin, sich selbst als Statthalter oder „Universalbischof" für die Menschen *innerhalb* der Kirche zu sehen.

---

105 Lactantius, *The Divine Institutes*, Bk. V, Ch. 24; ANF, Vol. VII, 160.

22. Das Königreich der Theologie

Im Jahr 325 war die Kirche in eine heftige Kontroverse über das Wesen des Sohnes Gottes und Seines Vaters verwickelt. Die beiden Hauptvertreter in diesem Streit waren Alexander, der Bischof von Alexandria, und Arius, ein Ältester oder Presbyter in derselben Stadt. Kaiser Konstantin, der sich selbst als eine Art Universalbischof betrachtete, berief ein weltweites Bischofskonzil in Nicäa ein, um den Streit zu schlichten. Er führte sogar den Vorsitz auf dem Konzil.

Ich möchte Ihnen einige Hintergrundinformationen über das Wesen der arianischen Häresie geben, die auf dem Konzil diskutiert wurde.

Verständnis von „Natur" und „Ordnung"

Seit dem ersten Jahrhundert hatte die Kirche an einigen grundlegenden Vorstellungen über den Vater und den Sohn festgehalten. Diese Überzeugungen waren in der Heiligen Schrift fest verankert. Um die historischen Lehren der Kirche über den Vater und den Sohn zu verstehen, muss man den Unterschied zwischen „Natur" und „Ordnung" kennen. In der Theologie bezieht sich „Natur" oder „Substanz" auf das Wesen oder die Klasse, zu der eine Person oder ein Geschöpf gehört. Alle Menschen sind von derselben Natur oder Substanz. Kein Mann und keine Frau ist weniger Mensch als ein anderer. Allerdings unterscheiden sich die Menschen in Bezug auf ihre Ordnung oder ihre Autorität voneinander. Der Präsident hat Autorität über den Vizepräsidenten. Diese beiden Personen sind von der selben *Natur*, unterscheiden sich jedoch in ihrer *Ordnung*.

Nun hat die Kirche immer gelehrt, dass der Vater und der Sohn von gleicher Natur oder Substanz sind. Der Sohn ist nicht etwas, das dem Vater fremd ist. Er hat nicht die Natur der Engel, sondern Er besitzt dieselbe Natur wie der Vater. Sowohl der Vater als auch der Sohn sind gleichermaßen göttlich. Der Sohn besitzt die wahre Gottheit, genau wie der Vater.

Es gibt jedoch einen Unterschied in der *Ordnung* oder Autorität zwischen dem Vater und dem Sohn. Gleichheit der Natur bedeutet nicht Gleichheit der Ordnung. So wie es eine Hierarchie der Ordnung zwischen Mann und Frau gibt, so gibt es auch eine Hierarchie der Ordnung innerhalb der Dreieinigkeit. Paulus erklärt dies mit den Worten:

> „Ich will, dass ihr wisst, dass das Haupt eines jeden Mannes Christus ist, das Haupt der Frau ist der Mann, das Haupt Christi aber ist Gott." 1.Kor 11,3

Der Vater hat Autorität über den Sohn. Der Sohn ist vom Vater gesandt. Der Sohn tut den Willen des Vaters. Und der Sohn sitzt zur rechten Hand des Vaters. Diese Hierarchie der Ordnung kann nicht umgekehrt werden. Aber dieser Unterschied in der Ordnung schmälert in keiner Weise die Göttlichkeit des Sohnes.

Wenn Christen den Unterschied zwischen Natur und Ordnung nicht verstehen, führt das zu einem verwirrenden Verständnis der Dreieinigkeit. Und das war das Problem des Ältesten des vierten Jahrhunderts, Arius. Er verwechselte Natur und Ordnung. Weil es in der Dreieinigkeit eine Hierarchie der *Ordnung* gibt, glaubte Arius fälschlicherweise, dass es auch eine Hierarchie der *Natur* oder der Substanz gibt. So behauptete er, der Sohn sei nicht von derselben Natur wie der Vater. Vielmehr sagte er, der Sohn wäre in Seiner Natur irgendwo zwischen den Engeln und dem Vater.

Konstantins Lösung

Wie wir bereits gesehen haben, berief Kaiser Konstantin zur Klärung dieser Angelegenheit ein weltweites Konzil in der Stadt Nizäa ein. Als das Konzil von Nicäa zum ersten Mal zusammentrat, sahen die Anhänger des Arius jedoch bald, dass sie die Debatte verlieren würden, da sie zahlenmäßig stark unterlegen waren. Daraufhin machten sie großzügige Zugeständnisse und baten um Toleranz angesichts der Unverständlichkeit der zur Diskussion stehenden Fragen. Sie erklärten sich sogar bereit, keine Sprache oder Ausdrücke zu verwenden, die nicht in der Heiligen Schrift zu finden sind.

Doch anstatt Arius und seinen Anhängern in Liebe die Hand zu reichen und sich für die Überwindung dieser theologischen Spaltung in der Kirche einzusetzen, nahmen die orthodoxen Bischöfe ihre Zugeständnisse und ihre Vorschläge zur Versöhnung mit Verachtung auf. Tatsächlich suchten die Bischöfe zielstrebig nach einer Lösung, die einen unversöhnlichen Keil zwischen die beiden Parteien treiben würde.

Doch kein orthodoxer Bischof war bereit, dem Konzil vorzuschlagen, was bis dahin undenkbar gewesen war: etwas zur Schrift hinzuzufügen. Das Konzil steckte also in einer Sackgasse. An diesem Punkt griff Konstantin erneut ein, um der Kirche zu „helfen". Er schlug den Bischöfen vor, das einfache Glaubensbekenntnis, das der Kirche 300 Jahre lang gedient hatte, zu ändern und ihm das Wort *homoousian* (von gleicher Natur) hinzuzufügen - und damit zu sagen, dass der

Vater und der Sohn *homoousian* sind. Die Bischöfe akzeptierten Konstantins Lösung bald und nahmen dieses neue Glaubensbekenntnis an.

Das Glaubensbekenntnis von Nizäa ist meiner Meinung nach eine der besten Erklärungen der Gottheit Christi und der Beziehung zwischen Vater und Sohn. Es fasst genau zusammen, was die Christen seit den Tagen der Apostel bis zur Zeit Konstantins über den Sohn Gottes geglaubt haben.[106]

Nizäa: Ein entscheidender Wendepunkt für die Kirche

Dennoch markiert Nizäa einen entscheidenden Wendepunkt in der christlichen Geschichte - eine Wende zum Schlechteren. Denn es führte vier neue Verderbnisse in die KIRCHE ein, die die KIRCHE immer weiter vom Königreich Gottes und vom ursprünglichen Christentum entfernten:

1. Die Verfolgten werden zu Verfolgern.

Nach dem Konzil von Nizäa exkommunizierte die KIRCHE zu Recht Arius, der ein spalterischer Mann war und irrige Lehren vertrat. In den ersten drei Jahrhunderten des Christentums wäre die Angelegenheit damit abgeschlossen gewesen. Kaiser Konstantin ging jedoch noch weiter und verbannte Arius aus seiner Heimatstadt Alexandria in die Provinz Illyricum auf der anderen Seite des Mittelmeers. Anschließend ordnete Konstantin an, alle Schriften des Arius zu verbrennen. Das Schlimmste aber war, dass er erklärte, dass jeder, der mit Schriften von Arius erwischt würde, zum Tode verur-

---

106 Bitte beachten Sie mein früheres Werk „A *Dictionary of Early Christian Beliefs*", in dem ich dies unter der Überschrift „Christ, Divinity Of" ausführlich dokumentiere.

teilt würde.[107] Anstatt gegen diese Maßnahmen zu protestieren, applaudierten die Bischöfe ihnen.

Vierzehn Jahre zuvor waren die Christen die *Verfolgten*. Jetzt waren sie die *Verfolger*. Konstantin kam zu der Überzeugung, dass die wichtigste Aufgabe der zivilen Verwaltung darin bestand, den „katholischen" Glauben zu bewahren und zu unterstützen. Für Konstantin waren alle Ketzer[108] oder Schismatiker[109], die sich seinen Befehlen widersetzten, nichts anderes als hartnäckige Verbrecher. Schließlich übernahm er fast wörtlich die Formulierungen aus den Dekreten Diokletians (der die letzte große Christenverfolgung eingeleitet hatte) und wandte sie in verschiedenen Dekreten zur Unterdrückung von Ketzern an.[110]

Diese neue Art der Verfolgung war in ihren Auswirkungen weitaus giftiger als alles, was das heidnische Rom zuvor angerichtet hatte. Diese neue Verfolgung richtete sich nicht gegen alle, die an Jesus als ihren Herrn und Retter glaubten, wie es die heidnische Verfolgung getan hatte. Sie richtete sich vielmehr nur gegen diejenigen, die die institutionelle KIRCHE als Ketzer bezeichnete. Sicherlich waren die Arianer Ketzer. Aber das rechtfertigte nicht ihre Verfolgung. Außerdem waren viele derjenigen, die die KIRCHE danach verfolgte, gar keine Ketzer, sondern echte Königreich-Christen.

Diese neue Verfolgung richtete sich nicht nur häufig gegen unschuldige Königreich-Christen, sondern sie beschmutzte

---

107 Socrates, *Ecclesiastical History*, Bk. I, Ch. 9. The Nicene and
   PostNicene Fathers, Second Series, Vol. II, 14.
108 Wörtlich „Häretiker". Das wird auf Deutsch selten verwendet
   sondern stattdessen meist Ketzer oder Irrlehrer. Anm. d. Übersetzers.
109 Menschen, die Kirchenspaltungen hervorrufen. Kommt von griech.
   schisma (Spaltung Trennung). Anm. des Übersetzers.
110 Edward Gibbon, *The Decline and Fall of the Roman Empire*, (New
   York, Penguin Books, 1952) 386.

und besudelte auch die Hände der christlichen Verfolger selbst, indem sie sie auf das verdorbene Verhalten der Welt hinunterzog. Die Christen begannen sich einzubilden, sie könnten sich der Werkzeuge Satans bedienen, wenn sie dies für einen „göttlichen" Zweck taten. Diese neue Verfolgung erschwerte es der KIRCHE, jemals reformiert zu werden oder ihre ursprüngliche Reinheit wiederherzustellen. Das liegt daran, dass potenzielle Reformatoren bald als Ketzer herausgegriffen und dann zum Schweigen gebracht wurden.

Indem das Konzil von Nizäa eine von der KIRCHE geförderte Verfolgung einführte, machte es alles Gute zunichte, das ansonsten aus dem Konzil hervorgegangen wäre.

2. Über die Schrift hinausgehen.

In vielerlei Hinsicht waren die Auswirkungen des Konzils von Nizäa auf die Theologie noch gravierender als seine Auswirkungen auf die Verfolgung. Das liegt daran, dass das Glaubensbekenntnis von Nizäa die Rechtgläubigkeit von einem Wort abhängig machte, das in der Heiligen Schrift gar nicht vorkommt: *homoousian.* Dieses griechische Wort bedeutet „von gleicher Natur", und es beschreibt, wie wir bereits erörtert haben, treffsicher die Beziehung des Sohnes Gottes zum Vater. Ich habe keine Einwände gegen die Verwendung dieses Wortes.

Indem Nizäa jedoch ein Wort, das in der Heiligen Schrift nie verwendet wird, zum Prüfstein der Rechtgläubigkeit machte, öffnete es die Büchse der Pandora. Denn im Grunde hat das Konzil von Nizäa damit gesagt, dass die Heilige Schrift unzureichend ist. Es sagte damit, dass es wesentliche Wahrheiten gibt - ohne die wir nicht gerettet werden können -, die in der Heiligen Schrift nicht mit der erforderlichen Genauigkeit dargelegt sind. Anstatt Gott zu vertrauen und zu glauben, dass

Seine Schriften ausreichend sind, hatten die Bischöfe auf dem ersten Konzil von Nizäa auf eine menschliche Lösung zurückgegriffen, um den arianischen Streit zu lösen. Und die Früchte, die daraus hervorgingen, haben der Kirche weit mehr geschadet als jeder Schaden, den Arius angerichtet hatte.

Weil die Bischöfe über die Heilige Schrift hinausgegangen waren, sahen sie sich fast sofort gezwungen zu erklären, dass die Entscheidung des Konzils von Nizäa von Gott inspiriert und der Heiligen Schrift gleichgestellt sei. Mit anderen Worten: Die Sonderoffenbarung[111] hatte nicht mit den Aposteln geendet. Nach einer Pause von über zweihundert Jahren gab der Heilige Geist angeblich wieder Sonderoffenbarungen, die der Heiligen Schrift gleichgestellt waren. Bis heute erklären die Römisch-Katholische und die Östlich-Orthodoxe KIRCHE ausdrücklich, dass die Verlautbarungen des Konzils von Nizäa und der anderen so genannten ökumenischen Konzile dieselbe Autorität haben wie die Heilige Schrift.

Im Laufe der Jahrhunderte fügte die KIRCHE mehr und mehr außerbiblische Formulierungen dem Dogma des Christentums hinzu. Sie fügte sogar Formulierungen hinzu, die im *Widerspruch* zur Heiligen Schrift standen. So wurde beispielsweise vierhundertsechzig Jahre später, im Jahr 785 n. Chr.,

---

111 Theolog. Begriff für die spezielle, außergewöhnliche Offenbarung, die Gott direkt den Propheten und Aposteln gab. So entstand die von Gott inspirierte Heilige Schrift. Sie war mit den Aposteln abgeschlossen und komplett. Danach gab Gott keine neue Sonderoffenbarung und inspirierte keine Schrift mehr. So lehrten es die Apostel und das respektierten und bewahrten die frühen Christen. Erst ab dem Konzil von Nizäa wurde dieser Standpunkt verworfen und neue „Sonderoffenbarungen" angenommen, die oft den alten widersprachen. Das führte zu diversen Kirchenspaltungen. Anm. des Übersetzers.

auf einem anderen ökumenischen Konzil, das ebenfalls in Nizäa tagte, Folgendes verlautbart:

> „Wie das Bild des kostbaren und lebensspendenden Kreuzes, so sollen auch die ehrwürdigen und heiligen Bilder, sowohl in Malerei und Mosaik als auch aus anderen geeigneten Materialien, in den heiligen Kirchen Gottes, auf den heiligen Gefäßen und auf den Gewändern dargestellt werden. ...

> Diesen soll gebührender Gruß und ehrenvolle Verehrung [Griechisch: *proskineo*.[112]] entboten werden, nicht aber die wahre Anbetung des Glaubens [Griechisch: *latria*.[113]], die allein der göttlichen Natur zukommt. Diesen aber, wie auch der Figur des kostbaren und lebensspendenden Kreuzes und dem Buch der Evangelien und den anderen heiligen Gegenständen, kann man nach altem frommen Brauch Weihrauch und Licht darbringen. Denn die Verehrung, die man dem Bild erweist, geht auf das über, was das Bild darstellt, und wer das Bild verehrt, verehrt das Subjekt, das es repräsentiert... So folgen wir Paulus, der in Christus gesprochen hat, und der ganzen göttlichen apostolischen Gesellschaft und den heiligen Vätern, indem wir die Überlieferungen festhalten, die wir empfangen haben. ...

> Wir grüßen die ehrwürdigen Bilder. Wir stellen diejenigen unter Anathema[114], die dies nicht tun. ... Anathema

---

112 Auf die Knie gehen und den Boden küssen. Anm. des Übersetzers.

113 Dienst oder Gottesdienst. Anm. des Übersetzers.

114 Das Griech. Wort anathema kommt aus der Septuaginta und wird auch im NT verwendet (z.B. 1.Kor 16,22). Es bedeutete ursprünglich „dem Zorn Gottes überlassen“. Die Röm.-Kath. Kirche gebraucht es so, dass sie damit alle, die die Dogmen nicht befolgen, automatisch „verdammt“ und aus der Kirche „verbannt“. Anm. des Übersetzers.

denjenigen, die die heiligen und ehrwürdigen Bilder nicht grüßen. Anathema denjenigen, die die heiligen Bilder als Götzen bezeichnen."[115]

Sowohl die Heilige Schrift als auch die frühe Kirche hatten die Verwendung von Bildern verdammt. Nun verdammte die KIRCHE diejenigen, die Bilder *nicht* verwendeten.

3. Die Theologie wird zum Kern des Christentums.

Nach Nizäa kam die KIRCHE zu der Vorstellung, dass der Kern des Christentums die Theologie ist. Sie nahm an, dass Menschen Christen werden können, indem sie einfach einer Liste von Glaubenssätzen mental zustimmen - ohne eine radikale Veränderung in ihrem Leben.

Darüber hinaus gab sich die KIRCHE nicht mehr mit der grundlegenden Theologie des Evangeliums vom Königreich Gottes zufrieden. Vielmehr konzentrierte sie sich nun auf theologische Feinheiten, die ein normaler Christ wahrscheinlich nicht verstehen würde. So gebar Nizäa einen ganz neuen Typus von Christen: der Theologe oder Kirchenvater. Und seit dem Aufkommen dieser Theologen hat die KIRCHE kein einziges Jahr des Friedens ohne theologische Kontroversen erlebt.

Der Bischof Hilarius von Poitiers aus dem vierten Jahrhundert sagte:

„Die teilweise oder vollständige Ähnlichkeit des Vaters und des Sohnes ist in diesen unglücklichen Zeiten ein Streitpunkt. Jedes Jahr, ja jeden Monat, machen wir

---

115 *"The Decree of the Holy, Great, Ecumenical Synod, the Second of Nicaea"*, Philip Schaff, and Henry Wace, eds., The Nicene and Post-Nicene Fathers, Second Series, 10 vols. (Grand Rapids: Wm. B. Eerdmans Publishing Company, 1982) vol. XIV, 550, 551.

neue Glaubensbekenntnisse, um unsichtbare Geheimnisse zu beschreiben. Wir bereuen, was wir getan haben, wir verteidigen diejenigen, die bereuen, wir verteufeln diejenigen, die wir verteidigt haben. Wir verurteilen entweder die Lehre der anderen in uns selbst oder unsere eigene in der der anderen. Und indem wir uns gegenseitig in Stücke reißen, haben wir uns gegenseitig ins Verderben gestürzt."[116]

Im vierten Jahrhundert gab es eine Reihe von Kirchenkonzilen, und die Auseinandersetzungen unter den Theologen wurden immer heftiger. Diese Theologen schrieben sich selbst nichts als Tugend und reine Motive zu, aber sie unterstellten ihren Gegnern nichts als Böses und schmutzige Motive. Niemand war bereit zu glauben, dass die Irrtümer der Gegner unschuldig sein könnten oder ihr Glaube vielleicht aufrichtig war.

Niemand näherte sich seinem Bruder in Liebe und versuchte, ihm zu helfen, die Wahrheit zu erkennen. Vielmehr versuchten die Theologen nur, ihre Gegner zu widerlegen und zu verurteilen. Kein Wunder, dass der damalige weltliche römische Historiker Ammianus Marcellinus bemerkte, die Feindschaft der Christen untereinander übertreffe die Wut, die wilde Tiere gegen Menschen hegen.[117]

Innerhalb eines Jahrhunderts nach Nizäa kam die KIRCHE zu der Überzeugung, dass das bloße Studium der Bibel nicht mehr ausreicht, um ein präzises Verständnis des Glaubens zu erlangen. Es war auch notwendig, die Schriften dieser neuen Kirchenväter und die Beschlüsse verschiedener Kirchenkonzile zu studieren. Nur weil ein Mann gottesfürchtig und bele-

---

116 Hilary of Pointers, quoted by Gibbon, 397.
117 Ammianus Marcellinus, *The Later Roman Empire* (New York, Penguin Books, 1986) 239.

sen in der Schrift war, bedeutete das nicht, dass er für das Predigen in der Kirche qualifiziert war. Was zählte, war nicht die Kenntnis was die Heiligen *Schriften* sagten, sondern die Kenntnis, was die KIRCHE sagte.

Als das Gift dieses „neuen Christentums" jede Faser der KIRCHE durchdrang, erklärte die KIRCHE schließlich, dass niemand mehr - egal wie gottesfürchtig jemand sein mochte - das Evangelium (ob innerhalb oder außerhalb eines Kirchengebäudes) ohne offizielle Befugnis der KIRCHE predigen durfte. Predigen ohne Lizenz wurde zu einem Verbrechen, das mit Gefängnis und sogar mit dem Tod bestraft wurde.

Dieses neue Gesetz war nicht unbedingt darauf zurückzuführen, dass die KIRCHE absichtlich versuchte, die Menschen „in der Finsternis" zu halten. Ich denke, die Motive der KIRCHE waren aufrichtig. Prediger ohne Lizenz könnten die Heilige Schrift missverstehen und dadurch die Menschen in die Irre führen, wodurch sie das ewige Leben verlieren könnten. Aber auch hier hat die KIRCHE mit menschlichen Mitteln versucht, Probleme zu lösen, anstatt auf Gottes Methoden zu vertrauen.

4. Die Bibel zu einem gefährlichen Buch machen.

In ihrem Eifer, außerbiblische Definitionen und eine komplizierte Theologie zu übernehmen, hat die KIRCHE die Bibel zu einem gefährlichen Buch gemacht. Die KIRCHE bildete sich ein, dass Christen, die die Bibel selbst lesen, nicht hoffen können, zur „wahren" Lehre zu gelangen. Solche Christen würden mit ziemlicher Sicherheit der Häresie verfallen. Die Christen konnten nicht mehr auf das hören, was Jesus selbst in einfacher Sprache sagte. Stattdessen mussten sie glauben, was die KIRCHE ihnen zu glauben vorschrieb.

Schließlich erreichte die Kirche einen Punkt, an dem sie glaubte, dass ein Mensch seine Seele verlieren könnte, wenn er die Heilige Schrift liest und ihr glaubt. Infolgedessen erließ die Synode von Toulouse 1229 ein kanonisches Gesetz, in dem deklariert wurde:

„Laien dürfen nicht die Bücher des Alten und Neuen Testaments besitzen, sondern nur den Psalter, das Brevier oder das Kleine Offizium der allerseligsten Jungfrau. Und diese Bücher dürfen nicht in der Volkssprache sein."[118]

Die Bibel war zu einem gefährlichen Buch geworden. Irgendwie waren die Worte Jesu und Seiner Apostel für ungebildete Menschen nicht mehr sicher zu lesen.

---

118 Colman J. Barry, ed., *Readings in Church History* (Westminster, Maryland: Christian Classics, Inc., 1985) 522.

23. Hat Gott die Regeln geändert?

In der kurzen Zeitspanne von weniger als fünfzehn Jahren hatten sich im Christentum enorme Veränderungen vollzogen. Das Königreich, das „nicht von dieser Welt" war, war nun eng mit einem Königreich verbunden, das von dieser Welt *war*.

Wie konnte es in so kurzer Zeit zu einer so vollständigen Umkehrung der Werte kommen? Warum haben die Kirchenführer nichts dagegen gesagt? Der Grund ist, dass die Leiter selbst davon überzeugt waren, dass *Gott* alle Regeln geändert hat. All das, was die Heilige Schrift über Wehrlosigkeit, Feindesliebe und „Nicht von dieser Welt sein" sagt, galt für eine andere Zeit, ein anderes Paradigma.

Schließlich schien es den meisten Christen, dass Gott die KIRCHE durch Konstantin wirklich segnete. Es schien, dass *er* es war, der diese Veränderungen einleitete. Die Christen hatten um ein Ende der Verfolgung gebetet, und all dies schien eine Antwort auf ihre Gebete zu sein. Aber war all dies wirklich ein *Segen* Gottes - oder war es in Wirklichkeit eine *Prüfung*, die Gott dem Satan erlaubte an der Kirche durchzuführen? Wie konnten die Christen des vierten Jahrhunderts das wissen?

Es gab einen ziemlich einfachen Weg, wie die Kirche des vierten Jahrhunderts es wissen konnte: Alles, was sie zu tun hatte, war, die Dinge weiterhin auf die Weise des Königreichs zu tun. Sie durfte einfach „nicht ein Jota"[119] von den Lehren Christi abweichen.

> „Jesus Christus ist derselbe, heute, gestern und in Ewigkeit." Hebr 13,1

Bis Er wiederkommt, wird es keine Änderungen in der Art und Weise geben, wie Sein Königreich geführt wird. Und es wird keine Änderungen in Seinen Gesetzen geben. Wenn Konstantin von Gott als Segen gesandt worden wäre, hätte die KIRCHE keinerlei Kompromisse eingehen müssen. Und sie hätte ihre Botschaft nicht verwässern müssen. Die Christen mussten nur dem Königreich Gottes treu bleiben, und sie hätten bald herausgefunden, ob dieser Kaiser ein Segen war oder nicht.

Maulkorb für das Evangelium

Wie ich bereits erwähnt habe, ernannte Konstantin verschiedene Bischöfe und Presbyter zu seinen Beratern. Dies bot eine perfekte Gelegenheit zu prüfen, ob Konstantin von Gott gesandt war oder nicht. Diese Berater mussten Konstantin lediglich kompromisslos beraten - und dann abwarten, wie er reagieren würde. Wenn Konstantin die göttlichen Ratschläge ablehnte oder sich darüber ärgerte, dann war sein Programm nicht von Gott. Treue Männer Gottes haben schon immer geradeheraus zu Herrschern gesprochen. Schauen Sie sich die Beispiele von Samuel, Nathan, Elia, Jesaja und Jeremia an.

---

119 David Bercot verwendet hier eine Redewendung Christi: „Denn wahrlich, ich sage euch: Bis der Himmel und die Erde vergehen, soll auch *nicht ein Jota* oder ein Strichlein von dem Gesetz vergehen, bis alles geschehen ist" (Mt 5,18, ELB). Jota ist der kleinste Buchstabe im Griechischen Alphabet. Wir würden heute sagen „nicht einen Millimeter" abweichen. Anm. des Übersetzers.

Sie hatten keine Angst, Königen die Wahrheit von Gott zu sagen.

Oder schauen Sie sich Johannes den Täufer an. Die jüdischen Religionsführer waren zu ihm gekommen und hatten ihn gefragt, was sie tun sollten. Johannes hätte denken können: „Gott segnet meinen Dienst wirklich! Sieh an, jetzt wollen sogar die jüdischen Führer kommen und mich predigen hören. Durch ihre Unterstützung und Hilfe werde ich das ganze jüdische Volk erreichen können!" Nein, so hat Johannes nicht gedacht, oder? Vielmehr tadelte er sie für ihre Sünden und sagte ihnen:

> „Schlangenbrut! Wer hat euch gewarnt, vor dem kommenden Zorn zu fliehen? Bringt stattdessen Früchte, die der Buße würdig sind." Mt 3,7-8

Johannes der Täufer war gegenüber König Herodes ebenso kompromisslos. Herodes betrachtete Johannes als einen echten Propheten Gottes. Als König war Herodes in der Lage, Johannes enorme Unterstützung zukommen zu lassen. Aber hat Johannes sich Herodes gegenüber nachgiebig gezeigt oder seine Botschaft um des Herodes willen verraten? Nicht im Geringsten. Die Heilige Schrift sagt uns:

> „Herodes selbst sandte hin und ließ Johannes festnehmen und ins Gefängnis werfen um der Herodias willen, der Frau seines Bruders Philippus; denn er hatte sie geheiratet. Denn Johannes hatte zu Herodes gesagt: ‚Es ist dir nicht erlaubt, die Frau deines Bruders zu haben.' Deshalb hielt Herodias es ihm vor und wollte ihn töten, aber sie konnte es nicht; denn Herodes fürchtete Johannes, weil er wusste, dass er ein gerechter und heiliger Mann war, und er schützte ihn." Mk 6,17-20

Mit der Unterstützung des Königs hätte Johannes als Prophet wohlhabend werden können. Aber Schweigen hätte Zustimmung bedeutet und Herodes und Herodias in die Irre geführt. Indem er sich zu Wort meldete, gab Johannes dem Herodes die Gelegenheit zur Umkehr. Herodes betrachtete Johannes als einen gerechten und heiligen Mann. Wenn er Gott wirklich dienen wollte, hätte Herodes auf die Worte des Johannes gehört. Aber Herodes war nicht bereit, sein Kreuz zu tragen. Und am Ende wurde er zum unfreiwilligen Mörder von Johannes.

Unser König hat uns selbst das Beispiel gegeben. Als der reiche junge Herrscher zu Jesus kam, hörte Er sich respektvoll das Zeugnis des Mannes an. Und dann sagte Jesus zu ihm:

> „Eines fehlt dir noch. Verkaufe alles, was du hast, und gib es den Armen, so wirst du einen Schatz im Himmel haben; und komm und folge mir nach." Lk 18,22

Infolgedessen verlor Jesus den jungen Herrscher als Jünger.

Die christlichen Führer zur Zeit Konstantins hätten das Gleiche tun können. Sie hätten Konstantin auffordern können, sich von seinem Reichtum und seiner Macht zu trennen. Sie hätten ihn an die Worte Jesu an den reichen jungen Herrscher erinnern können. Sie hätten ihn auffordern können, seine Feinde zu lieben und ihnen Gutes zu tun. Aber sie taten es nicht.

Der erste gläubige Kaiser

Obwohl die meisten Menschen Konstantin für den ersten christlichen Kaiser halten, gab es tatsächlich einen früheren römischen Kaiser, der sich offenbar zum Christentum bekannt hatte. Sein Name war Philipp der Araber, der im Jahrhundert vor Konstantin eine kurze Zeit lang regierte. Philipp hatte eine Christin geheiratet und glaubte, dass das Christentum die wahre Religion sei. Eusebius erzählt uns:

> „Nachdem Gordianus die römische Herrschaft volle sechs Jahre innegehabt hatte, folgte ihm Philipp mit seinem Sohne Philipp in der Regierung. Wie man erzählt, hatte Philipp den Wunsch, als Christ bei der Ostervigil mit der Volksmenge an den Gebeten der Kirche teilnehmen zu dürfen, wurde aber von dem damaligen Bischof nicht eher zugelassen, als bis er seine Sünden bekannt und sich den Sündern, welche am Büßerplatz standen, beigesellt hatte; sonst, wenn er dies nicht getan, hätte er ihn wegen seiner vielen Sünden nie aufgenommen. Philipp soll bereitwillig gehorcht und durch seine Tat die Echtheit und Aufrichtigkeit seiner gottesfürchtigen Gesinnung bewiesen haben."[120]

Die Bischöfe zur Zeit Konstantins hätten das Gleiche tun können. Sie hätten Konstantin kompromisslos zur Umkehr auffordern können. Dann hätten sie herausgefunden, wie aufrichtig sein Glaube wirklich war!

Ignorieren der Alarmsignale

Es gibt mehrere Alarmsignale, die darauf hinweisen können, dass eine Person einen Herzinfarkt hat oder kurz davor steht. Einige dieser Anzeichen sind ein unangenehmer Druck oder Schmerz in der Brust, Schmerzen im linken Arm und Kurzatmigkeit. Das Ignorieren dieser Alarmsignale kostet Menschen oft das Leben.

---

120 Eusebius von Cäsarea (260-339) *Historia Ecclesiastica Kirchengeschichte* (BKV), Sechstes Buch, 34. Kap.

In ähnlicher Weise ignorierten die Christen zur Zeit Konstantins die Alarmsignale, die Jesus in Bezug auf das Königreich Gottes gegeben hatte:

> „Wehe euch, wenn alle Menschen gut von euch reden, denn so taten es ihre Väter mit den falschen Propheten." Lk 6,27

> „Selig seid ihr, wenn sie euch schmähen und verfolgen und alles Böse gegen euch sagen, das sie um meinetwillen lügen. Freut euch und seid fröhlich, denn euer Lohn im Himmel ist groß." Mt 5,11-12

Es liegt in der menschlichen Natur, dass wir das Gefühl haben, auf dem richtigen Weg zu sein, wenn wir beliebt sind und die Leute gut über uns reden. Aber im Königreich Gottes ist das nicht so. Es stimmt etwas nicht, wenn die Welt gut von uns spricht und unser Freund sein will. Traurigerweise schienen die Christen des vierten Jahrhunderts die Warnung Jesu völlig vergessen zu haben.

24. Wie die Lehren Christi verschwanden

Dreihundert Jahre zuvor hatten die Christen einen radikalen Paradigmenwechsel vollziehen müssen, um in das Königreich Gottes zu gelangen. Doch weil sie Jesu Alarmsignale ignoriert hatten, waren die Christen nun davon überzeugt, dass es an der Zeit sei, einen weiteren Paradigmenwechsel vorzunehmen. Sie glaubten, dass Gott ein neues „Goldenes Zeitalter" einläuten würde, in dem die Christen frei von Verfolgung sein würden und weltliche Macht und Luxus genießen könnten. Aber sagt das Neue Testament irgendetwas über ein solches „Goldenes Zeitalter"?

Ah, hier lag das Problem. Nichts im Neuen Testament passte in das Modell dieses neuen, vermeintlich goldenen Zeitalters. Daher musste die KIRCHE auf die Zeit des Alten Testaments zurückgreifen, um ein Modell in der Schrift zu finden, das funktionieren würde. Anstatt voranzugehen, ging die KIRCHE also *zurück* zum alten Israel, um ihr Vorbild zu finden. Es war ein Retro-Paradigmenwechsel.

Wir nennen dieses neue Modell den „Konstantinischen Hybrid."[121] Es war ein Versuch, die Theologie und Verordnungen des Neuen Testaments über die Moral und den Lebensstil des Alten Testaments zu stülpen. Und es war ein Versuch, das

---

121 Leonard Verduin verwendet diesen Begriff in seinem bekannten Werk *„The Anatomy of a Hybrid"* (Die Anatomie eines Hybrids), um sich auf den kirchlich-staatlichen Hybrid zu beziehen.

Königreich Gottes mit den Königreichen der Welt zu kombinieren. Die weltliche Regierung sollte die eine Hälfte dieses Hybrids beinhalten, die KIRCHE die andere Hälfte. Die beiden Hälften machten das Ganze aus - das neue, hybridisierte (gemischte) „Königreich Gottes".

So wie das alttestamentliche Königreich mit den physischen Grenzen Israels übereinstimmte, so stimmte dieses neue hybridisierte Königreich Gottes im Wesentlichen mit den weiten Grenzen des Römischen Imperiums überein. Das Königreich Gottes war nicht länger „inwendig" in jemandem. Es war ein greifbares, sichtbares Imperium. So wie die Israeliten in den Krieg gezogen waren, um ihr Königreich zu verteidigen und die Feinde Gottes zu unterwerfen, waren nun die Christen aufgerufen, dasselbe zu tun. Christen, die den Konstantinischen Hybrid nicht akzeptieren wollten, wurden als Ketzer bezeichnet.

Die Rolle des Kaisers

Israelitische Könige - wie David, Salomo und Josia - waren eng in den Gottesdienst und das geistliche Leben Israels eingebunden. Ebenso sollten nun auch die römischen Kaiser ihre „rechtmäßige Beteiligung" am Gottesdienst und am geistlichen Leben der Kirche übernehmen. Eusebius schrieb:

„In vorzüglichem Maße aber widmete er [Konstantin] der Kirche Gottes seine Sorge und so berief er, als sich in verschiedenen Ländern manche untereinander entzweiten, Versammlungen der Diener Gottes, wie wenn er von Gott zum Bischof aller aufgestellt wäre. Er verschmähte es nicht mitten unter den Versammelten zu erscheinen und zu sitzen; er nahm an ihren Beratungen teil, bestrebt, allen die Wohltat des göttlichen Friedens zu verschaffen."[122]

Was geschah mit den Lehren Christi?

Im ersten Teil dieses Buches haben wir uns einige der Gesetze des Königreichs Gottes angesehen. Was geschah mit diesen Gesetzen unter dem Konstantinischen Hybrid? Im Grunde diskutierte die neue Mischform alle Lehren Christi über das Königreich Gottes weg - außer dort, wo Seine Lehren auch dem alttestamentlichen Modell entsprachen. Unter dem Hybrid galt etwas, das für die Juden rechtmäßig war, nun auch für Christen als rechtmäßig. In diesem Sinne wollen wir kurz darauf eingehen, was die hybridisierte KIRCHE nun über Reichtum, Eide, Scheidung und Wehrlosigkeit lehrte.

Reichtum

Im Alten Testament gibt es kein Gebot, das jemandem verbietet, Schätze auf Erden anzuhäufen. Daher war es unter der Hybridkirche für Christen in Ordnung, irdische Schätze anzuhäufen. Es war auch akzeptabel, dass Christen Positionen weltlicher Macht behielten oder anstrebten. In der Tat begann die KIRCHE nun zu lehren, dass Gott Klassenunterschiede unter den Menschen eingeführt hatte. Ein Mitglied des Adels sollte nicht wie ein Bauer leben und sich wie ein Bauer kleiden, und ein Bauer sollte nicht versuchen, wie ein Adeliger zu leben und sich wie ein Adeliger zu kleiden.

---

122 Eusebius von Cäsarea, *Vier Bücher über das Leben des Kaisers Konstantin und des Kaisers Konstantin Rede an die Versammlung der Heiligen* (BKV), Buch I, Kap. 44.

Eide

Da Eide im Alten Testament rechtmäßig waren, waren sie auch im neuen Hybrid rechtmäßig. Außerdem erkannte die KIRCHE, dass die Menschenmassen, die in die KIRCHE geströmt waren, nicht wirklich wiedergeboren waren. Ihr Wort war nicht vertrauenswürdig. Daher sah sich die KIRCHE gezwungen, die Eide wieder einzuführen. In der Tat wurden Eide zu einer zentralen Säule der spätrömischen und mittelalterlichen Regierung und Gesellschaft.

Wehrlosigkeit

Das Alte Testament lehrte keine Wehrlosigkeit oder Feindesliebe, also lehrte die KIRCHE dies auch nicht. In nur wenigen Jahrzehnten wurden die Christen von den Sanftmütigen und Wehrlosen zu den Grausamen und Mächtigen. Wie wir bereits besprochen haben, hätten die Christen vor dem Aufstieg Konstantins nicht einmal das Schwert in die Hand genommen, um sich gegen heidnische Barbaren zu verteidigen. Jetzt zögerten sie nicht, römische und christliche Mitbürger abzuschlachten.

Ehescheidung

Bei der Ehescheidung lagen die Dinge ein wenig anders. Denn das Alte Testament erlaubte die Scheidung nur den Ehemännern und nur dann, wenn der Ehemann an seiner Frau „etwas Unreines gefunden" hatte. Obwohl einige jüdische Rabbiner dieses Gesetz recht großzügig auslegten, legte die KIRCHE es recht eng aus und erlaubte einem Mann die Scheidung von seiner Frau nur bei *Porneia*.

Im Westen verstand die Kirche unter *Porneia* einen Verstoß gegen die levitischen Gesetze des Alten Testaments, die Ehen innerhalb bestimmter Blutsverwandtschaft oder Verschwägerung untersagten. Zum Beispiel durfte ein Mann nicht seine Schwester oder seine verwitwete Schwiegertochter heiraten (Lev 18,9-15). Da das Alte Testament nun zum Vorbild für die Kirche geworden war, übernahm die Kirche die meisten dieser levitischen Ehegesetze vollständig in den Hybrid. Wenn ein Mann eine Ehe eingegangen war, die gegen die levitischen Gesetze verstieß, wurde von ihm erwartet, dass er sich von seiner Frau scheiden ließ (heute würden wir dies als Annullierung bezeichnen). Auf dieser Grundlage suchte Jahrhunderte später Heinrich VIII. die Scheidung von seiner ersten Frau, Katharina von Aragon – denn sie war die Witwe seines älteren Bruders.

Dieses neue, vermeintlich goldene Zeitalter ähnelte also sehr dem alten Israel - nur ohne die jüdischen Zeremonial- und Speisegesetze. Eide, die Anhäufung von Reichtum und staatlich genehmigte Gewalt waren akzeptabel. Sexuelle Unmoral, Wahrsagerei und Hexerei waren jedoch nicht erlaubt, da sie im Alten Testament verboten sind. Fast siebzehnhundert Jahre später ist dieselbe Bindung an die alttestamentliche Moral typisch für die Kirchen, die aus dem Konstantinischen Hybrid hervorgegangen sind.

Die Menschen des Königreichs hatten einst die Welt auf den Kopf gestellt. Jetzt tat die Welt ihr Bestes, um das Königreich auf die Beine der Welt zu stellen.

Wurde Gottes Plan durchkreuzt?

Bedeutet dies also, dass Gottes Plan durchkreuzt wurde? Waren die Dinge nicht so gelaufen, wie Er es geplant hatte?

Ganz und gar nicht. Der ganze Konstantinische Hybrid hatte sich genau so ereignet, wie Gott es vorausgesehen hatte. Es war alles in den Lehren und Gleichnissen Jesu über das Königreich Gottes vorhergesagt worden.

In zwei Seiner Gleichnisse sagte Jesus voraus, dass sich Sein Königreich stark ausdehnen würde:

> „Das Königreich des Himmels gleicht einem Senfkorn, das ein Mensch nahm und auf seinen Acker säte; es ist aber das kleinste unter allen Samenkörnern; wenn es aber aufgegangen ist, so ist es größer als die Kräuter und wird ein Baum, so dass die Vögel des Himmels kommen und in seinen Zweigen nisten."

Und weiter:

> „Das Königreich des Himmels ist gleich dem Sauerteig, den eine Frau nahm und in drei Maß Mehl verbarg, bis es ganz durchsäuert war." Mt 13,31-33

Zugleich hatte Jesus deutlich gemacht:

> „Eng ist die Pforte und schwer der Weg, der zum Leben führt, und wenige sind es, die ihn finden." Mt 7,14

Er sagte auch:

> „Fürchte dich nicht, du *kleine* Herde, denn es ist eurem Vater ein Wohlgefallen, euch das Königreich zu geben." Lk 12,32

Zuvor haben wir die Tatsache erörtert, dass die Mehrheit der Menschen im Königreich Gottes am Ende ausgemerzt werden würde. Jesus wusste, dass der Konstantinische Hybrid kommen würde. Und Er hat ihn als Prüfung benutzt, um diejenigen systematisch auszumerzen, die Ihn und Seine Wege nicht wirklich lieben.

25. Das goldene Zeitalter, das nie stattfand

Ich habe bereits ausführlich über die negativen Aspekte des Konstantinischen Hybrids gesprochen. Aber es wäre ein Fehler zu glauben, dass es nicht auch positive Aspekte gab. Die KIRCHE hätte nie den Köder angenommen, wenn er nur schlecht gewesen wäre. Werfen wir also einen Blick auf einige dieser positiven Aspekte.

Die unmittelbarste und sichtbarste Veränderung, die der neue Hybrid mit sich brachte, war die Legalisierung des Christentums. Der Staat begünstigte das Christentum und befreite das Kircheneigentum von der Steuer. Außerdem machte Konstantin den Sonntag zu einem gesetzlichen Feiertag, was es der Bevölkerung erleichterte, den Sonntagsgottesdienst zu besuchen. Außerdem verbot er alle okkulten Praktiken.[123]

Der plötzliche Aufstieg des Christentums, vor allem im öffentlichen Bereich, ging mit dem raschen Niedergang und schließlich dem Aussterben des klassischen Heidentums einher. Obwohl er die heidnischen Kulte duldete und für alle (mit Ausnahme der Ketzer) Religionsfreiheit erklärte, untersagte Konstantin staatlichen Beamten, heidnische Opfer im Namen des Staates darzubringen. Er stellte auch die Finanzierung des Baus weiterer heidnischer Tempel ein und wandelte einige Tempel in Kirchen um.

---

123 Philip Schaff, *History of the Christian Church*. 8 vols. (Grand Rapids: Wm. B. Eerdmans Publishing Company, 1910) vol. III, 33-35.

Im sozialen Bereich verkündete Konstantin ein Gesetz, das armen Familien öffentliche Finanzhilfen anbot, damit sie nicht mehr die gängige Praxis verfolgten, ungewollte Säuglinge zum Sterben auszusetzen. Er verbot die grausamen Gladiatorenwettbewerbe in vielen Städten, schloss unzüchtige Theater und verbot die Prostitution. Konstantin verbot auch das Konkubinat, bestrafte den Ehebruch und erschwerte die Ehescheidung.[124]

Die dunkle Seite des Hybrids

Ich glaube, dass Konstantin wirklich die römische Gesellschaft verbessern und die Dinge verbieten wollte, die für Gott anstößig waren. Aber er war kein wiedergeborener Christ. Er war immer noch ein Mann „von dieser Welt". Daher kannte er nur einen Weg, die Dinge zu regeln, nämlich mit den Methoden der Welt, die oft grausam und brutal waren. Konstantin machte zum Beispiel sexuelle Übergriffe und Verführung zu viel schwereren Verbrechen als zuvor. Das war gut so. Aber die Strafen, die er an diese Verbrechen knüpfte, waren unaussprechlich: Er ließ die angeklagte Person bei lebendigem Leib verbrennen, sie im Amphitheater von wilden Tieren zerfleischen oder ihr geschmolzenes Blei in den Hals gießen.[125]

Darüber hinaus praktizierten Konstantin und seine Offiziere weiterhin routinemäßig die Folter, so wie es ihre heidnischen Vorgänger taten. Tatsächlich verkam Konstantin im Laufe der Jahre zu einem grausamen Autokraten, der öffentliche Gelder wie ein betrunkener Matrose ausgab. Um seine ausufernden

---

124 Schaff 107-125.
125 Gibbon 252.

Ausgaben zu finanzieren, belastete Konstantin das Volk mit den höchsten Steuern, die das Imperium je erlebt hatte.[126]

Machtgier

Wie wir bereits besprochen haben, sagte uns Jesus, dass wir loslassen müssen - jede Kette loslassen, die uns an die Erde bindet. Wir müssen jeden Besitz loslassen, der uns ängstlich werden lässt, jeden Schatz, an dem unser Herz hängen könnte. Und irdische Macht ist ein ebenso großer Besitz wie Gold und Silber. Sie ist genauso berauschend wie Reichtum, wenn nicht sogar noch berauschender. Sobald Menschen den ersten Schluck Macht kosten, wollen sie normalerweise mehr. Schon bald werden sie praktisch alles tun, um die Macht, die sie haben, zu behalten. Und nicht nur das: Wenn möglich, versuchen sie, ihre Macht zu vergrößern. Das ist ein Grund, warum die Christen der ersten drei Jahrhunderte von hohen Regierungsbeamten verlangten, von ihren Ämtern zurückzutreten, wenn sie Christen werden wollten.

Konstantin liebte die weltliche Macht, und er war rücksichtslos in seinem Wunsch, diese Macht zu schützen. So richtete er beispielsweise im ganzen Imperium ein System von Spionen ein, die ihn über jede Kritik, jeden möglichen Rivalen und jede Vorbereitung einer Revolte auf dem Laufenden halten sollten. Wenn seine Spione jemanden der Illoyalität gegenüber Konstantin beschuldigten, schleppten die Behörden die beschuldigte Person nach Mailand oder Konstantinopel, um sie dort anzuklagen. Wenn keine ausreichenden Beweise vorlagen, folterten die Kerkermeister die beschuldigte Person, bis sie ihr „Verbrechen" gestand. Die Tatsache,

---

126 Gibbon 380.

dass die beschuldigte Person ein Christ war, machte keinen Unterschied.

Wie ich bereits erwähnt habe, hatten Konstantin und sein Schwager Licinius im Jahr 313 gemeinsam das Edikt von Mailand erlassen. Konstantin herrschte über das Weströmische Reich, Licinius über das Oströmische. Aber Konstantin wollte nicht wirklich ein geteiltes Reich. Sein Ziel war es, das gesamte Römische Imperium zu regieren. Und Konstantin befürchtete, dass Licinius dasselbe Ziel haben könnte.

Daher fiel Konstantin 324 in das von Licinius beherrschte Gebiet ein. Er begründete dies gegenüber der KIRCHE damit, dass Licinius wieder mit der Verfolgung von Christen begonnen hatte.[127] Im Gegensatz zu allen früheren römischen Kriegen beteiligten sich in diesem Krieg gegen Licinius auch christliche Soldaten an der Tötung. Konstantin bat Bischöfe aus der KIRCHE, sein Heer zu begleiten und während der Schlacht für es zu beten. Außerdem ließ er ein riesiges Kreuz als Feldzeichen errichten, das seine Soldaten als Talisman mit sich führten, der ihnen den Sieg sichern sollte.[128]

Und wirklich waren Konstantins Truppen siegreich, und Konstantin nahm Licinius gefangen. Nun war er der Alleinherrscher des Römischen Imperiums. Und er verkündete, dass Gott all dies bewirkt hatte:

> „Keineswegs ist es aber eitle Prahlerei, die von dem höchsten Wesen empfangenen Wohltaten zu bekennen und mit lobpreisenden Worten zu feiern. Meinen Dienst hat Gott gewollt und zur Ausführung seines Entschlusses für geeignet erachtet und so habe ich [...] in höherer Macht die überall herrschenden Schrecknisse vertrieben

127 Eusebius, *Constantine*, Bk. II, Ch. 3; Schaff, 500.
128 Eusebius, *Constantine*, Chaps. 7-9.

und zerstreut, damit das Menschengeschlecht, durch meine Vermittlung belehrt, zum Dienste des heiligsten Gesetzes zurückkehre und zugleich der seligste Glaube unter der mächtigen Leitung des Höchsten sich ausbreite."[129]

Nach seinem Sieg über Licinius versprach Konstantin seiner Schwester Constantia, der Frau des Licinius, feierlich, dass er Licinius den Rest seines Lebens in Frieden und Komfort verbringen lassen würde. Er bestätigte sein Versprechen sogar mit einem Eid. Doch schon einen Monat später ließ Konstantin Licinius hinrichten.[130] Er konnte es sich nicht leisten, einen potenziellen Rivalen in der Nähe zu haben.

Aber potenzielle Rivalen gab es überall. Konstantin machte also nicht bei Licinius halt. Schon bald ermordete Konstantin seinen eigenen Sohn, Crispus. Später tötete er einen Neffen, von dem er annahm, dass er es auf den Thron abgesehen haben könnte. Offenbar ermordete Konstantin sogar seine zweite Frau Fausta, weil er befürchtete, dass sie ein Komplott gegen ihn schmiedete.[131] Trotzdem sah die KIRCHE weg und verdammte Konstantin niemals – oder kritisierte ihn auch nur für irgendeinen dieser Morde.

Auf seinem Sterbebett vermachte Konstantin das Römische Imperium seinen drei überlebenden Söhnen Constantius, Constans und Konstantin II. sowie seinen beiden ältesten Neffen. Alle diese fünf Männer waren Christen. Rom sollte auch weiterhin ein christliches Reich sein! Doch alle diese fünf Männer teilten Konstantins Machtgier. Kurz nach Kon-

---

129 Eusebius von Cäsarea (260-339), *Vier Bücher über das Leben des Kaisers Konstantin und des Kaisers Konstantin Rede an die Versammlung der Heiligen* (BKV), Buch II, Kap. 28.
130 Gibbon 258.
131 Gibbon 380.

stantins Tod tötete sein Sohn Constantius die beiden Neffen, die Mitregenten werden sollten, und ließ praktisch alle männlichen Verwandten auf deren Seite der Familie massakrieren.

Nachdem die beiden Neffen aus dem Weg geräumt waren, teilten die drei Söhne Konstantins das Reich unter sich auf. Sicherlich konnte nun Frieden herrschen, denn diese Männer waren Blutsbrüder und Christen! Aber das neue Christentum verhielt sich nicht wie das echte Königreich-Christentum. Keiner der drei Brüder war damit zufrieden, nur ein Drittel des Reiches zu besitzen. Es dauerte nicht lange, bis Konstantin II. in Italien einmarschierte, um den Teil des Reiches an sich zu reißen, den sein Bruder Constans erhalten hatte. Konstantin II. starb jedoch bei diesem Versuch. Damit blieben von den ursprünglichen fünf Herrschern nur noch zwei übrig. Constans herrschte über das Weströmische Reich, Constantius über den Osten.

Doch selbst diese einfache Machtaufteilung hielt nicht lange an. Bald stürzte ein Feldherr namens Magnentius den Constans und eroberte das Westreich. Aber er gab sich nicht nur mit dem Westreich zufrieden. Er strebte die Herrschaft über das gesamte Imperium an und griff mit seinen Armeen Constantius, den einzigen überlebenden Sohn Konstantins, an. Diesmal wurde Magnentius besiegt, und er floh nach Gallien. Damit blieb Constantius der alleinige Kaiser.[132]

Doch wo war das goldene Zeitalter, das das Christentum dem Imperium bringen sollte? In den ersten fünfzig Jahren des neuen „christlichen" Römischen Reiches hatte es mehr Bürgerkriege gegeben als in den ersten zweihundert Jahren des heidnischen Römischen Imperiums. Die ersten heidnischen Kaiser hatten zweihundert Jahre der Stabilität, des

---

132 Gibbon 382.

Wohlstands und des Friedens eingeleitet - die Pax Romana. Die ersten christlichen Kaiser leiteten eine Periode endloser Bürgerkriege, drückender Steuern und eines raschen Verfalls des Imperiums ein.

Valentinian

Nach dem Tod von Constantius wurde ein Neffe von Konstantin namens Julian neuer Kaiser. Er war eines der wenigen Mitglieder seiner Familie, die dem Massaker von Konstantins Sohn Constantius entkommen waren. Er hatte genug vom „Christentum" gesehen und wollte nichts mehr damit zu tun haben. Obwohl er den Christen gegenüber tolerant war, versuchte er, das klassische Heidentum im Imperium wiederzubeleben. Doch seine Bemühungen scheiterten.

Ein Jahr nach Julians Tod wurde ein kirchentreuer Christ namens Valentinian zum neuen Kaiser ausgerufen. Als katholischer Christ lebte Valentinian ein keusches Leben und erließ viele lobenswerte Gesetze. So richtete er beispielsweise in jedem der vierzehn Bezirke Roms einen öffentlichen Arzt ein, der sich um die Armen kümmerte. Er erlaubte die Religionsfreiheit für Heiden, Juden und Christen aller Überzeugungen.[133] Das Leben unter Valentinian hätte das goldene Zeitalter sein sollen, das die Christen erwarteten. Aber das war es nicht.

Wie die christlichen Kaiser vor ihm verbrachte Valentinian keinen Tag, an dem er nicht befürchtete, dass jemand einen Staatsstreich inszenieren und ihm seinen kostbaren Thron wegnehmen könnte. Wie Konstantin setzte er daher Spione ein, um jede Art von Untreue aufzuspüren, insbesondere bei denjenigen, die zu potenziellen Rivalen werden konnten. Va-

---

133 Gibbon 470-472.

lentinian maß den Fleiß seiner Statthalter und Richter daran, wie viele Hinrichtungen sie in ihren Tribunalen vollstreckten. Spione und politische Feinde brachten oft unwahrscheinliche Anklagen selbst gegen angesehene Bürger vor. Durch grausame Folter erzwungene Geständnisse wurden als solide Beweise gegen die Angeklagten gewertet. Auf die Art verarmten wohlhabende Familien, und Hunderte von Senatoren, Matronen und Philosophen starben einen schmachvollen Tod in den feuchten Kerkern und Folterkammern.[134]

Überall lebten unschuldige Bürger in Angst, dass man sie des Verrats beschuldigen könnte. Valentinian vertrat den Standpunkt, dass ein Verdacht gleichbedeutend mit einem Beweis sei, wenn es sich um Illoyalität gegenüber seiner Herrschaft handelte.[135] Ein geringfügiges oder imaginäres Vergehen konnte dazu führen, dass einem Bürger die Zunge herausgeschnitten oder sein ganzer Körper lebendig verbrannt wurde. Ein Historiker stellte fest, dass die von Valentinian am häufigsten benutzten Worte waren: „schlagt ihm den Kopf ab", „verbrennt ihn bei lebendigem Leib" und „schlagt ihn mit Knüppeln, bis er stirbt".[136] Er konnte ruhig zusehen, wie sich Bürger unter der Folter qualvoll krümmten, und empfand dennoch keinerlei Mitleid mit ihnen. Er hatte auch nicht das Gefühl, dass dies in irgendeiner Weise gegen seine christlichen Überzeugungen verstieß.[137]

Am Ende wurde Valentinian sein eigenes unkontrolliertes Temperament zum Verhängnis. Einer seiner Offiziere hatte einen Barbarenkönig zu einem Festmahl eingeladen, diesen dann aber während des Festes heimtückisch ermordet. Als

---

134 Gibbon 476.
135 Gibbon 477.
136 Gibbon 478.
137 Gibbon 478.

Antwort darauf übte der Barbarenstamm des ermordeten Königs Rache an den Römern und plünderte mehrere römische Provinzen.

Anstatt sich für den Mord zu entschuldigen und auf eine Versöhnung hinzuarbeiten, führte Valentinian seine römischen Armeen gegen die Barbaren und übte blutige Rache. Als Botschafter der Barbaren zu Valentinians Zelt kamen, um ihn um Gnade zu bitten, wurde Valentinian so wütend auf sie, dass sein Gesicht fast purpurrot wurde. Er schrie die Gesandten aus vollem Halse an. In seiner Wut platzte jedoch ein Blutgefäß in seinem Gehirn und er starb auf der Stelle.[138]

Der Fall Roms

Einer der hartnäckigsten historischen Mythen besagt, dass Rom unterging, weil es von heidnischen Lastern, häufigen bacchantischen Orgien[139] und blutrünstiger Unterhaltung durchdrungen war. Ich habe viele christliche Autoren gelesen, die Rom als Lektion dafür ansehen, was mit den Vereinigten Staaten geschehen wird, wenn sie nicht zur biblischen Moral zurückkehren.

Aber Rom ist nicht untergegangen, als es von Heiden regiert wurde. Als Rom fiel, waren die Gladiatorenspiele verboten worden, und der Bevölkerung war eine strenge alttestamenta-

---

138 Gibbon 509.

139 Orgien oder Festgelage, die sich durch übermäßigen Alkoholgenuss, hemmungslose sexuelle Aktivitäten und wilde Ausschweifungen auszeichnen. Der Begriff stammt von den Bacchanalien, den Festen zu Ehren Bacchus, des römischen Gottes des Weines, der Fruchtbarkeit und des ekstatischen Rausches. Diese Feste waren berühmt für ihre exzessive und zügellose Natur und wurden oft mit rituellen Ausschweifungen verbunden. Anm. des Übersetzers.

rische Moral auferlegt worden. Darüber hinaus war fast die gesamte Bevölkerung christlich.[140]

Und an wen ist Rom gefallen? Der Volksmund malt das Bild von Horden wilder, halbnackter, Thor verehrender Barbaren, die über die Mauern Roms stürmten und jeden abschlachteten, der sich ihnen in den Weg stellte. Doch auch dies ist ein Mythos. Die germanischen Völker, die Rom eroberten, waren nicht wild und unzivilisiert. Sie waren in ihrer Kultur halb römisch, und viele von ihnen waren Verbündete oder sogar Beschützer des Imperiums. Noch dazu waren auch sie bekennende Christen.[141]

Das goldene Zeitalter, das erblühen sollte, kam nie zustande. Zwar befand sich das Römische Imperium bereits im Niedergang, als die Christen es übernahmen. Dennoch erwiesen sich die Christen nicht als bessere Herrscher als ihre heidnischen Vorgänger. Anstatt die Dinge zum Besseren zu wenden, machten die christlichen Kaiser die Lage nur noch schlimmer. Ihre drückenden Steuern und endlosen Streitereien beschleunigten den Niedergang, der bereits unter den heidnischen Kaisern des dritten Jahrhunderts begonnen hatte - bis schließlich das gesamte Westreich zusammenbrach.

Die Christen des frühen vierten Jahrhunderts hatten im Wesentlichen das Königreich Gottes gegen das Reich dieser Welt eingetauscht. Dies muss als eines der schlechtesten Tauschgeschäfte aller Zeiten gelten – gleichauf mit Esaus Tausch seines Erstgeburtsrechts gegen ein Linsengericht. Aber Esau konnte wenigstens sein Linsengericht noch essen. Die Chris-

---

140 Lynn H. Nelson, *"The Later Roman Empire"*,
   http://www.ku.edu/kansas/medieval/108/lectures.
141 Gibbon 562-619. Also see Vincent Bridges, *"Arthur and the Fall of Rome"*, http://www.sangraal.com/library/arthur1.htm.

ten verloren nicht nur das Königreich Gottes, sondern auch das Römische Imperium.

Die Ereignisse von der Thronbesteigung Konstantins im Jahr 312 bis zur Absetzung des letzten Kaisers des Westreiches im Jahr 476 hätten den Christen zu denken geben sollen. Die heidnischen römischen Kaiser waren in den meisten ihrer Kriege siegreich gewesen, aber die christlichen Kaiser waren es nicht. Christus ist der Friedefürst. Warum also konnten die heidnischen Kaiser, sogar so böse wie Caligula und Nero, die Pax Romana aufrechterhalten, die christlichen Kaiser aber nicht? Warum hatte das Imperium unter den heidnischen Kaisern des ersten und zweiten Jahrhunderts nicht nur überlebt, sondern war aufgeblüht, während es unter den christlichen Herrschern des vierten und fünften Jahrhunderts zusammenbrach? Spätestens 476 hätte klar sein müssen, dass der Konstantinische Hybrid nicht von Gott war.

Das Muster des Hybrids

Aber der Fall Roms hat die KIRCHE nicht zur Umkehr gebracht. Noch hat er dem Konstantinischen Hybrid ein Ende gesetzt. Tatsächlich wurde die KIRCHE die dominierende Institution des Mittelalters. Das gesellschaftliche Muster des Hybrids setzte sich während des gesamten Mittelalters fort: Sexuelle Sünden, Hexerei, Abtreibung und unzüchtige Unterhaltung wurden verurteilt (obwohl dem Adel in Bezug auf sexuelle Unmoral eine Doppelmoral zugestanden wurde). Die Anhäufung von Reichtum, das Ablegen von Eiden und das Töten im Krieg wurden als akzeptabel angesehen. Das war das Muster zur Zeit Konstantins, das war das Muster im Mittelalter - und das war das Muster der meisten „christlichen" Regierungen bis zum heutigen Tag.

26. Augustinus - Apologet des Hybrids

Das Römische Imperium war am Zerfallen. Die KIRCHE versank in der Welt, anstatt die Welt auf den Kopf zu stellen. Das Königreich Gottes brauchte also dringend einen Paulus oder Johannes den Täufer, der mutig aufstand und den gesamten Konstantinischen Hybrid in Frage stellte. Doch was die KIRCHE stattdessen bekam, war der *Hauptverteidiger* des Hybrids. Sein Name war Augustinus.

Augustinus war ein typischer Vertreter seiner Zeit und akzeptierte den Konstantinischen Hybrid und die Veränderungen, die er in der KIRCHE bewirkt hatte, vollkommen. Augustinus war ein sehr fähiger Apologet[142] des Hybrids, und leider gab es keine begabten Sprecher für das Königreich. So setzten sich die Argumente des Augustinus natürlich durch.

Aber Augustinus verteidigte nicht nur den Hybrid. Er versuchte auch, das rechtgläubige Christentum gegen die Behauptungen von Häretikern, wie den Gnostikern, zu verteidigen. Seine Methode bestand darin, sich die Position seines Gegners anzuhören und ihr dann mit der genau entgegengesetzten Position zu begegnen.

Zur Veranschaulichung: Vergleichen wir eine der apostolischen Lehren mit der Farbe Grün, die man erhält, wenn man Blau und Gelb miteinander mischt. Und vergleichen wir die häretische Auffassung dieser Lehre mit der Farbe Blau. Der

---

142 Glaubensverteidiger. Anmerkung des Übersetzers.

Häretiker hat einen Teil der Wahrheit, denn Grün besteht zum Teil aus Blau. Allerdings hat der Häretiker nicht die ganze Wahrheit erfasst. Er hat die apostolische Lehre verändert, indem er einen wesentlichen Teil von ihr weggelassen hat - den gelben Teil.

Die Methode des Augustinus bestand nun *nicht* darin, seinen Gegner auf die Fülle der apostolischen Lehre zurückzubringen, die durch die Farbe Grün repräsentiert wird. Nein, Augustinus schwenkte einfach ins andere Extrem und argumentierte, dass die Sache gar nicht blau, sondern *gelb* sei. Damit weigerte er sich anzuerkennen, dass sein Gegner auch nur ein gewisses Maß an Wahrheit besaß. Und das war ein recht wirksames Mittel, um Auseinandersetzungen zu gewinnen.

Augustinus mag zwar Auseinandersetzungen gewonnen haben, aber dabei hat er das historische biblische Christentum umgestoßen. Gelb ist genauso eine Halbwahrheit des (grünen) apostolischen Glaubens wie Blau.

Ich möchte Ihnen zwei Beispiele dafür geben, was ich meine.

Augustinus gegen die Gnostiker

Die Gnosis war eine der ersten Häresien, mit denen das Christentum konfrontiert wurde. Sie lehrten, dass die materielle Welt böse sei, da sie von einer anderen Gottheit als dem Gott des Neuen Testaments geschaffen worden sei. Zur Untermauerung ihrer Position verwiesen die Gnostiker auf die Tatsache, dass sich die Lehren Jesu von denen des Moses unterschieden. Zum Beispiel hatte der Gott des Alten Testaments den Israeliten befohlen, in den Krieg zu ziehen, aber Jesus sagte Seinen Jüngern, sie sollten ihre Feinde lieben. Logischerweise akzeptierten viele Gnostiker die Lehren Jesu über das Königreich Gottes, lehnten aber das gesamte Alte Testament als Werk eines anderen Gottes ab. Sie leugneten sogar, dass der Sohn Gottes tatsächlich Mensch geworden war.

Die frühchristlichen Autoren wie Irenäus und Tertullian hatten das historische Christentum bereits geschickt gegen die Lehren der Gnosis verteidigt. Diese frühen Verteidiger des Glaubens argumentierten, dass es keinen neuen Gott im Neuen Testament gab im Vergleich zum Alten Testament. Es gab nur eine fortschreitende Offenbarung vom Alten zum Neuen Testament. Das Gesetz des Mose war ein Lehrmeister, der die Israeliten auf Christus vorbereitete. Jesu Lehren seien das Endziel, auf das das Gesetz die Israeliten vorbereitet habe.

Diese Argumente passten jedoch nicht zum Konstantinischen Hybrid. Wie wir bereits erörtert haben, war der Hybrid im Grunde eine Kombination aus neutestamentlicher Theologie und alttestamentlicher Moral und Lebensweise. Anzuerkennen, dass das Neue Testament neue und umfassendere moralische Gesetze als das Alte Testament einführte, hätte bedeutet, zuzugeben, dass der Hybrid falsch war. Und das ging nicht.

Also trat Augustinus den Gnostikern (zu seiner Zeit als Manichäer bekannt) entgegen, indem er die ihnen zugrunde liegende Prämisse bestritt. Er sagte, die Lehren Jesu unterschieden sich nicht von denen des Alten Testaments. Das Töten sei unter dem Neuen Testament genauso rechtmäßig wie unter dem Alten. Er schrieb:

„Was ist denn am Krieg anzuprangern? Etwa dass dabei Menschen, die doch irgendwann sterben werden, den Tod finden, damit die Überlebenden im Frieden als Untertanen weiterleben? Dieser Vorwurf zeugt von Ängstlichkeit, nicht von Gottesfurcht. Nein, was bei Kriegen zu Recht angeprangert wird, sind Exzesse wie Zerstörungswut, grausame Rachelust, ein friedloser und unversöhnlicher Geist, maßloser Widerstandswille, Herrschgier und ähnliches; und damit solches auch gerecht bestraft wird, vor allem deshalb nehmen es rechtdenkende Menschen auf sich, diese Kriege, sei es auf Befehl Gottes oder einer legitimierten Herrschaftsgewalt, gegen gewalttätige Widersacher zu führen, wenn sie sich vor eine Situation des Gemeinwesens gestellt sehen, die es rechtfertigt und dazu verpflichtet, eine kriegerische Aktion anzuordnen, oder einer solchen Anordnung Folge zu leisten."[143]

Ja, aber hat Jesus nicht gesagt, dass wir unsere Feinde lieben und dem Bösen nicht widerstehen sollen? Augustinus hatte darauf eine Antwort:

„Man könnte meinen, Gott könne den Krieg nicht zulassen, denn in späteren Zeiten sagte der Herr Jesus Christus: „Ich sage euch, dass ihr dem Bösen nicht widerstehen sollt. Wenn dich aber jemand auf die rechte Backe schlägt, so halte ihm auch die linke hin". Die Antwort ist jedoch, dass es hier nicht um eine körperliche Handlung geht, sondern um eine innere Haltung."[144]

Mit anderen Worten: Es ist in Ordnung, jemanden zu töten, solange man die Person, die man tötet, liebt!

Augustinus fuhr fort:

„Der Herr gebietet die Geduld, wenn er sagt: ‚Wenn dich jemand auf die rechte Wange schlägt, dann halte ihm

---

143 Augustinus von Hippo (354-430) *Gegen Faustus*, 22. Buch, Kap. 74.
144 Augustinus, Kap. 76.

auch die linke hin'. Das kann in der inneren Gesinnung liegen, auch wenn es sich nicht in körperlichen Handlungen oder Worten äußert. Denn als der Apostel geschlagen wurde, ... betete er zu Gott, dass er seinem Angreifer im Jenseits verzeihen möge, aber nicht, dass er die Verletzung jetzt ungesühnt lasse. Innerlich bewahrte er ein freundliches Gefühl, während er äußerlich wünschte, dass der Mann als Beispiel bestraft würde."[145]

Diese Art von Logik mag eine Auseinandersetzung auf dem Papier gewinnen, aber sie spielt mit Christus. Nach Augustinus können wir die gleichen brutalen Handlungen begehen wie die Welt. Unsere Handlungen können genauso gewalttätig sein wie die der Israeliten im Alten Testament. Wir müssen nur sicherstellen, dass unsere inneren Gefühle nichts anderes als Freundlichkeit, Frieden und Liebe sind.

Dieser Argumentation folgend, konnte Augustinus so ziemlich alles rechtfertigen. Zum Beispiel argumentierte Augustinus, dass die Verfolgung der Donatisten ein Akt der christlichen Liebe war, weil sie sie in den Schoß der Kirche zurückbrachte:

„Gehört es nicht zur Fürsorge des Hirten, wenn Schafe die Herde verlassen haben, auch wenn sie nicht gewaltsam weggetrieben, sondern durch zärtliche Worte und Schmeicheleien in die Irre geführt wurden, sie in die Herde seines Herrn zurückzubringen, wenn er sie gefunden hat? Und er kann dies durch die Furcht vor der Peitsche oder sogar durch den Schmerz der Peitsche tun, wenn sie Anzeichen von Widerstand zeigen."[146]

---

145 Augustinus, Kap. 79.
146 Augustine, *The Correction of the Donatists*, ch.7, par. 23; Schaff, Fathers, vol. 4, 642.

Was Augustinus nicht verstanden hat, ist, dass im König-reich Christi die *Mittel* immer genauso wichtig sind wie das *Ziel*. Christen verwenden keine bösen oder gewalttätigen Mittel, um göttliche Ergebnisse zu erzielen. *Wie* wir etwas tun, ist genauso wichtig wie das, *was* wir tun.

Der gerechte Krieg

Augustinus wird üblicherweise als Begründer der Lehre vom „gerechten Krieg" angesehen. Tatsächlich war er das aber nicht. Es waren die heidnischen griechischen Philoso-phen und Herrscher, die als erste eine Lehre vom gerechten oder rechtschaffenen Krieg formuliert hatten. Augustinus hat lediglich übernommen, was sie Jahrhunderte zuvor gelehrt hatten.[147]

Ich habe verschiedene Listen mit Kriterien gesehen, von de-nen Augustinus sagte, dass sie notwendig seien, damit ein Krieg gerecht - und damit für einen Christen moralisch auf-richtig - ist. Allerdings sind diese Listen ein wenig irrefüh-rend. Augustinus schrieb nie eine Abhandlung über die Lehre vom „gerechten Krieg". Und er hat auch nie eine Liste von Kriterien aufgestellt, die ein Krieg erfüllen muss, um gerecht zu sein. Stattdessen haben verschiedene mittelalterliche Theologen wie Thomas von Aquin eine Liste von Kriterien aufgestellt und behauptet, dies seien die Bedingungen die Au-gustinus festgelegt habe.

Die Wahrheit ist, dass Augustinus den Krieg *rechtfertigte*, wie wir gesehen haben. Und er präsentierte in seinen zahlrei-chen Werken verschiedene Rechtfertigungen für den Krieg. Allerdings sagte Augustinus selbst nie, dass *alle* diese Kriteri-

---

147 Roland H. Bainton, Christian Attitudes Toward War and Peace
(Nashville: Abingdon Press, 1960) 33-43.

en oder Aspekte erfüllt sein müssten, damit ein Krieg gerecht sei. Dennoch erstellten die mittelalterlichen Theologen auf der Grundlage von Augustinus' Schriften eine Liste von Bedingungen, die einen Krieg gerecht machen. Diesen Theologen zufolge war es für einen Christen recht und billig, einen anderen Menschen zu töten, wenn ...

- der Christ den Menschen liebt, den er tötet.

- der Christ nur in einem Krieg tötet, der der letzte Ausweg ist, nachdem alle anderen möglichen Lösungen ausprobiert wurden und gescheitert sind.

- der Christ nur in einem Krieg tötet, der geführt wird, um tatsächlich verletzte Rechte wiederherzustellen oder um sich gegen ungerechte Forderungen zu verteidigen, die mit Gewalt durchgesetzt werden.

- der Christ nur in einem Krieg tötet, der unter der Autorität eines Herrschers geführt wird.

- der Christ nur in einem Krieg tötet, in dem seine Seite eine vernünftige Chance hat, zu gewinnen.

- der Christ versucht, zwischen Soldaten und Zivilisten zu unterscheiden, und er niemals absichtlich Zivilisten tötet.

- der Christ nur in einem Krieg tötet, in dem das Töten „verhältnismäßig" ist zum angestrebten Ziel.

- der Christ nur in einem Krieg tötet, in dem das Gute, das er mit seiner Gewalt anstrebt, das Übel, das die Gewalt mit sich bringt, überwiegt.

- der Christ nur in einem Krieg tötet, in dem die siegreiche Seite niemals die völlige Demütigung des Verlierers verlangt.[148]

Wenn Sie ein Christ sind, sollten Ihnen diese Bedingungen absurd vorkommen. Doch das tun sie vielleicht nicht. Das liegt daran, dass die meisten von uns durch den Konstantinische Hybrid und dessen Verteidigung durch Augustinus stark geprägt worden sind. Lassen Sie mich Ihnen also helfen, die Absurdität zu erkennen.

Nach dem antiken Kriegsrecht galt es als vollkommen rechtmäßig und ehrenhaft, alle Männer des Feindes zu töten und alle ihre Frauen sexuell zu missbrauchen. Wir haben gesehen, wie Augustinus die Tötung von Männern gerechtfertigt hat. Nun wollen wir sehen, wie dieselben Bedingungen aussehen, wenn wir sie auf die Vergewaltigung von Frauen anwenden. Sagen wir, dass es für einen Christen recht und billig ist, eine Frau zu vergewaltigen, wenn ...

- der Christ die Frau liebt, die er vergewaltigt.

- der Christ Frauen nur in einem Krieg vergewaltigt, der der letzte Ausweg war, nachdem alle anderen möglichen Lösungen ausprobiert wurden und gescheitert sind.

- der Christ Frauen nur in einem Krieg vergewaltigt, der geführt wird, um tatsächlich verletzte Rechte wiederherzustellen oder um sich gegen ungerechte Forderungen zu verteidigen, die mit Gewalt durchgesetzt werden.

---

148 Bainton, 96-98. Augustine, Faustus, ch.75; Schaff, Fathers, vol. 4, 301.

- der Christ Frauen nur in einem Krieg vergewaltigt, der unter der Autorität eines Herrschers geführt wird.

- der Christ Frauen nur in einem Krieg vergewaltigt, in dem seine Seite eine vernünftige Chance hat, zu gewinnen.

- der Christ versucht, zwischen Soldatenfrauen und Zivilfrauen zu unterscheiden, und er sich niemals absichtlich an Zivilfrauen vergreift.

- der Christ Frauen nur in einem Krieg vergewaltigt, in dem der gewaltsame Übergriff „verhältnismäßig" zum angestrebten Ziel ist.

- der Christ Frauen nur in einem Krieg vergewaltigt, in dem das Gute, das er mit seiner Gewalt anstrebt, das Übel, das die Gewalt mit sich bringt, überwiegt.

- der Christ Frauen nur in einem Krieg vergewaltigt, in dem der Sieger niemals die völlige Demütigung des Verlierers verlangt.

Wahrscheinlich fällt es Ihnen nicht schwer, die Lächerlichkeit dieser Kriterien zu erkennen, wenn sie auf die Vergewaltigung von Frauen angewendet werden. Warum ist es so schwer zu erkennen, wenn es darum geht, Männer zu töten, anstatt Frauen anzugreifen? Das liegt daran, dass fast alle von uns durch den Hybrid geprägt worden sind. Wir sind in einer Gesellschaft aufgewachsen, die die Werte des Hybrids akzeptiert und bewirbt. Erinnern wir uns: Unter dem Hybrid wurden Gewaltsünden - wie Töten und Foltern - nicht verurteilt, solange diese Taten unter der Autorität der Herrscher geschahen. Allerdings verurteilten die Hybriden fast immer sexuelle Sünden jeglicher Art.

Die Kriterien des „gerechten Krieges" sind ein direkter Verstoß gegen die Lehren Jesu. Die Kriterien für einen „gerechten Krieg" besagen zum Beispiel, dass ein Krieg nur dann gerecht ist, wenn er geführt wird, um tatsächlich verletzte Rechte wiederherzustellen oder um ungerechte Forderungen mit Gewalt abzuwehren. Jesus hat jedoch bereits genau diese Frage angesprochen. Er sagte, man solle dem Bösen nicht widerstehen. Wenn jemand dein Hemd will, gib ihm auch deinen Mantel. Wenn dich jemand zwingt, seine Last eine Meile zu tragen, dann trage sie zwei Meilen. Christen führen keine Kriege, um ihr Recht durchzusetzen, sondern erleiden stattdessen bereitwillig Verluste. Sie halten die andere Wange hin. Sie üben keine Vergeltung und schlagen nicht zurück, behaupten aber dann, sie hätten es aus Liebe getan.

Wer entscheidet, ob ein Krieg gerecht ist?

Nehmen wir dennoch an, dass ein Krieg, der alle oben genannten Kriterien erfüllt, in den Augen Gottes wirklich gerecht ist. Wenn das der Fall wäre, sollte die nächste Frage lauten: „Wer entscheidet, ob ein Krieg diese Kriterien erfüllt?" Die KIRCHE? Der einzelne Christ? Der Staat? Augustinus antwortet, dass der Staat die Entscheidung trifft. Woher wissen also die einzelnen Christen, ob der Krieg, an dem sie teilnehmen, wirklich gerecht ist oder nicht? Die Antwort lautet: Sie wissen es nicht!

Augustinus erkannte dies an:

> „Es gibt keine Macht außer der Gottes, die entweder befiehlt oder erlaubt. Deshalb kann ein gerechter Mann unter einem gottlosen König dienen. Dennoch kann er die Pflicht erfüllen, die zu seiner Stellung im Staat gehört, indem er auf Befehl seines Herrschers kämpft.

Denn in manchen Fällen ist es eindeutig der Wille Gottes, dass er kämpfen soll. In anderen Fällen ist dies jedoch nicht so eindeutig, denn es kann ein ungerechter Befehl des Königs sein. Dennoch ist der Soldat unschuldig, denn seine Stellung macht Gehorsam zur Pflicht.“[149]

So ist letztlich auch die Lehre vom „gerechten Krieg“ eine Farce. Der einzelne Christ soll sogar den ungerechten Befehlen seines Königs gehorchen, und er ist dabei unschuldig. Augustinus erkannte, dass ein Mensch nicht zwei Königen - einem irdischen und einem himmlischen - die letzte Treue erweisen kann. Deshalb lautete seine Lösung: Solange wir hier auf Erden sind, gilt dem irdischen König unsere absolute Untertanentreue. Die einzigen Ausnahmen sind, wenn der König uns befiehlt, falsche Götter anzubeten oder falschen Lehren zu glauben, die nicht von der KIRCHE genehmigt sind.

Die Lösung von Augustinus ist jedoch für Christus völlig inakzeptabel. Er wird nicht zulassen, dass wir einer anderen Person oder einer anderen Macht eine Ihm übergeordnete Untertanentreue entgegenbringen. Wenn ein irdischer König uns einen Befehl gibt, der gegen die Lehre Jesu verstößt, dann müssen wir dem irdischen König ungehorsam sein, nicht unserem himmlischen König.

Der Konstantinische Hybrid versucht die Christen von jeder individuellen Verantwortung gegenüber Christus zu entlasten. Er sagt, dass die KIRCHE entscheidet, was wir glauben und praktizieren sollen. Und solange wir der KIRCHE gehorchen, sind wir im geistlichen Bereich von jeglicher Schuld befreit. Ähnlich sagt der Hybrid, dass der weltliche Herrscher entscheidet, wann es angemessen ist, andere zu töten, zu foltern, zu verbannen oder zu plündern. Solange wir unserer Regie-

---

149 Augustine, *Faustus*, ch. 75; Schaff, Fathers, vol. 4, 301.

rung gehorchen, sind wir im weltlichen Bereich vor Christus unschuldig. Und seither haben Hunderttausende von Christen ihre Mitmenschen oder sogar ihre Brüder in Christus getötet, ohne sich dafür moralisch verantwortlich zu fühlen. Sie haben einfach nur Befehle befolgt.

Tatsächlich haben die meisten „christlichen" Regierungen von ihren Soldaten verlangt, allen Befehlen höherer Offiziere zu gehorchen, ohne Rücksicht auf die moralische Rechtschaffenheit des Befehls. Das christliche Russland unter den Zaren zum Beispiel verlangte von seinen Soldaten Folgendes:

> Artikel 87. Einen von einem vorgesetzten Offizier erhaltenen Befehl genau auszuführen, ohne darüber nachzudenken, ob er gut ist oder nicht, und ob es möglich ist, ihn auszuführen. Der vorgesetzte Offizier ist für die Folgen des von ihm erteilten Befehls verantwortlich.

> Artikel 88. Der Untergebene darf niemals den Befehl eines Vorgesetzten verweigern - es sei denn, er sieht klar, dass er bei der Ausführung des Befehls seines Vorgesetzten gegen die Vorschriften verstößt ... [150]

Da diese Artikel vom christlichen Russland in Auftrag gegeben wurden, könnte man erwarten, dass Artikel 88 mit den Worten endet: „Es sei denn, er sieht klar, dass er bei der Ausführung des Befehls seines Vorgesetzten die Gebote Christi bricht." Aber so lautete der Artikel nicht. Vielmehr hieß es:

> „es sei denn ... er bricht seinen Eid der Treue und Loyalität gegenüber dem Zaren."[151]

---

150 Leo Tolstoy, *The Kingdom of God Is Within You* (Lincoln, Nebraska: University of Nebraska Press, 1894) 306.
151 Tolstoy.

Das US-Militärstrafgesetzbuch (United States Code of Military Justice) verlangt von seinen Soldaten im Wesentlichen denselben Gehorsam. Demnach müssen Soldaten allen Befehlen von Vorgesetzten gehorchen, es sei denn, sie stehen „im Widerspruch zur Verfassung, zu den Gesetzen der Vereinigten Staaten oder zu rechtmäßigen Befehlen von Vorgesetzten."[152]

Aber ist ein solcher Verhaltenskodex vor Christus und für Seine Bürger akzeptabel? Nicht im Geringsten. Christus hat deutlich gemacht, dass unser absoluter Gehorsam Ihm gehört. Er ist unser persönlicher König. Es spielt keine Rolle, was andere Autoritäten - kirchliche, weltliche oder militärische - Gegenteiliges sagen mögen. Was sie sagen, ist irrelevant, solange unser König sich bereits zu diesem Thema geäußert hat. Wir werden *individuell* vor Seinem Richterthron stehen, nicht kollektiv.

Abschaffung der persönlichen Verantwortung

Zu Lebzeiten von Augustinus reiste ein christlicher Führer aus Britannien namens Pelagius durch die römische Welt und predigte gegen die geistige Laxheit seiner Zeit. Er betonte zu Recht unsere persönliche Verantwortung vor Christus. Doch entweder er oder seine Anhänger gingen ein wenig zu weit. Sie sagten (oder behaupteten), dass wir Menschen perfekt in den Geboten Jesu wandeln können, ohne die Gnade zu benötigen.

Dies stand im Widerspruch zum historischen Christentum, das lehrte, dass ohne Gottes befähigende Gnade letztlich niemand gerettet werden würde. Gleichzeitig hatten die Christen immer gelehrt, dass auch wir eine Rolle bei unserer Errettung

---

152 Article 92(1)(c) Uniform Code of Military Justice.

spielen. Wir müssen bereit sein, die Welt loszulassen und täglich unser eigenes Fleisch und seine Bedürfnisse zu kreuzigen. Das Heil ist eine Angelegenheit, bei der Mensch und Gott zusammenarbeiten - weil Gott es so will.

In seiner üblichen Art und Weise ging Augustinus gegen die Pelagianer jedoch ins entgegengesetzte Extrem. Er erklärte, dass wir Menschen überhaupt keine Macht haben, Christus zu gehorchen. Dass wir nicht einmal einen ausreichend freien Willen haben, um uns dafür zu entscheiden, Ihm zu gehorchen. Mit anderen Worten, in Wirklichkeit haben wir keinen Anteil an unserem Heil. Augustinus behauptete, dass unser menschlicher Zustand so ist, weil Gott vor der Erschaffung des Universums willkürlich entschieden hat, wer auf ewig gerettet und wer auf ewig verdammt werden soll. Wir können nichts tun, um das Schicksal zu ändern, das Er bereits für uns bestimmt hat bevor wir geboren wurden.[153]

Doch das hebt sämtliche Grundprinzipien des Evangeliums von Jesus auf! Welchen Grund hatte Er, uns die Bergpredigt zu geben, wenn das, was Augustinus lehrte, wahr wäre? Welchen Zweck verfolgte Er damit, uns zu warnen, dass wir unser Haus auf den Felsen bauen müssen, indem wir Seinen Lehren gehorchen? Wenn das, was Augustinus sagte, wahr wäre, hätten wir absolut keine Macht, Seinen Lehren zu gehorchen! Wir können also nichts von dem tun, was Er von uns verlangt hat. Warum sollte Er uns ermahnen, auf den Felsen zu bauen, wenn diese Entscheidung bereits vor unserer Geburt von Gott getroffen wurde?

Warum sollte Jesus uns ermahnen, dass „derjenige, der bis zum Ende ausharrt", gerettet wird, wenn es nichts gibt, was wir tun können, um auszuharren? Welchen Sinn hatte Sein

---

153 Augustine, *On the Predestination of the Saints*, chaps. 16-19. Schaff, Fathers, Vol. V, 506-508.

Gleichnis von der Trennung der Schafe von den Böcken, wenn diese Trennung bereits vollzogen war, bevor Jesus überhaupt auf die Erde kam? Warum prangerte Jesus die Schriftgelehrten und Pharisäer an, wenn ihre Handlungen bereits von Gott vorherbestimmt waren? Auf welcher Grundlage hatten die Pharisäer irgendeine Schuld, wenn sie einfach nur das Drehbuch lebten, das Gott für sie geschrieben hatte? Was war der Zweck all der anderen Warnungen und Ermahnungen im Neuen Testament? Warum das Evangelium predigen, wenn unser Predigen keinen Unterschied machen kann in Bezug auf das ewige Schicksal irgendeines Menschen?

Indem er in ein Extrem ausschlug, um eine Auseinandersetzung zu gewinnen, erfand Augustinus ein absurdes System, das von jedem Bibelstudenten leicht entlarvt werden sollte. Das Evangelium vom Königreich Gottes wird nicht durch Beweistexte begründet, indem man bestimmte Stellen der Heiligen Schrift hervorhebt und dann alles andere ignoriert, was das Neue Testament lehrt. Aber auf diese Weise hat Augustinus sein eigenes spezielles System geschaffen, indem er ein paar Passagen als Beweistexte gebrauchte. Im Gegensatz dazu akzeptiert das Evangelium des Königreichs Gottes das Neue Testament in seiner *Gesamtheit*. Es legt keinen einzigen Teil der Bibel so aus, dass die Lehren Jesu dadurch zunichte gemacht werden.

Die Wahrheit ist, dass Augustinus selbst nicht an seine eigene Doktrin geglaubt hat. Wenn er das getan hätte, hätte er sich nicht die Mühe gemacht, den Pelagianern zu antworten. Denn wenn die Lehre des Augustinus wahr ist, was macht es dann für einen Unterschied, was die Pelagianer lehrten? Niemand könnte durch ihre Lehre geschädigt werden. Niemandes Beziehung zu Gott würde beeinträchtigt werden. Noch einmal: Warum plädierte Augustinus dafür, dass Ketzer und

Schismatiker verfolgt werden sollten? Ihre Irrtümer könnten niemandem schaden. Niemand würde durch sie sein Heil verlieren, da das Heil aller Menschen bereits vor der Erschaffung des Universums beschlossen worden war.

Zusammenfassend lässt sich sagen, dass das Neue Testament unter dem Evangelium des Königreichs ein offenes Buch ist, das ein ungebildeter Christ lesen und wörtlich befolgen kann. Unter Augustinus und der Theologie des Konstantinischen Hybrids wurde das Neue Testament jedoch zu einem mit Landminen übersäten Buch, das nur theologisch geschulte Geister richtig interpretieren konnten.

27. Fälschung im Namen Christi!

Die institutionelle KIRCHE zerfiel nicht, als das Weströmische Reich zusammenbrach. Im Gegenteil, der Fall Roms hat die Macht der KIRCHE nur noch verstärkt. Nach dem Zusammenbruch des Weströmischen Reiches wurde die KIRCHE zur wichtigsten Institution der Zivilisation in Westeuropa. Als die germanischen Invasoren den Westen in kleinere „christliche" Königreiche aufteilten, nahm der Bischof von Rom den Status ein, den zuvor der weströmische Kaiser innehatte. Er war nun besser bekannt als „der Papst" und wurde zu einer der mächtigsten Personen des Abendlandes.

Im Laufe der Jahrhunderte wuchs der Reichtum und die Macht der Römisch-Katholischen KIRCHE weiter. Rom blieb die wichtigste Stadt Westeuropas, doch die Haupteinnahmen stammten nun von der KIRCHE. Tausende von Pilgern reisten jedes Jahr nach Rom, um den Petersdom zu besichtigen und einen Blick auf die Gebeine des Petrus hinab zuwerfen. Die guten „Christen" von Rom zockten die Pilger so gut sie konnten ab. Überall in Rom verkauften die Christen Teile des Kreuzes, Gebeine von Heiligen und andere Reliquien.

In Übereinstimmung mit dem Konstantinischen Hybrid regierte der Papst nun normalerweise in zwei verschiedenen Funktionen. Er war der irdische Fürst von Rom und gleichzeitig der Universalbischof der Römisch-Katholischen KIRCHE. Um die irdischen Befugnisse des Papstes zu rechtfertigen, erstellte ein päpstlicher Kleriker im Jahr 750 ein gefälschtes Rechtsdokument, das angeblich eine Schenkung des irdischen Königtums von Kaiser Konstantin an den Bischof von Rom und alle seine Nachfolger darstellte. Die Schenkung sollte bis zum Ende der Welt gelten. Dieses gefälschte Dokument, bekannt als die *Konstantinische Schenkung*, täuschte so ziemlich jeden im mittelalterlichen Europa. In diesem gefälschten Dokument heißt es unter anderem:

> „Weil unsere kaiserliche Macht irdisch ist, haben wir [d.h. Konstantin] beschlossen, seine heiligste römische Kirche ehrfürchtig zu ehren und den heiligsten Stuhl des seligen Petrus in Herrlichkeit über unser eigenes Reich und unseren irdischen Thron zu erheben, indem wir ihm Macht und glorreiche Majestät und Stärke und kaiserliche Ehre zuschreiben. ...

> Mit dieser Urkunde übertragen wir unseren kaiserlichen Lateranpalast, der alle Paläste der Welt übertrifft und überragt. Wir übertragen auch ein Diadem, das ist die Krone, die wir auf dem Kopf tragen, und zugleich die Tiara. ... Wir übertragen auch den purpurnen Mantel und die karmesinrote Tunika und alle unsere kaiserlichen Gewänder. ...

> Um unserem eigenen Imperium zu entsprechen und damit die höchste pontifikale Autorität nicht entehrt, sondern vielmehr mit einer glorreichen Macht geschmückt wird, die größer ist als die Würde irgendeines irdischen Reiches, siehe, wir geben dem heiligsten Pontifex, unserem Vater Silvester, dem Universalpapst, nicht nur den oben genannten Palast, sondern auch die Stadt Rom und alle Provinzen, Bezirke und Städte Italiens und der westlichen Regionen."[154]

---

154 Colman J. Barry, ed., Readings in Church History, 235-237.

Der Papst beanspruchte also nicht nur die weltliche Herrschaft über Rom, sondern auch die Herrschaft über ganz Italien und die „westlichen Regionen".

Nutzung der gefälschten Schenkung

Um 755 hatte ein germanisches Volk, die Langobarden, die Kontrolle über den größten Teil Italiens erlangt. Der Papst befürchtete, dass sie auch ein Auge auf die Stadt Rom geworfen hatten. Bitte verstehen Sie, dass die Langobarden gute „Christen" waren, aber das hatte nichts mit der Angelegenheit zu tun. Katholiken zögerten nicht, in das Land anderer Katholiken einzufallen oder sie abzuschlachten. Aus Angst, dass die Langobarden auch Rom erobern würden, reiste Papst Stephan II nach Gallien, um Pippin III, den König der Franken, davon zu überzeugen, dem Papst zu Hilfe zu kommen. Der Papst zeigte Pippin die gefälschte *Konstantinische Schenkung* und forderte ihn auf, als guter christlicher König die italienischen Städte dem Heiligen Petrus und seinen Nachfolgern, den Päpsten, „zurückzugeben". Die Franken, die auf die falsche Schenkung hereinfielen, kamen dem Papst zu Hilfe, besiegten die Langobarden und übergaben dem Papst etwa zwanzig italienische Städte, wodurch ein Gebiet entstand, das fortan als Kirchenstaat bekannt war.

All diese weltliche Macht und die enormen Steuereinnahmen aus dem Kirchenstaat machten natürlich das Papstamt sehr begehrenswert für Männer mit weniger gottgefälligen Motiven. Verschiedene Fraktionen mächtiger Familien in Rom bekämpften einander, um den „Thron des Petrus" zu erlangen. In einem Jahr saßen vier verschiedene Männer auf dem Papstthron - die ersten drei wurden jeweils ermordet.

Zwei Königreiche, zwei Namen

Im Jahr 954 bereitete sich Alberich, Fürst von Rom, auf eine Schlacht vor, als er plötzlich von einem tödlichen Fieber befallen wurde. Als Alberich erkannte, dass er im Sterben lag, rief er die anderen Adeligen Roms zum Grab des heiligen Petrus. Dort verlangte Alberich von den Adeligen auf die Gebeine des Petrus zu schwören, dass sie nach Alberichs Tod seinen fünfzehnjährigen Sohn Octavian zum Fürsten von Rom wählen würden. Er ließ sie auch schwören, dass sie Octavian zum nächsten Papst machen würden, sobald der amtierende Papst starb. Die Adeligen schworen also.

So wurde Octavian im Alter von fünfzehn Jahren Fürst von Rom. Ein Jahr später wurde er auch zum Papst ernannt. Um zwischen seiner offiziellen Funktion als Fürst von Rom und seiner Funktion als Papst zu unterscheiden, hatte Octavian eine geniale Idee. Als Papst nahm er den Kunstnamen Johannes XIII. an. Als Fürst von Rom benutzte er seinen eigentlichen Namen Octavian. Er herrschte über zwei Königreiche, warum also nicht zwei Namen tragen? Der von ihm geschaffene Präzedenzfall, einen erfundenen Namen als Papstnamen anzunehmen, ist seither die Praxis der Päpste.

Octavian (Papst Johannes XIII) schützte sein Papsttum und sein Fürstentum, indem er sich mit bewaffneten Banden von Schlägern umgab. Er war so unglaublich böse, dass ein Historiker ihn als „christlichen Caligula"[155] bezeichnete. Er war süchtig nach Alkohol, schwerem Glücksspiel und jeder Art von Ausschweifung, die man sich vorstellen konnte. Den Lateranpalast verwandelte er praktisch in ein Haus der Prostitution. Seine Zeitgenossen beschuldigten ihn, dass weibliche

---

155 E.R. Chamberlin, *The Bad Popes* (New York: Dorset Press, 1969) 43.

Pilgerinnen sogar inmitten der Peterskirche vergewaltigt worden seien.

Schließlich riefen einige Priester und Bischöfe mit Hilfe des römisch-deutschen Kaisers Otto I.[156] ein Konzil ein, um Papst Johannes XIII vor ein kirchliches Gericht zu stellen. Papst Johannes XIII weigerte sich jedoch, daran teilzunehmen, und verbarg sich in einem sicheren Zufluchtsort. Nach dem Abzug der deutschen Truppen kehrte der Papst nach Rom zurück und ließ seine Wut an den Klerikern aus, die auf dem Konzil gegen ihn ausgesagt hatten. Ein Priester wurde nahezu zu Tode gepeitscht. Einem anderen wurde die Zunge herausgerissen, einem dritten Priester wurde die Hand abgehackt, und einem vierten Kleriker wurden Nase und Finger abgeschnitten.[157]

Lasst uns die *wirklichen* Übeltäter verfolgen

Obwohl eine Anzahl von Päpsten bösartige Monster waren, hat die KIRCHE keinen von ihnen für ihre Morde und Ausschweifungen exkommuniziert oder bestraft. Die Päpste wurden nur dann ihres Amtes enthoben, wenn sie von Rivalen getötet oder auf andere Weise gewaltsam entfernt wurden.

Während die KIRCHE die Korruption und Schlechtigkeit in ihrer Mitte ignorierte, verfolgte sie die „Ketzer" mit aller Härte. Sie folterte sie auf grausame Weise und warf sie in feuchte, dunkle, schreckliche Kerker. Die KIRCHE schlachtete auch Ketzer ab - oft auf die grausamste Art und Weise. Einige der Opfer der KIRCHE hielten tatsächlich an Lehrfehlern fest,

---

156 Auch bekannt als Otto der Große. Er wurde 962 (also 2 Jahre vor dem erwähnten Konzil) von Papst Johannes XII. zum römisch-deutschen Kaiser gekrönt. Anm. des Übersetzers.

157 Chamberlin 60.

manchmal sogar an enorm großen. Andere waren gute Katholiken, deren einziges Verbrechen darin bestand, die Autorität Roms in Frage zu stellen. Viele „Ketzer" waren in Wirklichkeit Königreich-Christen, die lediglich versuchten, ihrem König zu gehorchen.

Eines der deutschen Statuten aus dem Jahr 1215 ist ziemlich repräsentativ für die mittelalterlichen Ketzergesetze:

> „Wo Personen als Ketzer verdächtigt werden, sollen sie vor das geistliche Gericht angeklagt werden, denn sie sollen zuerst von Geistlichen verurteilt werden. Wenn sie überführt sind, sollen sie dem weltlichen Gericht übergeben werden, das sie ordnungsgemäß verurteilen soll. Das heißt, sie sollen auf dem Scheiterhaufen verbrannt werden. Wenn jedoch der Richter sie schützt oder irgendwelche illegalen Zugeständnisse macht und sie nicht verurteilt, soll er exkommuniziert werden, und zwar in der strengsten Form."[158]

Dieses Statut sah weiter vor, dass auch ein Fürst, der Ketzer schützte oder es einfach versäumte, sie zu verfolgen, exkommuniziert wurde und ihm alle seine Güter und Titel entzogen wurden.

1229 legte die Synode von Toulouse fünfundvierzig Vorschriften fest, wie Ketzer zu verfolgen und zu bestrafen waren. Einige dieser Vorschriften lauteten:

- In jeder Pfarrei, ob innerhalb oder außerhalb der Stadt, müssen die Bischöfe einen Priester und zwei oder mehr Laien von gutem Ruf verpflichten, in ihren Pfarreien, einzelnen verdächtigen Häusern, unterirdischen Räumen

---

158 Barry 522.

und Anbauten von Häusern und anderen Ver-
stecken fleißig, treu und häufig nach Ketzern
zu suchen.

- Das Haus, in dem ein Ketzer gefunden wird,
  ist abzureißen und das Eigentum zu beschlag-
  nahmen.

- Wer aus Angst vor dem Tod oder aus einem
  anderen Grund unfreiwillig zur Kirche zurückgekehrt ist, muss vom Bischof inhaftiert
  werden.

- Alle Mitglieder einer Pfarrei müssen dem Bischof unter Eid schwören, dass sie den katholischen Glauben bewahren und Ketzer nach
  ihren Kräften verfolgen werden. Dieser
  Schwur muss alle zwei Jahre erneuert werden.[159]

Entschuldigen „die Zeiten" die Kirche?

Heute würde die Römisch-Katholische KIRCHE zugeben,
dass die unsäglichen Gräueltaten, die die mittelalterliche
KIRCHE an Ketzern verübte, falsch waren. Die Katholiken
versuchen jedoch in der Regel das Verhalten der KIRCHE damit zu entschuldigen, dass sie nur im Rahmen der Normen
der mittelalterlichen Gesellschaft gehandelt habe. Die heutige
Gesellschaft würde es nicht dulden, dass jemand auf dem
Scheiterhaufen verbrannt wird, aber die mittelalterliche Gesellschaft *wollte* dies. Die KIRCHE hat sich einfach nur an die
gesellschaftlichen Normen der damaligen Zeit gehalten.

---

159 Barry 521, 522.

Aber entschuldigt das die KIRCHE? Nicht im Geringsten. Die Werte und Gebote, die Jesus uns gegeben hat, sind dauerhaft. Sie ändern sich nicht mit der Gesellschaft.

> „Jesus Christus ist derselbe gestern, heute und in Ewigkeit." Hebr 13,1

Da das Königreich Gottes nicht von dieser Welt ist, sind gesellschaftliche Normen, die gegen die Normen des Königreichs Gottes verstoßen, irrelevant. Niemand würde einen Christen für die Anbetung heidnischer Bilder entschuldigen, nur weil dies die Norm der Gesellschaft war, in der er lebte. Jesus hat uns nicht gesagt: „Liebet eure Feinde - es sei denn, die Regierung und die Kirche sagen, ihr sollt sie foltern."

Teil V

Als es illegal war, ein Königreich-Christ zu sein

28. Das Untergrundkönigreich

Im vorigen Abschnitt dieses Buches haben wir uns den Konstantinischen Hybrid im Detail angesehen, was die Hybrid-KIRCHE glaubte und wie sie handelte. Wir haben uns auch angesehen, wie der „christianisierte" Staat agierte. In diesem letzten Abschnitt des Buches werden wir uns ansehen, wie das Königreich Gottes trotz des geistlichen Niedergangs der institutionellen KIRCHE fortbestand.

Was hat der Kaiser mit der Kirche zu tun?

Vorhin habe ich über die Ursprünge der Donatisten gesprochen. Und wir haben gesehen, dass ihre Anfänge nicht besonders heldenhaft waren. Sie wollten die neuen Vergünstigungen, die Konstantin der institutionellen KIRCHE anbot. Und sie zögerten nicht, den Kaiser zu bitten, in ihren kirchlichen Streit einzugreifen.

Es erwies sich jedoch als Segen, dass alle Gerichtsurteile gegen die Donatisten ausfielen. Denn es zwang sie, einen Schritt zurückzutreten und neu zu bewerten, was aus der institutionellen KIRCHE geworden war. Es öffnete ihnen die Augen für die Tatsache, dass die KIRCHE nicht länger ein heiliger Leib war. Vielmehr war sie schnell zu einer weltlichen Institution geworden, die nun die Reichen und Mächtigen förderte. Infolgedessen gaben die Donatisten ihren ursprünglichen Wunsch, die Akzeptanz des Kaisers zu gewinnen, völlig auf. Wie Donatus selbst sagte:

„Was hat der Kaiser mit der Kirche zu tun?"[160]

So begannen die Donatisten nun, ihre Aufmerksamkeit wieder auf das Königreich Gottes zu lenken. Der Donatismus war fast ausschließlich auf Nordafrika beschränkt. Dort existierte er Seite an Seite mit der institutionellen oder Katholischen KIRCHE. Es gab aber einen erkennbaren Unterschied. Die Katholiken waren in der Regel städtisch, besser ausgebildet und wohlhabender. Die Donatisten setzten sich hauptsächlich aus den Armen zusammen. In dieser Hinsicht waren sie ziemlich typisch für fast alle „Königreich-Bewegungen" von der Zeit Konstantins bis zur Neuzeit.

Den Königreich-Lebensstil in der Kirche leben

Es wäre jedoch ein Fehler zu glauben, dass die einzigen Königreich-Christen nach der Zeit Konstantins in Gruppen wie den Donatisten zu finden waren. Sicherlich gab es auch andere Königreich-Kirchen, wie die Novatianer. Aber viele Königreich-Christen blieben in der Katholischen KIRCHE.

Obwohl die Römisch-Katholische KIRCHE Augustinus in den meisten seiner Lehren folgte, akzeptierte sie seine Lehren von der Prädestination *nicht*. Infolgedessen lehrte sie vielerorts immer noch die Notwendigkeit, Christus gehorsam zu sein. Doch anstatt die Lehren Jesu über das Königreich Gottes vollständig aufrechtzuerhalten, verbannte die Katholische KIRCHE sie in den Bereich des „Perfektionismus". Die KIRCHE lehrte, dass nur diejenigen, die „perfekt" sein wollten, buchstäblich nach der Lehre Christi leben mussten. Lobenswerterweise ermutigte die KIRCHE einen solchen christlichen „Perfektionismus", allerdings nur solange er unter der

---

160 Tim Dowley, ed., *Eerdmans' Handbook to the History of Christianity* (Grand Rapids: Wm. B. Eerdmans Publishing Comp., 1977) 202, 203.

Kontrolle der KIRCHE blieb. Infolgedessen gab es Zehntausende von mittelalterlichen Christen, die die Lehren Jesu wortwörtlich lebten.

Viele dieser Christen - wie Franz von Assisi und Thomas von Kempen - folgten einem Königreich-Lebensstil unter der Schirmherrschaft einer Art geistlicher Ordnung oder Gemeinschaft. Sie lebten ein stilles Leben des Gebets, des Dienstes und der Liebe. Andere Königreich-Christen waren Bauern auf dem Lande, die nicht lesen konnten, weit entfernt von den Zentren der Macht und weltlicher Raffinesse. Andere waren städtische Hausfrauen, die die Lehren Jesu im familiären Umfeld lebten.

Natürlich gab es viele Menschen, deren Leben äußerlich dem der Königreich-Christen ähnelte, die aber keine echte Beziehung zu Christus hatten. Einige hofften, sich den Weg in den Himmel durch ein asketisches Leben zu verdienen. Viele waren Heuchler und Betrüger. Dennoch gab es keinen Mangel an echten Königreich-Christen.

Der Zusammenstoß zwischen dem Königreich Gottes und der Kirche

Wie ich schon sagte, hatte die Katholische KIRCHE in der Regel keine Einwände gegen jemanden, der ein Leben nach dem Königreich Gottes führte - solange er nichts tat, was das bestehende religiöse System erschütterte. Wenn jedoch Königreich-Christen begannen, die Botschaft des Königreichs Gottes zu predigen, oder wenn sie versuchten, die KIRCHE zu reformieren, dann schlug der Hammer der KIRCHE hart auf sie nieder.

Ein Beispiel dafür ist Arnold von Brescia, ein italienischer Kleriker, der versuchte, die weltliche KIRCHE des zwölften Jahrhunderts zu reformieren. Er vertrat die Ansicht, dass der gesamte Klerus - vom Papst abwärts bis zum Dorfpriester - wie die Apostel leben sollte. Er bezeichnete einige vom Klerus als „Geldwechsler und Räuberhöhlen". Er verurteilte das päpstliche System, weil es die wahre apostolische Mission völlig aus den Augen verloren hatte. Arnold predigte, dass die Kirche sich aller weltlichen Macht entledigen und sich ausschließlich dem Evangelium Christi widmen sollte.[161]

Die Antwort der Kirche? Der Papst ließ Arnold aufhängen und anschließend verbrennen. Seine Asche wurde in den Fluss Tiber gestreut, der durch Rom fließt.

Etwa zur gleichen Zeit, als Arnold in Italien predigte, reiste ein armer Dorfpriester barfuß durch die Städte und Dörfer Südfrankreichs und predigte das Königreich Gottes. Sein Name war Pierre de Bruys, und er zog eine ziemlich große Anhängerschaft unter den Armen an. Er lehrte, dass Kirchengebäude eine extravagante Verschwendung seien. Die Kirche, so sagte er, sei eine geistliche Gemeinschaft, die keine Gebäude brauche, um zu existieren. Er lehrte, dass Werke, die zum Nutzen der Toten getan werden, wertlos sind. Er predigte auch gegen die Römische Messe und sich gebetsmühlenartig wiederholende Gebete. Er sagte seinen Zuhörern, dass sie weder das Kreuz noch Bilder verehren oder anbeten sollten. Er ermutigte sie sogar dazu, alle Gegenstände des Aberglaubens und Götzendienstes zu zerstören.[162]

Pierre las seinen Zuhörern die vier Evangelien vor und predigte das wahre Königreich Gottes. Leider ließen sich einige

---

161 Martin Erbstösser, *Heretics in the Middle Ages* (Leipzig: Druckerei Fortrschritt Erfurt, 1984) 80, 81.
162 Erbstösser 83.

seiner Anhänger nicht ganz von der Wehrlosigkeit leiten. Sie zerschlugen Altäre und Bilder, verbrannten Kruzifixe und zerstörten Kirchengebäude. Wie die meisten der Königreich-Lehrer des Mittelalters wurde auch Pierre schließlich von seinen Katholischen Gegnern verbrannt.

Ein letztes Beispiel für einen mittelalterlichen Königreich-Prediger war Heinrich von Lausanne, der im frühen zwölften Jahrhundert durch Nordfrankreich reiste und das Königreich Gottes predigte. Er predigte nicht nur die Botschaft vom Königreich, sondern griff auch den wohlhabenden Klerus scharf an. Er forderte seine Zuhörer auf, die Katholischen Kirchen nicht zu besuchen. Seine feurigen Predigten und Verurteilungen zogen eine beträchtliche Anhängerschaft unter den Armen an. Schließlich nutzte die KIRCHE jedoch die Macht des Adels, um Heinrich aus Nordfrankreich zu vertreiben.

Heinrich reiste daraufhin durch Südfrankreich und Norditalien und ermutigte die Christen überall, zur Einfachheit der Apostel und der frühen Kirche zurückzukehren. Anstatt sich auf die Autorität der Kirche zu verlassen, zitierte Heinrich das Neue Testament als einzige Autorität. Er forderte die Christen auf, sich gegenseitig ihre Sünden zu bekennen. Es sei nicht notwendig, Buße und Absolution von einem Priester zu erhalten. Tausende und Abertausende von Armen reagierten auf Heinrichs Botschaft und richteten ihr Leben auf Jesus und Sein Königreich aus.

Um die Mitte des zwölften Jahrhunderts verschwand Heinrich von Lausanne aus den historischen Aufzeichnungen. Ob es ihm gelungen ist, den Ketzerjägern einen Schritt voraus zu sein und weiter zu predigen, wissen wir nicht. Wir wissen jedoch, dass seine Predigten beträchtliche Früchte brachten.[163]

---

163 Erbstösser 85.

Gemeinsame Merkmale

Ob sie nun stille Einzelgänger oder Mitglieder einer der mittelalterlichen Königreich-Bewegungen waren, die Königreich-Christen des Mittelalters hatten im Allgemeinen zwei Merkmale gemeinsam:

Erstens stammte die überwiegende Mehrheit von ihnen aus den armen und ungebildeten Schichten. Kein Wunder, dass Jesus sagte: „Selig sind die Armen"! Sie hatten wenig Anteil an dieser Welt, also hatten sie auch wenig aufzugeben. Ihnen *gehörte* das Königreich des Himmels tatsächlich. Losgelöst von allen theologischen Spitzfindigkeiten und Kleinigkeiten konnten sie die einfache Botschaft vom Königreich des Himmels erkennen, die in den Evangelien so deutlich beschrieben wird. Wie Jesus sagte:

> „Dies hast du den Weisen und Klugen verborgen und hast es den Unmündigen offenbart." Mt 11,25

Zweitens bezogen sie ihre Autorität ausschließlich aus dem Neuen Testament, insbesondere aus den direkten Lehren Jesu. Einige Königreich-Christen hatten eine formale theologische Ausbildung, die meisten jedoch nicht. Typischerweise hatten die Königreich-Christen die Lehren Jesu immer wieder gelesen oder gehört, und sie wandten sie wörtlich an.

Und genau darum ging es im Königreich-Christentum immer.

29. Die Waldenser

Die Waldenser waren die bedeutendste Königreich-Bewegung des Mittelalters. Diese Bewegung begann um 1170 in der geschäftigen mittelalterlichen Stadt Lyon in Frankreich. Hier lebte ein wohlhabender Kaufmann namens Waldesius.[164] Er genoss seinen Reichtum und liebte es, sich in den Machtkreisen seiner Stadt bewegen zu können. Er war ein guter Katholik und besuchte jede Woche die Messe.

Doch eines Tages hörte Waldesius nach der Messe einen Minnesänger, der eine Ballade über einen Christen aus dem vierten Jahrhundert namens Alexis sang. Alexis war der Sohn eines wohlhabenden römischen Senators und ein reicher, verwöhnter Heide. Doch an dem Tag, an dem Alexis verheiratet werden sollte, brach Christus plötzlich zu ihm durch. Durch seine Bekehrung bis in seine Seele berührt, verließ Alexis alles - seine Familie, seinen Reichtum und seine zukünftige Braut. Mit kaum mehr als den Kleidern, die er am Leib trug, reiste er quer durch Europa nach Syrien. Dort verbrachte er die meiste Zeit seines Lebens mit Beten und Fasten, diente anderen und teilte die Liebe Jesu. Er ertrug Armut und großes Leid für die Sache Christi.

Jahre später kehrte Alexis gesundheitlich angeschlagen und körperlich entstellt nach Rom zurück. Seine Familie und Freunde erkannten ihn jedoch nicht, da er nur wie ein ver-

---

164 Oder: Valdesius. Sein französischer Name war Waldes (oder Valdes). In einigen Büchern wird er als Peter Waldo bezeichnet, aber das war offenbar nicht sein richtiger Name.

wahrloser Bettler aussah. Also beschloss Alexis, seine Identität geheim zu halten. Er nahm eine niedere Arbeit bei seinem Vater (der ihn nicht erkannte) an und lebte in einem winzigen Zimmer unter der Treppe seines Elternhauses. Auf diese Weise lebte er siebzehn Jahre lang und versuchte anderen im Geiste Christi zu dienen. Als Alexis starb, fand seine Familie unter seinen wenigen Besitztümern sein Tagebuch, und da wurde ihnen klar, wer er wirklich war.

Waldesius war von dieser Geschichte sehr bewegt, und sie löste in ihm eine geistliche Krise aus. Von Gewissensbissen geplagt, suchte Waldesius Rat bei einem örtlichen Priester. Er schüttete ihm sein Herz aus, und der Priester hörte ihm aufmerksam zu. Nach mehreren Stunden ernsthafter Diskussion holte der Priester die Bibel und las Waldesius aus Matthäus Kapitel 19 über den reichen jungen Herrscher vor.

> „Wenn du perfekt sein willst, so geh hin, verkaufe, was du hast, und gib es den Armen, so wirst du einen Schatz im Himmel haben; und komm und folge mir nach.“
> Mt 19,21

Diese Worte hallten in Waldesius' Ohren nach, als er nach Hause ging. Sein Reichtum war keine Quelle des Glücks mehr für ihn. Tatsächlich schien er ihm vielmehr wie eine schwere Kette um seinen Hals. In einem Moment der Freude und geistlichen Begeisterung beschloss Waldesius plötzlich, die schwere Kette des Reichtums abzuwerfen. Er *wollte* ein Jünger Christi sein! Er wollte die Wonnen des himmlischen Schatzes genießen!

Zunächst verwendete Waldesius einen Teil seines Reichtums, um Teile des Neuen Testaments in die in der Gegend von Lyon übliche Volkssprache übersetzen zu lassen. Mit der

Heiligen Schrift bewaffnet, verschenkte er dann seinen gesamten restlichen Besitz an die Bedürftigen.

„Bürger und Freunde", sagte Waldesius zu den Einwohnern von Lyon, als er seine Güter verschenkte. „Ich bin nicht von Sinnen, wie ihr vielleicht denkt. Ich befreie mich von den Dingen, die mich bedrückten. Denn sie haben mich mehr zu einem Liebhaber des Geldes als zu einem Liebhaber Gottes gemacht. Diese Tat tue ich sowohl für mich als auch für euch: Für mich selbst, damit ihr mich in der Tat einen Narren nennt, wenn ich jemals wieder etwas besitze. Für euch - damit auch ihr eure Hoffnung auf Gott und nicht auf den Reichtum setzt."[165]

Waldesius zog in der Stadt Lyon umher und predigte allen das einfache Evangelium vom Königreich Gottes. Seine Ernsthaftigkeit und sein Beispiel des Glaubens berührten viele Leben. Bald schloss sich ihm eine kleine Gruppe gleichgesinnter Gläubiger an. Sie nannten sich die „Armen im Geiste". Sie wollten jeden Aspekt der Lehre Jesu wörtlich und ernst nehmen. Sie beschlossen, die Freude an wahrer, kompromissloser Nachfolge selbst zu kosten. Das Königreich Gottes hatte Lyon erreicht - und es stellte die Stadt auf den Kopf!

Waldesius und seine Jünger hatten weder den Wunsch noch die Vision, eine neue Kirche zu gründen. Tatsächlich hatten sie nicht einmal den Wunsch, die Katholische KIRCHE herauszufordern oder anzugreifen. Sie wollten einfach ein authentisches Christentum im Schoß der Katholischen KIRCHE leben und ihre Freude mit anderen teilen. Sie lehrten keine neuen Lehren, sondern verkündeten einfach dieselbe Botschaft, die Jesus gepredigt hatte. Obwohl sich einige wohlha-

---

165 Giorgio Tourn, et al, *You Are My Witnesses* (Torino, Italy: Claudiana Editrice, 1989) 14.

bende Personen und einige Intellektuelle den „Armen im Geiste" anschlossen, kamen ihre Mitglieder überwiegend aus der armen Bevölkerung.

Die „Armen im Geiste" hätten leicht zu einer geistlichen Gesellschaft innerhalb der Katholischen KIRCHE werden können - wären da nicht einige ihrer Überzeugungen gewesen. Erstens suchten sie nicht nach der Erlaubnis der KIRCHE für das, was sie taten. Zweitens hatten sie nicht die Absicht einen Winterschlaf in klösterlicher Abgeschiedenheit zu fristen. Sie wollten Bürger von Lyon bleiben und ihre Botschaft in die Kirchen, auf die öffentlichen Plätze und auf die Märkte bringen.

Einer der ersten Schüler von Waldesius schrieb:

> „Wir haben beschlossen, bis zu unserem Tod den Glauben an Gott und an die Sakramente der KIRCHE zu bewahren. ... Wir haben beschlossen, frei zu predigen, gemäß der Gnade, die uns von Gott gegeben wurde. Wir werden nicht aufhören, dies zu tun, aus welchem Grund auch immer."[166]

Die Lehren der KIRCHE zu schmälern oder ihre Autorität in Frage zu stellen, lag den „Armen im Geiste" am fernsten. Vielmehr ermutigten sie ihre Zuhörer, die KIRCHE noch treuer zu besuchen. Wie könnte die KIRCHE etwas dagegen haben, was sie taten?

Doch schon bald wurden Waldesius und die „Armen im Geiste" aus ihrer geistigen Naivität geweckt. Die Katholische KIRCHE hatte keine Einwände gegen den Lebensstil der „Armen im Geiste". Die Kirche betrachtete sie einfach als den Weg der „Perfekten". Das sei eine gute Sache, aber nicht not-

---

166 Tourn 15.

wendig. Und die KIRCHE hatte keine Einwände gegen ihre Lehren, weil sie im Grunde keine hatten.

Dem Erzbischof gefiel es jedoch nicht, dass die „Armen im Geiste", die an keiner Universität ausgebildet und nicht von der KIRCHE geweiht worden waren, auf der Straße predigten. Seit der Zeit Konstantins hatte die KIRCHE versucht, das Predigtmonopol aufrechtzuerhalten. Wie wir bereits erörtert haben, war eines der Merkmale des Hybrids die Überzeugung, dass nur diejenigen, die von der institutionellen KIRCHE zugelassen waren, das Evangelium sicher predigen konnten. Daher befahl der Erzbischof dem Waldesius, vor ihm zu erscheinen. Er verlangte dann, dass Waldesius und die „Armen im Geiste" aufhören sollten zu predigen. Der Erzbischof wies Waldesius streng zurecht und sagte ihm, dass das Predigen nur dem Klerus zustehe.

Das geistliche Leben von Tausenden stand nun auf dem Spiel. Waldesius hätte die Rolle eines guten Katholiken spielen und sagen können: „Ja, Eure Heiligkeit, was immer Ihr anordnet." Er und die „Armen im Geiste" hätten unter der Autorität der KIRCHE weiterhin den Lebensstil des Königreichs Gottes leben können, und sie hätten zweifellos weiterhin neue Jünger angezogen. Aber Waldesius war nicht bereit, mit dem Predigen aufzuhören. Zum Entsetzen des Erzbischofs sah Waldesius ihm direkt in die Augen und antwortete furchtlos: „Im Gegenteil, das Predigen gehört jedem, der sich dafür entscheidet, wirklich wie die Apostel Jesu zu leben."[167]

Selbstverständlich hatte Waldesius damit den Zorn des Erzbischofs auf sich gezogen und sich in eine sehr gefährliche Lage gebracht. Aber Waldesius hatte immer noch ein naives Vertrauen in die Katholische KIRCHE. Zu dieser Zeit tagte in

---

167 Tourn 16.

Rom das Dritte Laterankonzil. So reisten Waldesius und einige der „Armen im Geiste" nach Rom, um ihren Fall dem Papst persönlich vorzutragen. Der Papst empfing sie herzlich und drückte seine Zustimmung zu ihrer Schriftübersetzung aus. Ihm gefiel sogar ihre Vision. Aber er teilte ihnen mit, dass jede Entscheidung über das Predigen von ihrem Ortsbischof getroffen werden müsse.

Einer der Delegierten auf dem Konzil beschloss, herauszufinden, wie qualifiziert diese „Armen im Geiste" waren, anderen zu predigen. Es war ein hochmütiger Mönch aus England namens Walter Map. Map forderte die „Armen im Geiste" auf, vor ihm und einer Reihe anderer Delegierter zu erscheinen. Dann fragte er sie:

„Sagt mir, glaubt ihr an Gott den Vater?"

„Das tun wir", antworteten die „Armen im Geiste".

„Und an den Sohn?"

„Das tun wir."

„Und an den Heiligen Geist?"

„Das tun wir."

„Und an die Mutter Christi?"

„Das tun wir."[168]

Bei dieser letzten Antwort brüllten die Konzilsdelegierten vor Lachen. Waldesius und die anderen waren verblüfft, was sie falsch gesagt hatten. Unter einem Chor der Verhöhnung wurden die „Armen im Geiste" aus dem Konzil entlassen. Der Mönch Walter Map berichtete:

---

168 Tourn 20.

„Bei dieser letzten Antwort erhob sich ein Gebrüll des Spottes und sie zogen sich verwirrt zurück. Und das zu Recht, denn sie hatten niemanden, der sie führen konnte. Und doch erwarten dieselben Leute, dass sie andere führen!"[169]

Was hatten sie falsch gemacht? Hunderte von Jahren zuvor hatte das Konzil von Ephesus Maria den Titel „Mutter Gottes" verliehen. Wenn sie also sagten, sie glaubten an die „Mutter Christi", zeigte das, dass sie theologisch ungebildet waren. Die Heiligen Schriften bezeichnen jedoch Maria nie als Mutter Gottes, und die „Armen im Geiste" waren Menschen der Heiligen Schriften. Alles, was sie wussten, war das einfache Evangelium vom Königreich Gottes - und das war alles, was sie wissen mussten.

Als Waldesius und seine Mitchristen nach Lyon zurückkehrten, predigten sie weiterhin öffentlich, wie sie es zuvor getan hatten. Sie setzten alles daran, den örtlichen Kirchenbehörden zu erklären, dass sie keine Ketzer mit einer neuen Lehre waren. Waldesius war sogar bereit, eine Erklärung zum Bekenntnis des Katholischen Glaubens zu unterzeichnen, die ihm von einem päpstlichen Vertreter vorgelegt worden war. Tatsächlich machte Waldesius nur einen handschriftlichen Vermerk auf der päpstlichen Glaubenserklärung. In seinem Vermerk hieß es, dass seine Berufung zu einem Leben in Armut ein Akt des Gehorsams gegenüber Jesus Christus sei - und nicht ein Akt der „Perfektion" im Namen der KIRCHE.[170]

Dennoch forderten die kirchlichen Behörden Waldesius und die „Armen im Geiste" erneut auf, vor ihnen zu erscheinen. Und der Klerus befahl ihnen erneut mit Nachdruck, nicht

---

169 Tourn 17.
170 Tourn 18.

mehr zu predigen. Daraufhin zitierte Waldesius aus dem Gedächtnis die Worte des Petrus an die Obrigkeit:

> „Beurteilt selbst, ob es vor Gott recht ist, auf euch mehr zu hören als auf Gott. Denn wir können nicht anders, als das zu sagen, was wir gesehen und gehört haben." [171]

Der Klerus war wütend und veranlasste die Behörden, Waldesius und die „Armen im Geiste" endgültig aus Lyon zu verbannen. Doch dies dämpfte den Eifer dieser Königreich-Prediger nicht im Geringsten. Wie die Apostel freuten sie sich darüber, im Namen Christi verfolgt zu werden. So reisten sie nun durch ganz Südfrankreich und predigten das Evangelium des Königreichs Gottes auf den Straßen und Märkten. Sie schrieben Traktate und organisierten öffentliche Debatten. Und sie sprachen immer noch positiv über die Katholische Kirche.

Gegenseitige Befruchtung

Schon bald trafen die Waldenser (wie die Kirche sie nun nannte) auf einige Schüler der beiden Königreich-Prediger, über die wir bereits gesprochen haben: Pierre de Bruys und Heinrich von Lausanne. Waldesius konnte deutlich erkennen, dass diese anderen Christen offensichtlich keine Ketzer waren. Doch übten diese anderen Christen scharfe Kritik an der Römischen Kirche. Sie griffen Rom wegen seiner Weltlichkeit, seines Reichtums und seines Strebens nach weltlicher Macht an. Sie wiesen darauf hin, dass die Verehrung von Bildern und die Gebete für die Toten unbiblisch seien.

Das alles war für Waldesius und seine Schüler neu. Doch als aufrichtige Bibelstudenten brüteten sie über den Heiligen

---

171 Tourn 19.

Schriften. Und sie erkannten bald, dass diese Kritik richtig war. Nun begannen auch sie, sich gegen die Irrtümer und Sünden der KIRCHE auszusprechen.[172]

Die Katholische KIRCHE war schnell mit ihrer Antwort. Im Jahr 1184 verurteilte das Konzil von Verona die Waldenser als gefährliche Schismatiker (aber nicht als Ketzer). Derselbe Walter Map, der sie mit seinen Fangfragen runtergemacht hatte, war offenbar daran beteiligt. Er schrieb:

> „Diese Leute haben keine festen Wohnungen, sondern gehen zu zweit umher, barfuß und in Wollhemden gekleidet. Sie besitzen nichts und teilen alles miteinander, ganz nach der Art der Apostel. Nackt folgen sie einem nackten Christus nach. Ihre Anfänge sind äußerst bescheiden, denn sie haben noch nicht viele Anhänger. Wenn wir sie jedoch ihrem Treiben überlassen, werden sie uns am Ende alle vertreiben."[173]

Wieder einmal hatte man Angst, dass die Sanftmütigen und Bescheidenen die Welt auf den Kopf stellen würden. Schließlich verurteilte die KIRCHE im Jahr 1190 die Waldenser als *Ketzer* und setzte sie der rücksichtslosen Unterdrückung und dem Tod aus.

Unerschrocken zogen Waldesius und seine Jünger weiter durch Südfrankreich. Später überquerten sie die Alpen in die Lombardei in Norditalien. Hier trafen sie auf die Anhänger von Arnold von Brescia, einem anderen Prediger des Königreichs, über den wir bereits gesprochen haben. Die Einsichten dieser italienischen Christen (bekannt als die lombardischen Armen) halfen den Waldensern zu erkennen, dass die Kirche nichts mit dem Staat zu tun haben sollte. Im Gegenzug erwie-

---

172 Tourn 19.
173 Tourn 20.

sen sich der Geist und der Eifer der Waldenser als erfrischende Stimulanz für die lombardischen Armen. Daher stimmten sie zu, sich den Waldensern anzuschließen.

Die Waldenser brachten in diese gemeinsame Bewegung einen starken evangelistischen Eifer ein. Die lombardischen Armen wiederum brachten der Bewegung die Stabilität der Gemeinschaft. Zusammen waren sie eine revolutionäre Kraft, mit der man rechnen musste! Aber es war eine Armee ohne Waffen, nur mit dem Wort Gottes. Gemeinsam waren sie bereit, die Welt auf den Kopf zu stellen!

Der waldensische Einblick in die Geschichte

Kurz nachdem sich diese beiden Bewegungen zusammengeschlossen hatten, starb Waldesius. Die Bewegung ging jedoch weiter, denn diese Menschen waren nicht Anhänger von Waldesius, sondern von Jesus. Nach dem Tod von Waldesius reflektierten die Waldenser noch einmal, wer sie waren und was der Zweck ihrer Bewegung war. Sie erkannten, dass die Katholische KIRCHE in die Irre gegangen war - aber wann? Nach dem Studium der Kirchengeschichte erkannten die Waldenser richtig, dass der Wendepunkt in den Tagen Konstantins stattgefunden hatte.

Die Waldenser erkannten, dass die Kirchengeschichte in zwei Perioden unterteilt werden konnte: die Periode des treuen Zeugnisses (die vorkonstantinische Kirche) und die Periode des Verrats (die Periode, die mit Konstantin begann). Bedeutete dies, dass alle treuen Untertanen des Königreichs mit Konstantin verschwunden waren? Die Waldenser sagten nein. Sie glaubten, dass das Gift des Konstantinischen Hybrids nicht notwendigerweise in jedes Glied des Leibes Christi eingedrungen war. Ein treuer Überrest hatte immer ausgeharrt, bis zum heutigen Tag. Das Licht des Königreichs war gedämpft worden, aber nie erloschen.[174]

Die Waldenser kamen zu einem klaren Verständnis der Natur der beiden Königreiche. Sie konnten ihre endgültige Gefolgschaftstreue entweder den Königreichen dieser Welt oder dem Königreich Gottes geben. Aber sie konnten sie nicht beiden geben. Also entschieden sie sich für Gottes Königreich.

Der Glaube der Waldenser

Die Waldenser hatten keine komplizierten theologischen Überzeugungen. Ihr Glaubenssystem bestand im Wesentlichen aus dem Evangelium des Königreichs Gottes. Da sie die Lehren Jesu genau kannten, lehrten sie, dass wir Menschen in der Lage sind, Entscheidungen zu treffen. Und wir sind für die Entscheidungen verantwortlich, die wir treffen. Jeder von uns muss die Entscheidung treffen, nach den Lehren Christi zu leben - und dann dieser Entscheidung treu bleiben. „Niemand kann ein wahrer Christ sein", sagten sie, „wenn er sein Leben nicht wirklich der Herrschaft Christi unterworfen hat".[175] Sie erkannten genau, dass die Lehren Jesu revolutionär waren und dass sie wörtlich gelebt werden sollten. So lehrten sie gegen die Anhäufung von Reichtum. Sie lehrten auch, das Schwert weder zur Selbstverteidigung noch zum Krieg zu benutzen.

Im Gehorsam gegenüber den Worten Jesu weigerten sich die Waldenser, Eide zu leisten, obwohl Eide eine zentrale Säule der mittelalterlichen Gesellschaft waren. Außerdem hielten sie sich an Jesu hohen Standard der Ehrlichkeit. Und sie wurden für ihre Ehrlichkeit ziemlich bekannt. So sehr, dass ein

---

174 Tourn 36.
175 Tourn 37.

armer Katholik, der fälschlicherweise beschuldigt wurde, ein
Waldenser zu sein, seinen Inquisitoren sagte:

> „Ich bin nicht der, für den ihr mich haltet. Ich lüge. Ich
> bin ein guter Katholik!"[176]

In einem Waldenser-Traktat heißt es über das wahre Christentum:

> „Es gibt viele falsche Christen, die mit Irrtum geblendet
> sind, die die Guten verfolgen und hassen und die falschen Betrüger ruhig leben lassen. Daran aber können
> wir erkennen, dass sie keine guten Hirten sind, denn sie
> lieben nicht die Schafe, sondern nur die Wolle. Die
> Schrift sagt, und wir wissen, dass es wahr ist: Wer gut ist
> und Jesus Christus liebt, der flucht nicht, schwört nicht,
> lügt nicht, bricht nicht die Ehe, tötet nicht, stiehlt nicht
> und rächt sich nicht an seinen Feinden. ...
>
> Das wage ich zu sagen, und es ist sehr wahr, dass alle
> Päpste von Silvester an, die Kardinäle, Bischöfe, Äbte
> und dergleichen, keine Macht haben, irgendeinem Geschöpf auch nur eine Todsünde zu erlassen oder zu vergeben. Gott allein ist es, der vergibt, und kein anderer.
> Das ist es, was die Seelsorger tun sollen: dem Volk predigen und mit ihm beten und es mit der Lehre aus der
> Höhe nähren."[177]

Die Waldenser waren eifrige Bibelstudenten, und im Laufe
der Zeit eliminierten sie praktisch alle Aspekte des Katholischen Glaubens, die nicht im Neuen Testament zu finden waren. Obwohl sie als gute Katholiken begonnen hatten, lehrten
sie schließlich gegen solche unbiblischen Praktiken und Lehren wie das Fegefeuer, die Totenmessen, die Fürbitte Mariens

---

176 Erbstösser 202.
177 Tourn 54.

und der Heiligen, die Verehrung und Anbetung von Bildern und Kreuzen und die vermeintliche priesterliche Autorität der Priester.[178]

Predigt das Wort!

Obwohl sie von den päpstlichen Behörden verfolgt wurden und wussten, dass sie Folter und Tod erwarteten, wenn sie erwischt würden, trugen die Waldenser-Evangelisten ihre einfache Botschaft vom Königreich Gottes durch ganz Europa. Jesus hatte Seinen Anhängern verboten, irgendjemanden mit dem Titel „Vater" anzureden. Deshalb nannten die Waldenser ihre Wanderprediger einfach *Barba*, was „Onkel" bedeutet.[179] Ihre *Barbas* reisten normalerweise zu zweit durch Europa. In der Regel tat sich ein jüngerer Mann mit einem älteren *Barba* zusammen, um auf der gemeinsamen Reise die Jüngerschaft aus erster Hand zu lernen. Oft verkleideten sich die Waldenser-*Barbas* als reisende Kaufleute, um den KIRCHLICHEN Behörden zu entgehen.

Der Kreuzzug gegen die Waldenser

Fast vier Jahrhunderte lang hatten die Waldenser wie gejagte Tiere gelebt und nie gewusst, wann die Armeen der KIRCHE über sie herfallen würden. Mehrere Waldensergemeinden wurden durch das Schwert ausgelöscht. Eine ihrer letzten Hochburgen befand sich im Piemont, eingebettet in die Alpen an der Grenze zwischen Frankreich und Italien. In den Jahren

---

178 Tourn 51.

179 Damit standen die Waldenser im Kontrast zu den Katholiken, die ihre Priester „Pater" nennen, auf Deutsch „Vater". Der oberste Katholik ist der Papst, was vom lateinischen „Papa" kommt, und der stolz den Titel „Heiliger Vater" trägt. Anm. des Übersetzers.

1488 und 1489 - nur dreißig Jahre vor der Reformation - fielen die Kreuzritter des Papstes mit unausprechlicher Grausamkeit über die Waldensersiedlungen in den Alpen her.

Die „heiligen" katholischen Kreuzritter schlachteten jeden Waldenser ab, den sie fanden. Sie weideten Eltern aus und schleuderten dann die Köpfe ihrer Kinder gegen Felsen. Sie ließen Väter zu Tode marschieren mit den abgeschlagenen Köpfen ihrer Kinder um den Hals gebunden.[180]

Der Kirchenhistoriker J. A. Wylie schreibt:

> „Diese Grausamkeiten bilden eine Szene, die in der Geschichte der zivilisierten Länder beispiellos und einzigartig ist. Es hat Tragödien gegeben, in denen mehr Blut vergossen und mehr Leben geopfert wurde, aber keine, in der die Akteure so völlig entmenschlicht und die Formen des Leidens so monströs abscheulich, so unsagbar grausam und abstoßend waren. Die ‚Piemonteser Massaker' stehen in dieser Hinsicht allein da."[181]

Im frühen 16. Jahrhundert waren die meisten Waldenser-Gläubigen abgeschlachtet worden. Dennoch überlebte die Bewegung diese schrecklichen Verfolgungen - wenn auch nur in begrenzten Gebieten. Dennoch wollten die Waldenser nicht aufgeben. Die überlebenden Gemeinden begannen sofort mit dem Drucken von Traktaten und nutzten dabei diese wunderbare neue Erfindung: die Druckerpresse.

---

180 Judith Collins, *"Heritage of the Waldensians: A Sketch"* at
    http://www.wrs.edu/journals/jour896/waldensians.html.
181 J. A. Wylie, *The History of Protestantism*, 1878, Vol. II, page 485,
    quoted in Collins.

30. Die alternative Strömung

Nicht alle mittelalterlichen Reformbewegungen konzentrierten sich auf das Evangelium des Königreichs. Neben der Königreich-Strömung floss eine andere - die Strömung der augustinischen Reformatoren.

Auf den ersten Blick könnte man meinen, dass keine Bewegung, die mit Augustinus verbunden ist, eine echte Reformbewegung sein könnte. Schließlich war er *der* Apologet des gesamten Konstantinischen Hybrids. Und das ist korrekt. Aber die KIRCHE zur Zeit des Augustinus war weniger als ein Jahrhundert lang Teil dieses Hybrids gewesen. Im Laufe der Jahre entfernte sich die KIRCHE immer weiter von der Lehre Jesu. Die Verehrung von Ikonen, Maria und den Heiligen war zur Zeit des Augustinus gerade erst im Entstehen. Zu seiner Zeit gab es keine päpstlichen Ablässe und keine Kardinäle. Die Gemeindemitglieder durften bei der Kommunion aus dem Kelch trinken.

Die Rückkehr zum Christentum der Zeit des Augustinus war also an sich schon eine große Reform. Dennoch blieb sie im Rahmen des Konstantinischen Hybrids. Es war keineswegs eine Rückkehr zum Evangelium des Königreichs Gottes.

Augustinische Bewegungen vs. Königreich-Bewegungen

Obwohl sie viele Gemeinsamkeiten aufwiesen, unterschieden sich die Augustinischen Reformbewegungen in folgenden Punkten deutlich von den Königreich-Bewegungen:

1. Akzeptanz des Konstantinischen Hybrids.

Zunächst einmal akzeptierten alle Augustinischen Reformatoren den Konstantinischen Hybrid. Sie hatten keine Einwände gegen die Vereinigung von Kirche und Staat. Vielmehr versuchten sie ausnahmslos ihre Reformen durch die Macht des Staates zu erreichen.

2. Ablehnung der Wehrlosigkeit.

Da sie die Vereinigung von Kirche und Staat akzeptierten, lehnten die Augustinischen Reformatoren den Einsatz des Schwertes nicht ab. Sie erkannten alle, dass das Schwert für das Funktionieren und die Erhaltung des Staates notwendig war. Und da der Staat mit der KIRCHE verbunden war, sollte die KIRCHE nichts gegen die Beteiligung ihrer Mitglieder an Krieg, Todesstrafe und Folter haben.

3. Ablehnung anderer Königreichslehren.

Augustinische Bewegungen nahmen fast immer die gleiche Form an: Die (vermeintliche!) Theologie des Neuen Testaments wurde über die Moral und den Lebensstil des Alten Testaments drüber gestülpt. Augustinische Reformatoren lehrten, dass Jesu Königsreichslehren über Reichtum und Eide nicht wörtlich befolgt werden müssten. Sie sagten gewöhnlich wenig über die Trennung von der Welt. Dennoch ist es ihr Verdienst, dass die Augustinischen Reformatoren in der

Regel die Zusätze angriffen, die die Römische KIRCHE nach der Zeit des Augustinus zum Evangelium gemacht hatte. Sie akzeptierten jedoch ausnahmslos die meisten Änderungen, die *vor* dem Tod von Augustinus vorgenommenen wurden.

4. Betonung der Theologie gegenüber dem Lebensstil.

Ein weiterer Unterschied zwischen den Augustinischen Bewegungen und den Königreich-Bewegungen bestand darin, dass die Augustinischen Bewegungen sich in der Regel auf die *Theologie* als den Kern des Christentums konzentrierten. Im Gegensatz dazu konzentrierten sich die Königreich-Bewegungen auf den *Lebensstil*, nicht auf die Theologie. Außerdem konzentrierten sich die Augustinischen Reformatoren auf die Theologie des Augustinus. Diese Reformatoren sprachen in der Regel von der höchsten Autorität der Heiligen Schrift. In der Praxis war es jedoch immer die Heilige Schrift nach *der Auslegung von Augustinus*. Es überrascht nicht, dass praktisch alle Augustinischen Reformatoren die absolute Prädestination als einen Hauptbestandteil ihrer Reformplattform lehrten.

5. Bildung.

Die meisten Augustinischen Reformatoren waren Männer mit Universitätsausbildung. In der Tat konnten diese Reformbewegungen in der Regel mindestens eine große Universität vorweisen, die als starker Verbündeter diente. Im Gegensatz dazu wurden die meisten Königreich-Bewegungen von Laien ins Leben gerufen, die in der Regel keine Unterstützung von den Universitäten erhielten.

John Wycliffe

Der vielleicht bedeutendste augustinische Reformer des Mittelalters war John Wycliffe. Er war Professor für Philosophie und Theologie an der Universität Oxford im England des 14. Jahrhunderts. Wycliffe war in den englischen akademischen Kreisen seiner Zeit sehr beliebt und hatte die Unterstützung des englischen Königshofs.

Wie die augustinischen Reformatoren, die ihm folgten, lehrte Wycliffe gegen die meisten Entwicklungen in der Katholischen KIRCHE nach der Zeit des Augustinus: die Transsubstantiationslehre, die Verehrung oder Anbetung von Reliquien, Ikonen und Heiligen sowie die Gewährung von Ablässen.[182]

Wycliffe lehnte auch die hochtrabenden Ansprüche des Papstes ab. Er bezeichnete die Römische KIRCHE sogar als „Synagoge des Satans" und sagte, der Papst sei der Antichrist. Wycliffe erkannte richtig, dass „Petrus und Klemens[183] zusammen mit den anderen Glaubenshelfern keine Päpste waren, sondern Gottes Helfer bei der Arbeit, die Kirche unseres Herrn Jesus Christus aufzubauen."[184] Wycliffe wollte, dass die nationale KIRCHE in England unabhängig vom Papst war. Er verurteilte alle religiösen Orden auf das Schärfste und ging sogar so weit zu sagen, dass niemand ein wahrer Christ sein könne, der einem solchen angehöre.[185]

---

182 Henry Gee and John William Hardy, eds, *"Wycliffe Propositions Condemned at London"* Documents Illustrative of English Church History (London: MacMillan and Co., Ltd., 1910) 108, 109.

183 Gemeint ist Klemens von Rom, ein Schüler von Paulus und Petrus. Er folgte Petrus als Bischof von Rom nach. Anm. des Übersetzers.

184 "Council of Constance," Session 15 - 6 July 1415, at http://www.dailycatholic.org/history/16ecume3.htm.

185 Gee and Hardy 110.

In seinen Schriften griff Wycliffe den Reichtum der Katholischen KIRCHE vehement an. Er lehrte sogar, dass weder Kleriker noch die KIRCHE überhaupt Eigentum besitzen sollten.[186] Wycliffe war jedoch nicht bereit, die Lehren Jesu gegen die Anhäufung von Schätzen auf der Erde vollständig zu übernehmen. Er hatte kein Problem damit, dass Könige und der Adel Schätze auf der Erde anhäuften - er wollte nur nicht, dass die KIRCHE es tat. Wycliffe meinte sogar, wenn die KIRCHE ihre riesigen Besitztümer nicht an die Krone abtreten würde, dann sollte die Krone sie sich mit Gewalt nehmen. Genau das tat Heinrich VIII. etwa 150 Jahre nach Wycliffes Tod.

Wie andere Augustinische Reformatoren akzeptierte Wycliffe den Konstantinischen Hybrid vollständig. Der einzige Teil, den er ablehnte, war die gefälschte *Konstantinische Schenkung*, die ich bereits erwähnt habe. Zu Wycliffes Zeiten wurde dieses Dokument noch als echt akzeptiert. Da Wycliffe glaubte, dass der Staat der Zwilling der Kirche sei, lehrte er, dass ein weltlicher Herr in einem Zustand der Rechtschaffenheit leben müsse. Er sagte: „Niemand, der in Todsünde lebt, ist Herr über irgendetwas."[187] Mit anderen Worten: Wenn ein Herrscher in Todsünde lebt, verliert er automatisch sein Amt als Herrscher, und seine Untertanen müssen ihm nicht mehr gehorchen. Dies steht natürlich im direkten Gegensatz zu dem, was das Neue Testament lehrt. Praktisch alle römischen Kaiser lebten in Todsünde. Aber Paulus sagte, wir sollten uns ihnen unterordnen, nicht sie *stürzen*. Wycliffes Lehre legte den Grundstein für eine bewaffnete Revolution, wenn die christliche Gemeinde glaubte, dass der König oder ein ande-

---

186 Gee and Hardy 109, Conclusion 10.
187 Gee and Hardy Conclusion 16.

rer Herrscher in Sünde lebte (oder der falschen Kirche angehörte).

Wie Augustinus glaubte Wycliffe an die absolute Prädestination. Er lehrte, dass Menschen bereits vor ihrer Geburt un-
abänderlich entweder zum ewigen Leben oder zur ewigen
Verdammnis vorherbestimmt sind. Er sagte, dies sei nicht das
Ergebnis von Gottes Vorherwissen, sondern Seiner willkürli-
chen Bestimmung. Wycliffe schrieb:

> „Ich behaupte als Glaubenssache, dass alles, was gesche-
> hen wird, notwendigerweise geschehen wird. Wenn also
> Paulus als verdammt vorherbestimmt ist, kann er nicht
> wirklich Buße tun.“

Im Gegensatz zu den Königreich-Predigern in Frankreich
und Italien wollte Wycliffe Reformen durch die Macht des
Staates herbeiführen. Von Anfang an operierte Wycliffe innerhalb der Machtkreise Englands, und der König und andere
Adelige schützten Wycliffe vor dem Papst. Wycliffes beson-
derer Beschützer war John of Gaunt, ein Herzog, der einen
enormen Einfluss auf den betagten König Edward von England hatte.

Die Katholische KIRCHE erklärte viele von Wycliffes Thesen
für ketzerisch. Dank seiner mächtigen Freunde gelang es Wycliffe jedoch, der Verbrennung auf dem Scheiterhaufen zu
entgehen. Er starb im Jahr 1384 eines natürlichen Todes.
Dennoch ließ die KIRCHE etwa fünfzig Jahre nach seinem
Tod seinen Leichnam exhumieren, zu Asche verbrennen und
in einen Fluss werfen.

Die Lollarden

Der Einfluss Wycliffes lebte in England durch seine Schüler weiter, die von den Katholiken Lollarden genannt wurden. Wycliffe hatte stets die Autorität der Heiligen Schrift über die Autorität der KIRCHE gestellt. Eine der größten Errungenschaften der Lollarden war ihre Übersetzung der ersten englischen Bibel. Obwohl diese erste englische Bibel heute gemeinhin Wycliffe selbst zugeschrieben wird, wurde die tatsächliche Übersetzungsarbeit von seinen Jüngern und Freunden geleistet.

In den Reihen der Lollarden befanden sich anfangs viele wohlhabende und mächtige Personen. Noch immer stark vom Konstantinischen Hybrid beeinflusst, legten die Lollarden 1394 dem englischen Parlament ein Pamphlet vor, in dem sie eine Reform der KIRCHE forderten. Die von ihnen vorgeschlagenen Reformen sind jedoch eine interessante Mischung aus Augustinischen und Königreich Lehren. Sie griffen den priesterlichen Zölibat, Weihwasser, Totengebete, Wallfahrten nach Rom, Gebete und Opfergaben vor Kreuzen und Bildern sowie die Beichte vor Priestern an.[188] Sie forderten ein Ende der Praxis, dass der Papst oder seine Bischöfe alle Priesterweihen in England vornahmen.[189]

Sie griffen auch die Praxis der Geistlichen an, die gleichzeitig Regierungs und geistliche Ämter innehatten, und sagten:

„König und Bischof in einer Person, Prälat und Richter in weltlichen Angelegenheiten, Kaplan und Offizier in weltlichen Ämtern, das macht jedes Königreich unregierbar. Diese Schlussfolgerung ist klar bewiesen, denn

---

188 Gee and Hardy 128-131.
189 John A. F. Thomson, *The Later Lollards 1414-1520* (London: Oxford University Press, 1965) 247.

das Weltliche und Geistliche sind zwei Hälften der gesamten Heiligen KIRCHE. Und so sollte derjenige, der sich einem zugewandt hat, sich nicht in das andere einmischen, denn niemand kann zwei Herren dienen."[190]

Wie Wycliffe hatten also auch die Lollarden kein vollständiges Verständnis des Evangeliums vom Königreich Gottes. Sie wollten, dass weltliche und geistliche Ämter getrennt werden, aber sie sahen die weltliche und die geistliche Macht immer noch zusammen als die „gesamte Heilige KIRCHE" an. Das Königreich Gottes war immer noch mit dem Staat verheiratet.

Dennoch bewegten sich die Lollarden nach Wycliffes Tod weiter von der Augustinischen Theologie weg und näher an das Evangelium vom Königreich heran. Trotz ihres unvollkommenen Verständnisses des Königreichs Gottes konnten die Lollarden beispielsweise erkennen, dass Krieg mit dem Christentum unvereinbar war:

„Totschlag im Krieg oder durch ein vorgebliches Gesetz der Gerechtigkeit für eine zeitliche Sache, ohne geistliche Offenbarung, ist ausdrücklich im Widerspruch zum Neuen Testament, das in der Tat das Gesetz der Gnade und voller Erbarmen ist. Diese Schlussfolgerung wird durch die Beispiele der Predigt Christi hier auf Erden offen bewiesen, denn Er lehrte den Menschen besonders, seine Feinde zu lieben, Mitleid mit ihnen zu haben und sie nicht zu töten. Der Grund dafür ist folgender: Wenn Menschen kämpfen, ist die Liebe nach dem ersten Schlag vergessen. Und wer ohne Liebe stirbt, geht den geraden Weg zur Hölle.

---

190 Henry Gee and John William Hardy, eds, *"The Lollard Conclusions,"* Documents Illustrative of English Church History (London: MacMillan and Co., Ltd., 1910) 128, Conclusion 6.

Und darüber hinaus wissen wir sehr wohl, dass kein Geistlicher nach der Schrift oder der gesetzlichen Vernunft die Todesstrafe für eine Todsünde erlassen kann und für eine andere nicht. Aber das Neue Testament ist das Gesetz der Barmherzigkeit. Und es verbietet jede Art von Totschlag. Denn das Evangelium sagt: „Es wurde zu den Alten gesagt: Du sollst nicht töten." ... [Die Kreuzritter] haben den Dank des Friedefürsten nicht verdient. Denn durch Demut und Geduld wird der Glaube vermehrt. Jesus Christus hasst und bedroht Menschen, die kämpfen und töten, denn Er sagt: Wer mit dem Schwert schlägt, soll durch das Schwert umkommen."[191]

Wie man sich denken kann, setzte das Parlament diese lollardischen Artikel nicht durch. Tatsächlich versuchten die Krone und die Katholische KIRCHE innerhalb weniger Jahrzehnte gemeinsam, die Lollarden vollständig auszurotten. Die Katholischen Mächte machten rücksichtslos Jagd auf die Lollarden, und viele von ihnen wurden auf dem Scheiterhaufen verbrannt. Andere widerriefen ihre Lehren, als ihnen Folter und Tod drohten. Die Überlebenden wurden in den Untergrund getrieben. Die Lollarden trafen sich weiterhin, allerdings im Geheimen. Bei ihren einfachen Zusammenkünften standen das Bibelstudium und die Verkündigung des Wortes im Vordergrund.[192]

Nachdem die lollardische Bewegung die Unterstützung des Königs und des Adels verloren hatte, nahm sie viele Merkmale der mittelalterlichen Königreich-Bewegungen an. Ihre Anhängerschaft bestand nun fast ausschließlich aus Handwerkern, Bauern und den Armen der Städte. Die Katholische

---

191 Gee and Hardy 131, Conclusion 10.
192 Thomson 244-21.

KIRCHE konnte sie nie ausrotten, und so gab es die Lollarden auch noch, als die Reformation England erreichte.[193]

Doch was die Katholische KIRCHE nicht schaffte, vollbrachte die Reformation. Die überlebenden Lollarden wurden in die englische Reformation und ihre Augustinische Theologie hinübergezogen. Nach der Zeit von Queen Mary (1553-1558) verloren sie ihre unverwechselbaren Lehren und ihre eigene Identität.

---

193 J. Strype, Ecclesiastical Memorials, Part II (London, 1822) 54, 55.

31. Die Waldenser treffen auf die Schweizer Reformatoren

In den frühen 1500er Jahren sprudelte die Augustinische Strömung, die im Mittelalter nur ein Rinnsal gewesen war, durch die Lehre Martin Luthers[194] plötzlich in Deutschland hervor. Zur gleichen Zeit brach sie in der Schweiz unter dem führenden Reformator Ulrich Zwingli aus. Wie es für die Augustinischen Reformatoren typisch war, waren sowohl Luther als auch Zwingli gut ausgebildete Universitätsmänner. Sie waren beide Verehrer von Augustinus und kannten sich in seinen Schriften gut aus.

Zwingli, der Sohn eines Schweizer Magistrats, war ein bedeutender Patriot, Humanist, Prediger und Staatsmann. Er war auch ein geweihter Priester und diente als Militärkaplan für Schweizer Söldner, die im Auftrag des Papstes kämpften. Im Jahr 1519 wurde Zwingli zum Pfarrer der Hauptkirche in Zürich, Schweiz, ernannt.[195]

Als er die Stelle annahm, hatte Zwingli nicht die Absicht, eine Reformation einzuleiten. Dennoch entschied er sich, in seinen Predigten nicht den Auslegungen der mittelalterlichen Katholischen Theologen zu folgen. Vielmehr folgte er seiner

---

194 Über Martin Luthers Reformation in Deutschland schrieb der Autor ausführlich in anderen Büchern, z.B. in *„Würden die Theologen sich bitte setzen"*. Daher wird er hier nur erwähnt. Anm. des Übersetzers.

195 Henry S. Lucas, *The Renaissance and the Reformation* (New York: Harper & Row, 1960) 519.

eigenen Auslegung der Heiligen Schrift, die stark von den Auslegungen des Augustinus beeinflusst war.

Zwingli war eine beliebte öffentliche Figur und die Zivilmagistraten in Zürich widersetzten sich seinen Predigten nicht. Tatsächlich ordneten sie sogar an, dass die anderen Pfarrer nur die Heilige Schrift predigen und über menschliche Zusätze schweigen sollten. 1522 hielt Zwingli eine Predigt, in der er zeigte, dass das Verbot, in der Fastenzeit Fleisch zu essen, keine Grundlage in der Heiligen Schrift hatte. Damit löste er einen Sturm aus, der Zwingli in einen offenen Konflikt mit der Katholischen KIRCHE brachte und in der ganzen Schweiz große Aufregung verursachte.

Zwingli bat den Magistrat, eine öffentliche Debatte über die Fastenzeit einzuberufen, was dieser auch tat. In der Debatte gewann Zwingli sowohl die Menge als auch den Magistrat. Mit der Unterstützung des Staates leitete Zwingli eine umfassende Reform der Kirche in Zürich ein. Zwinglis Ziel wurde es, das gesamte religiöse, politische und soziale Leben aller Bürger zu reformieren, basierend auf der Kraft der Heiligen Schrift (so wie sie Zwingli auslegte).[196]

Da sich alle Katholischen Bischöfe der Schweiz der Reformation widersetzten, übernahm die Zürcher Zivilmagistratur die Regierungs- und Gerichtsrechte, die zuvor von den Katholischen Bischöfen ausgeübt worden waren. Im Jahr 1525 konfiszierte die Magistratur alle Güter, die zuvor der KIRCHE gehört hatten, und begann, die Ausbildung des Klerus zu kontrollieren.[197]

---

196 Lucas 520.

197 Harold J. Grimm, *The Reformation Era 1500-1650* (New York: The Macmillan Company, 1965) 188.

Traurigerweise akzeptierte Zwingli den Konstantinischen Hybrid vollständig. Er predigte das Augustinische Evangelium, nicht das Evangelium vom Königreich Gottes. Zwingli rottete die Römisch-Katholischen Praktiken aus, die seit der Zeit von Augustinus hinzugekommen waren. Aber wie alle anderen Augustinischen Reformatoren setzte Zwingli auf die Macht des Staates, um seine Reformen zu verwirklichen. Und er zögerte nicht, das Schwert einzusetzen, um seine Bewegung voranzubringen. Er starb sogar auf dem Schlachtfeld, als er als Kaplan für seine reformierte Armee diente.[198]

Begegnung mit den Waldensern

Südlich von Zürich predigte Guillaume Farel, ein Freund und Unterstützer Zwinglis, in der Stadt Aigle am Ostufer des Genfersees reformatorische Lehren. Dieser feurige Prediger stand unter dem Schutz der zivilen Regierung des Kantons Bern und überzeugte erfolgreich Tausende, sich der Schweizer Reformation anzuschließen.[199]

Unterdessen erreichten Nachrichten über die Reformation die Waldenser in Italien. Daher schickten sie zwei *Barbas* nach Deutschland, um mehr darüber zu erfahren. Die beiden Männer, die die Waldenser auswählten, waren von ganz unterschiedlicher Beschaffenheit. Der ältere der beiden, den wir nur als Giorgio kennen, war beständig, reif und vorsichtig. Der andere *Barba*, Martin Gonin, war jung und energisch, aber ziemlich beeindruckbar. Gemeinsam überquerten Giorgio und Martin die Schweizer Alpen zu Fuß und machten sich langsam auf den Weg in die Schweizer Stadt Aigle. Sie hatten vor, nur ein oder zwei Nächte zu bleiben und dann nach

---

198 Lucas 526.
199 Grimm, 321-324.

Deutschland weiterzureisen. Dort hörten sie jedoch bald von Guillaume Farel und seinen reformatorischen Predigten. So arrangierten sie ein Treffen mit Farel, der sie in die Lehren der Reformation einführte. Der eindringliche Farel machte auf den jungen *Barba* Martin Gonin einen großen Eindruck.[200]

Nachdem sie so viel über die Reformation gelernt hatten, beschlossen die beiden *Barbas*, ihren Brüdern und Schwestern in Italien Bericht zu erstatten, anstatt nach Deutschland weiterzureisen. Der junge Waldenser Martin Gonin kehrte voller Enthusiasmus über die Reformation nach Italien zurück. Der ältere *Barba*, Giorgio, äußerte jedoch Vorbehalte, sich der Reformation anzuschließen. Er hatte genug gehört und gesehen, um zu wissen, dass es erhebliche Unterschiede zwischen dem Glauben und der Praxis der Waldenser und der Schweizer Reformatoren gab.[201]

Vier Jahre lang diskutierten die Waldenser die Angelegenheit in ihren Gemeinden. Schließlich beschlossen sie, vier neue Vertreter in die Schweiz zu entsenden, um weitere Gespräche zu führen. Farel und seine Mitstreiter in der Schweiz empfingen diese vier Vertreter der Waldenser mit offenen Armen. Hier waren die Helden, die über dreihundert Jahre lang fast allein gegen Rom gestanden hatten! „Ihr werdet nie wieder allein dastehen müssen", sagten die Schweizer Reformatoren zu den Waldensern. „Wir sind hier, um euch zu helfen."

Das Szenario unterschied sich nicht sehr von dem, dem die Christen im vierten Jahrhundert gegenüberstanden, als Konstantin seine „Hilfe" anbot. Die Waldenser standen vor der gleichen Prüfung. In den Schweizer Reformatoren hatten sie praktisch jemanden von nebenan gefunden, der sie in seine

---

200 Tourn 66.
201 Tourn 66,67.

Gemeinschaft aufnehmen wollte. Vielleicht wurden jahrhundertelange Gebete nun endlich erhört? Vielleicht öffnete Gott eine neue Tür für sie?

Aber es gab einen Haken. „Es gibt nur ein paar Dinge, die ihr ändern müsst, damit ihr euch voll und ganz der Reformation anschließen könnt", sagten die Reformatoren zu den Vertretern der Waldenser. Nun, die „paar Dinge" entpuppten sich als nichts Geringeres als die völlige Abkehr vom Königreich-Christentum. Die Waldenser hörten sich an, was die Reformatoren zu sagen hatten, und erklärten sich bereit, weiter zu kommunizieren, nachdem sie der Gesamtheit der Waldenser Bericht erstattet hatten.[202]

Die Vertreter kehrten nach Italien zurück und berichteten über ihre Erkenntnisse. Bald gab es eine Dreiteilung unter den Waldensern. Die Konservativen hatten genug gehört, denn sie erkannten, dass die Reformatoren keine Königreich-Christen waren. Sie wollten von den Reformatoren getrennt bleiben. Auf der anderen Seite standen die Liberalen wie Martin Gonin, die der Meinung waren, die Waldenser sollten sich der Reformation anschließen und alle notwendigen Änderungen vornehmen, um sich anzupassen. Die letzte Gruppe waren die Moderaten, die den Dialog mit den Reformatoren fortsetzen wollten.[203]

Da die Liberalen und die Moderaten die Mehrheit bildeten, luden sie Guillaume Farel aus der Schweiz ein, zu einer kirchenweiten Versammlung der Waldenser zu sprechen. Auf einer Wiese in der Nähe von Chanforan, Italien, trafen sich die Waldenser, um über ihre Zukunft zu diskutieren. Dem überzeugenden Farel gelang es, die Mehrheit dazu zu bewegen,

---

202 Tourn 66,67.
203 Tourn 66-69.

sich der Reformation anzuschließen. In Chanforan stimmten die meisten Waldenser den folgenden Positionen zu:

- Ein Christ kann bei dem Namen Gottes schwören, ohne gegen Matthäus 5 zu verstoßen, vorausgesetzt, dass derjenige, der so schwört, den Namen Gottes nicht missbraucht.

- Mündliche Beichte [der Sünden] ist von Gott nicht geboten, und es wurde gemäß den Heiligen Schriften festgestellt, dass die wahre Beichte eines Christen darin besteht, allein vor Gott zu bekennen.

- Ein Christ darf das Amt des Richters über Christen, die Unrecht getan haben, ausüben.

- Alle, die gerettet worden sind und gerettet werden sollen, sind von Gott erwählt worden vor Grundlegung der Welt.

- Der Diener des Wortes Gottes soll nicht von Ort zu Ort wandern, es sei denn, es geschieht zum großen Wohl der Kirche. [204]

Für Farel und die Reformatoren war dies ein ziemlicher theologischer Coup. Die Waldenser hatten im Grunde zugestimmt, praktisch alles aufzugeben, wofür ihre Bewegung gestanden hatte. Jahrhundertelang hatten sie schreckliche Verfolgungen durch die Katholiken erlitten, weil sie ihre Wanderpredigten nicht aufgeben wollten. Aber jetzt gaben sie sie auf, ohne dass ein Tropfen Blut vergossen wurde. In Chanforan erklärten sie sich sogar bereit, auf ihre Praxis der freiwilligen Armut zu verzichten.[205]

---

204 Tourn 72.
205 Tourn 72.

Die geistige Kapitulation in Chanforan wurde dadurch gekrönt, dass die Waldenser sich bereit erklärten, eine neue französische Bibelübersetzung in Auftrag zu geben, die die jahrhundertelang verwendete Waldenser Übersetzung ersetzen sollte.[206]

Dies war das Ende einer der bedeutendsten Königreich-Bewegungen in der christlichen Geschichte. Allerdings machten die Waldenser weiter. Sie wurden zu vorbildlichen Christen der Reformation, die zur Verteidigung ihrer Überzeugungen gerne das Schwert in die Hand nahmen. Sie erkannten den „Irrtum", so viele Bibelstellen wörtlich genommen zu haben. Und sie sind auch heute noch unter uns. Aber ihr Zeugnis vom Königreich Gottes ist es nicht.

---

206 Tourn 69.

32. Das neue Zion in Genf

Nach der Konferenz in Chanforan zog Guillaume Farel nach Genf, wo er sich mit einem begabten jungen Prediger namens Johannes Calvin anfreundete. Farel überredete Calvin, das Vorwort für die neue reformierte Übersetzung zu schreiben, auf deren Verwendung sich die Waldenser geeinigt hatten. Farel überzeugte Calvin auch davon, in Genf zu bleiben und dort die Reformation zu leiten. Bald wurde Genf zum Zentrum der Schweizer Reformation.

Wie Zwingli akzeptierte Calvin den Konstantinischen Hybrid ohne Vorbehalt. Anstatt Genf zum Evangelium des Königreichs Gottes zurückzubringen, wollte Calvin in Genf einen Staat errichten, ähnlich dem Israel im Alten Testament. Alle Bürger des Staates *mussten* die Reformation annehmen und in die Kirche gehen. Und der Staat sollte aktiv daran beteiligt sein, die „wahre" Lehre und ein gottesfürchtiges Leben zu etablieren und aufrechtzuerhalten. Für diejenigen, die Calvin stark unterstützten, wurde damit ein Traum wahr.

Für diejenigen jedoch, die mit Calvin oder seinen Reformen nicht einverstanden waren, war es eine Schreckensherrschaft. Um die Disziplin in der Bevölkerung aufrechtzuerhalten, richteten die Genfer Reformatoren ein Gremium ein, das als Konsistorium bekannt wurde. Es setzte sich aus allen Pastoren der Stadt und zwölf Presbytern zusammen. Bürger, die sich der akzeptierten Lehre Calvins widersetzten oder den Gottesdiensten fernblieben, wurden vor das Konsistorium gerufen, um sie zu disziplinieren.[207] Das Konsistorium ging seiner Aufgabe mit freudigem Enthusiasmus nach. In verschiedenen Bezirken der Stadt wurden Beamte eingesetzt, die über das Verhalten der Bevölkerung wachen sollten. Diese Beamten zeigten jeden an, der sich auch nur der kleinsten Übertretung schuldig machte. Sie verhörten Kinder, um Informationen über ihre Eltern zu erhalten.[208] Wurde eine Person verdächtigt, gegen Calvins Herrschaft zu sein, durchsuchten die Behörden sofort ihre Häuser nach belastenden Beweisen. Wenn kein solider Beweis gefunden wurde, folterten die Behörden die Verdächtigen in der Regel, um sie zu einem Geständnis zu zwingen. Ihre Geständnisse galten dann als unumstößlicher Beweis für ihre Schuld. Ich möchte Ihnen ein paar Beispiele nennen:

Im Juni 1546 hinterließ jemand eine anonyme Notiz auf der Kanzel der St. Peter Kathedrale in Genf, in der die reformierten Prediger verurteilt und ihnen mit Rache gedroht wurde. Die Stadtregierung handelte daraufhin sofort. Sie verhaftete einen respektlosen Freidenker namens Jacques Gruet auf bloßen Verdacht hin. Anschließend durchsuchten sie seine Wohnung. Sie fanden jedoch keine Beweise, die ihn mit der anonymen Notiz in Verbindung brachten. Als die Behörden jedoch Gruets private Papiere durchsuchten, fanden sie einige, die kritische Äußerungen über Calvin enthielten. Das reichte aus, um Gruet zu einem Verbrecher zu machen. Sie folterten ihn auf grausame Weise, bis er sein Verbrechen „gestand“. Dann enthaupteten sie ihn.[209]

Einige Monate später wandte sich ein reformatorischer Prediger namens Jean Trolliet gegen Calvins Lehre von der dop-

---

207 Grimm 338.
208 Grimm 325.
209 Grimm 342.

pelten Prädestination, wie sie in Calvins „Institutio Christianae Religionis" (auf Deutsch: „Unterricht in der christlichen Religion") gelehrt wird. Trolliet wies darauf hin, dass Calvins Lehre im Wesentlichen Gott zum Urheber der Sünde machte. Das bedeute, dass Gott die Bösen bestrafe - obwohl es Seine Entscheidung war, die sie böse machte. Calvin weigerte sich jedoch, das Thema mit Trolliet - oder mit irgendjemand anderem - zu diskutieren. Stattdessen entgegnete er hochmütig, die Lehren in seiner Institutio seien ihm von Gott in das Gehirn gelegt worden. Daraufhin ließ er Trolliet gerichtlich aus Genf verbannen.[210]

Ketzer verbrennen

Calvin hatte ein Exemplar seiner „Institutio Christianae Religionis" an einen spanischen Denker namens Michael Servetus geschickt. Servetus war ein begabter Wissenschaftler und Geograf. Er war die erste Person, die das menschliche Kreislaufsystem genau beschrieben hat. Servetus war ein Mann vieler Interessen und schrieb auch einige theologische Werke. Diese Werke enthalten sowohl aufschlussreiche Beobachtungen als auch fehlerhafte Spekulationen. Calvin schickte Servetus ein Exemplar seines theologischen Werks und hoffte, ihn damit „auf den rechten Weg" zu bringen.

Servetus las Calvins Werk und machte während des Lesens zahlreiche Randnotizen, Kritiken und Widerlegungen. Drei der Punkte, die er kritisierte, waren Calvins Lehren über die Kindertaufe und die Prädestination, sowie Calvins Erklärung der Dreieinigkeit. Obwohl Servetus an die Gottheit Christi glaubte, war sein Verständnis der Dreieinigkeit ein wenig ver-

---

210 Rahull Nand, *"John Calvin: Not So Tyrannical"* at
     http://oprfhs.org/division/history/interpretations/2000interp/.doc.

worren und in einigen Punkten definitiv falsch. Servetus schickte daraufhin Calvins Institutio an ihn zurück - mit allen Anmerkungen von Servetus. Wütend bemerkte Calvin, dass Servetus, sollte er jemals nach Genf kommen, die Stadt nicht lebend verlassen würde.[211]

Die Inquisition holte Servetus jedoch vor Calvin ein. Sie verhaftete ihn in Frankreich (wohin er geflohen war) und verurteilte ihn dazu, als Ketzer auf dem Scheiterhaufen verbrannt zu werden. Servetus entkam jedoch aus dem Gefängnis und reiste nach Italien. Auf seinem Weg nach Italien kam Servetus unklugerweise durch Genf. Er dachte, es wäre interessant, Calvin predigen zu hören. Doch Calvin erkannte Servetus und ordnete seine Verhaftung an. Die Behörden warfen ihn daraufhin in einen schrecklichen Kerker ohne Heizung und Licht und mit wenig Essen.[212]

Bei seinem Prozess wurde Servetus das Recht auf einen Anwalt verweigert.[213] Die Behörden klagten ihn wegen vierzig Artikeln der Ketzerei an. Die meisten dieser Artikel betrafen die Dreieinigkeit, aber andere betrafen die Tatsache, dass er die Kindertaufe leugnete und lehrte, dass kleine Kinder bis zu ihrer Volljährigkeit ohne Sünde sind. In der Strafanzeige wurde Servetus auch beschuldigt, sich beleidigend über die Theologic Calvins geäußert zu haben. Der Richter ließ nicht zu, dass Servetus etwas von dem, was er geschrieben hatte, erklärte oder verteidigte.

---

211 *"The Murder of Michael Servetus"* at
http://www.bcbsr.com/topics/servetus.html.
212 John F. Fulton, *Michael Servetus Humanist and Martyr* (Herbert Reichner, 1953) 35.
213 Philip Schaff, *History of the Christian Church*, vol. VIII (Grand Rapids: Wm. B. Eerdmans Publishing Company, 1910) 768.

Nach Anhörung der Beweise verurteilte die Genfer Obrigkeit Servetus dazu, wegen seiner ketzerischen Lehren auf dem Scheiterhaufen verbrannt zu werden - obwohl er nicht einmal Genfer Bürger war, sondern sich nur auf der Durchreise befand. Guillaume Farel, der Mann, der die Waldenser dazu gebracht hatte, sich der Reformation anzuschließen, begleitete Servetus zur Hinrichtungsstätte und beschimpfte ihn die ganze Zeit über lautstark wegen seiner Ketzerei.

Als sie den Ort erreichten, an dem Servetus sterben sollte, warnte Farel die Menge der Beobachter:

> „Hier seht ihr, welche Macht Satan besitzt, wenn er einen Menschen in seiner Gewalt hat. Dieser Mann ist ein Gelehrter von Rang, und er hat vielleicht geglaubt, er handele richtig. Aber jetzt hat der Satan ihn ganz in seiner Gewalt, so wie er auch euch in seiner Gewalt haben könnte, wenn ihr in seine Fallen tappt.“[214]

Die Scharfrichter ketteten Servetus an einen Pfahl und stapelten Reisigbündel um ihn herum, von denen etwa die Hälfte grün war. Wegen des grünen Holzes starb Servetus einen langsamen, qualvollen Tod, während die Menge amüsiert zusah.

Obwohl Calvin empfohlen hatte, Servetus auf andere Weise als durch Verbrennung hinzurichten, nutzte er seinen Einfluss nicht, um die Verbrennung zu verhindern. Einige Monate später schrieb Calvin:

> „Viele Leute haben mich einer solch grausamen Grausamkeit bezichtigt, dass ich den Mann, den ich vernichtet habe, gerne noch einmal töten möchte. Ihre Bemerkungen sind mir nicht nur gleichgültig, sondern ich

---

214 Walter Nigg, *The Heretics* (Alfred A. Knopf, Inc., 1962) 328.

freue mich sogar darüber, dass sie mir ins Gesicht spucken. ... Wer jetzt behauptet, es sei ungerecht, Ketzer und Gotteslästerer zu töten, macht sich wissentlich und willentlich selbst schuldig."[215]

Ich kann nicht umhin, mich zu fragen, was die Waldenser über all diese Dinge dachten? Ein paar Jahrzehnte zuvor waren sie diejenigen, die gejagt und auf dem Scheiterhaufen verbrannt wurden. Jetzt waren sie Teil einer Bewegung, die anderen das Gleiche antat.

Was hat die Reformation gebracht?

Was hat die Schweizer Reformation gebracht? Sicherlich hat sie die Kirchen in den reformierten Kantonen von der großen Mehrheit der römischen Hinzufügungen zur Heiligen Schrift gereinigt: Marienanbetung, Bilderverehrung, Heiligenverehrung, Päpste und Kardinäle, Wallfahrten und andere solche unbiblischen Zusätze. Und das war wunderbar. Zwingli, Farel und Calvin taten jedoch nichts, um die Königreichslehre Jesu zu fördern.

Tatsächlich war die reformierte Theologie in mancher Hinsicht dem Evangelium des Königreichs Gottes sogar noch entgegengesetzter als die Theologie Roms. Wie wir bereits erörtert haben, hatte Rom die Königreichslehre Jesu in den Bereich der „Perfektion" verwiesen. Wenn ein Christ den zusätzlichen Schritt zur christlichen Perfektion tun wollte, dann sollte er nach diesen Lehren leben. Im Gegensatz dazu machte Calvin die Lehren Christi vom *Königreich* völlig irrelevant.

---

215 *"The Murder of Michael Servetus"*.

Nach Calvins Lehre von der Prädestination macht es keinen Unterschied, ob ein Mensch nach den Lehren Jesu lebt oder nicht. Denn nichts, was er tut, kann das Schicksal beeinflussen, das Gott bereits für ihn bestimmt hat. Darüber hinaus bestritt Calvin – genauso wie Augustinus - ausdrücklich, dass Jesus über das Alte Testament hinaus neue moralische oder lebenspraktische Lehren eingeführt habe. Calvin schrieb gegen die Königreich-Christen seiner Zeit und sagte:

„Die einzige Ausflucht, die übrig bleibt ... ist die Behauptung, dass unser Herr von der Christlichen Kirche eine größere Perfektion verlangt, als er sie vom Jüdischen Volk verlangt hat. Das ist wahr in Bezug auf die *Zeremonien*. Aber dass es in Bezug auf das Sittengesetz eine andere Lebensregel gäbe ... als die, die das alte Volk hatte - das ist eine falsche Meinung. ...

Darum lasst uns diesen Standpunkt vertreten: dass hinsichtlich der wahren geistlichen Gerechtigkeit, d.h. hinsichtlich eines gläubigen Menschen, der in gutem Gewissen wandelt und in seinem Beruf und in allen seinen Werken ganz vor Gott ist, im Gesetz des Mose eine klare und vollständige Richtschnur vorhanden ist, an die wir uns nur zu halten brauchen, wenn wir den rechten Weg gehen wollen. Wer ihm also etwas hinzufügt oder wegnimmt, überschreitet die Grenzen. Deshalb ist unser Standpunkt sicher und unfehlbar.

Wir verehren denselben Gott wie die Väter der alten Zeit. Wir haben dasselbe Gesetz und dieselbe Regel, die sie hatten und die uns zeigen, wie wir uns verhalten sollen, um vor Gott recht zu wandeln. Daraus folgt, dass

eine Tätigkeit, die damals als heilig und rechtmäßig galt,
den Christen heute nicht verboten werden kann."[216]

Wie die Römischen Katholiken lehrte Calvin, dass Kirche
und zivile Regierung einfach Zwillingsteile des Reiches Gottes sind. Daher sei es die *Pflicht* des Staates, den wahren
Glauben zu etablieren, die Kirche zu schützen und die Bürger
des Staates zu zwingen, ihr Leben an das moralischen Gesetz
des Alten Testaments anzupassen. Dies wurde im Zweiten
Helvetischen (Schweizer) Bekenntnis von 1566 ausdrücklich
festgehalten:

„Also lehren wir, dass einer christlichen Obrigkeit die
Sorge für die Religion in erster Linie obliege. Sie soll
selbst Gottes Wort zur Hand haben und dafür sorgen,
dass nichts ihm Widersprechendes gelehrt werde. Sie re-
giere ferner das Volk, das ihr von Gott anvertraut ist,
mit guten, dem Worte Gottes entsprechenden Gesetzen,
und halte es in Zucht, Pflicht und Gehorsam. Die Recht-
sprechung übe sie gerecht aus, sehe nicht die Person an
und nehme keine Geschenke entgegen; Witwen, Waisen
und Bedrängten stehe sie bei; Ungerechte, Betrüger und
Gewalttätige halte sie in Schranken und rotte sie sogar
aus. Denn nicht umsonst hat sie von Gott das Schwert
empfangen (Röm. 13,4). Sie ziehe deshalb dieses Schwert
Gottes gegen alle Verbrecher, Aufrührer, Räuber und
Mörder, Bedrücker, Gotteslästerer, Meineidigen und gegen alle die, die Gott zu bestrafen und sogar zu töten befohlen hat. Sie halte in Schranken auch die unbelehrba-
ren Irrgläubigen – die wirklich Irrgläubige sind! –, wenn
sie nicht aufhören, Gottes Majestät zu lästern und die

---

216 John Calvin, "On the Magistrate" in *Treatises against the Anabaptists
   and against the Libertines* (Grand Rapids: Baker Bk. House, 1982)
   77,78.

Kirche Gottes zu verwirren, ja zugrunde zu richten. Und falls es nötig ist, sogar durch einen Krieg das Wohl des Volkes wahrzunehmen, so unternehme sie in Gottes Namen den Krieg, sofern sie vorher auf jede Weise den Frieden gesucht hat und nicht anders als durch einen Krieg ihr Volk retten kann. Und wenn die Obrigkeit dies im Glauben tut, dient sie Gott mit alledem als mit wahrhaft guten Werken und empfängt Segen vom Herrn."[217]

Als einige Christen Calvin fragten, ob es wirklich richtig sei, dass ein Christ in der Eigenschaft eines Magistrats zum Schwert greife, antwortete Calvin:

„Ich frage, wenn diese Berufung, das Amt des Schwertes oder der weltlichen Macht auszuüben, der Berufung der Gläubigen widerspricht, wie kommt es dann, dass die Richter im Alten Testament, besonders gute Könige wie David, Hiskia und Josia und sogar einige Propheten wie Daniel, davon Gebrauch gemacht haben?"[218]

Mit anderen Worten: Für Calvin hatte sich mit dem Aufkommen des Christentums nichts geändert. Alles - mit Ausnahme der Theologie und der Verordnungen - war noch genauso wie in Israel. Wie Josia und Hiskia sollten die Christen versuchen, das Amt des Magistrats zu besetzen, um die wahre Religion mit allen Kräften der staatlichen Autorität, einschließlich des Schwertes, zu schützen.

Doch Jesus hatte ausdrücklich gesagt, dass Seine Jünger nicht gekämpft hatten, um Ihn zu schützen, und zwar genau aus dem Grund, weil Sein Königreich nicht „von dieser Welt"

---

217 *Second Helvetic Confession,*" Ch. XXX, reproduced in John H. Leith, ed., Creeds of the Churches (Atlanta: John Knox Press, 1973) 190,191. Deutscher Text von https://www.evangelischer-glaube.de/2-helvetisches-bekenntnis/ (abgerufen am 30.6.2024).
218 Calvin 77.

war. Als Calvin also sagte, dass Christen das Schwert ergreifen sollten, um sich und ihre Kirche zu verteidigen, erkannte er an, dass das Reich, das er zu schützen suchte, von dieser Welt *war*. Sein neues Zion war ein Reich dieser Welt, genau wie alle anderen irdischen Reiche.

33. Das Banner des Königreichs wird von neuem erhoben

Die Schweizer Reformatoren hatten es geschafft, das Zeugnis der Waldenser vom Königreich zu zerstören. Aber sie konnten nicht verhindern, dass andere das Banner des Königreichs Gottes von neuem hochhielten. Eines der sehr guten Ergebnisse der Reformation war, dass sie den Buchdruck und die Verbreitung der Bibel in ganz Europa vorantrieb. Verschiedene Gelehrte der Reformation übersetzten die Bibel in die Volkssprachen, und die Druckerpresse machte diese Übersetzungen für den Durchschnittsbürger erschwinglich.

Europäer, die die Bibel für sich selbst lasen, frei vom Augustinischen Einfluss der Reformatoren, nahmen häufig das Evangelium vom Königreich Gottes an. Und so entstand spontan eine neue Königreich-Bewegung in ganz Mittel- und Nordeuropa.[219]

In Zürich in der Schweiz erblühte diese neue Königreich-Bewegung zum ersten Mal während der Zeit, als Zwingli predigte. Einige von Zwinglis Mitarbeitern waren nicht durch den Einfluss von Augustinus geblendet, und sie sahen klar das Evangelium vom Königreich Gottes in der Lehre Jesu. Sie wollten das apostolische Christentum wiederherstellen, aber Zwingli war nicht bereit, mit seiner Reformation weiter

---

219 Zum Beispiel die *Hutterer*, benannt nach dem Tiroler Jakob Hutter, und die *Mennoniten*, benannt nach dem Holländer Menno Simons. Anm. des Übersetzers.

zu gehen, als es der Stadtrat erlaubte. So begannen diese Königreich-Christen, sich selbst in Häusern zu versammeln.

Diese neuen Königreich-Christen stellten nicht nur die Königreichslehren Jesu wieder her, sondern lehrten auch die Notwendigkeit einer heiligen, disziplinierten Kirche - und nicht einer Staatskirche, zu der automatisch jeder gehörte, der in dem Staat lebte. Sie lehnten auch die Prädestination ab. Zwingli erwies sich jedoch als ebenso intolerant und eisern, wie Calvin es später sein sollte. Mit Zwinglis Zustimmung erließen die Behörden schnell Gesetze gegen diese Königreich-Christen, die sie Täufer bzw. „Wiedertäufer" nannten.[220] Eines dieser Gesetze lautet wie folgt:

> Damit die gefährliche, böse, unruhige und aufrührerische Sekte der Wiedertäufer ausgerottet werden kann, haben wir Folgendes angeordnet: Wenn jemand der Wiedertaufe verdächtigt wird, soll er von der Obrigkeit unter Androhung der festgelegten Strafe aufgefordert werden, das Gebiet zu verlassen. Jede Person ist verpflichtet, diejenigen zu melden, die der Wiedertaufe zugeneigt sind. Wer sich nicht an diese Anordnung hält, wird nach dem Urteil der Obrigkeit bestraft.
>
> Lehrer der Wiedertaufe, taufende Prediger und Leiter von unregelmäßigen Versammlungen sollen ertränkt werden. Diejenigen, die bereits aus dem Gefängnis entlassen wurden und geschworen haben, von solchen Dingen abzulassen, sollen die gleiche Strafe erhalten. Ausländische Täufer sollen vertrieben werden; wenn sie zurückkehren, sollen sie ertränkt werden. Niemand darf sich von der [Staats-]Kirche abspalten und dem Heiligen

---

220 Dies lag daran, dass sie die freiwillige Glaubenstaufe praktizierten, anstatt die staatlich erzwungene Säuglingstaufe zu akzeptieren.

Abendmahl fernbleiben. Wer von einer Gerichtsbarkeit in eine andere flieht, soll auf Verlangen verbannt oder ausgeliefert werden.[221]

Zwingli und seine Zivilrichter verhafteten schnell alle täuferischen Lehrer und Leiter, die sie finden konnten. Sie warfen diese Christen in düstere Kerker und ernährten sie nur mit Brot und Wasser. Wenn diese eingekerkerten Christen sich weigerten, ihre „Irrtümer" zu widerrufen, wurden sie mit den Händen auf dem Rücken gefesselt und dann in den Fluss geworfen - eine Taufe des Todes.[222]

In Deutschland, Österreich und den Niederlanden entstanden weitere Führer und Gruppen von Königreich-Christen, unabhängig von den Wiedertäufern in der Schweiz.

Diese anderen Königreich-Gruppen entdeckten unvermeidlich dasselbe Evangelium vom Königreich Gottes, und bald standen sie alle miteinander in Verbindung. Die Reformatoren und Katholiken bezeichneten alle diese Königreich-Christen als Wiedertäufer.

Alle Hauptreformatoren glaubten, dass das Hauptproblem mit Rom seine *Theologie* war. Das liegt daran, dass alle diese Reformatoren dachten, dass der Kern des Christentums selbst die Theologie sei. Indessen sahen die Täufer korrekt, dass der Kern des Christentums die *Beziehung* ist, nicht die Theologie. Wir müssen erst wiedergeboren werden, um in das Königreich Gottes eintreten zu können. Und dann können wir als Rebe am Weinstock Jesu wachsen. Ja, Rom hielt an vielen unbiblischen Praktiken und Lehren fest, die alle korrigiert

---

221 Sammlung Simler, quoted in "A History of the Baptists,"
    http://www.pbministries.org/History/John%20T.%20Christian/vol1/h
    istory_10.htm.
222 Simler.

werden mussten. Aber mit theologischen Korrekturen allein ließ sich das Grundproblem nicht lösen.

Das Grundproblem war, dass der Römische Katholizismus weitgehend zu einer mechanistischen Religion geworden war. Alles funktionierte automatisch. Wer sich an das Glaubensbekenntnis der KIRCHE hielt, an den Sakramenten teilnahm und in Treue zur KIRCHE starb (nicht in Todsünde), war gerettet. Wenn eine Person eine schwere Sünde beging, konnte sie diese mechanisch durch die Ausführung der angegebenen Buße sühnen. Dabei konnte es sich um das Geben von Almosen handeln, die Teilnahme an einer Pilgerfahrt oder einem Kreuzzug, die Zahlung eines Ablasses oder die Betrachtung von Reliquien der Heiligen. Eine Änderung des Herzens war nicht erforderlich. Und so änderte sich seine Beziehung zu Christus nie.

Ich möchte klarstellen, dass die Römisch-Katholische KIRCHE selbst nicht offiziell gelehrt hat, dass das Christentum nichts anderes sei als das mechanische Durchlaufen einer Liste von Schritten. Die KIRCHE hat sicherlich gelehrt, dass die Liebe zu Gott und die echte Reue über die Sünde wesentlich sind. Das Problem war (und ist immer noch), dass es eine beträchtliche Kluft zwischen dem gab, was Rom offiziell sagte, und dem, was in der typischen Katholischen Kirchengemeinde tatsächlich praktiziert und gepredigt wurde. In der Praxis war der Römische Katholizismus weitgehend zu einer maschinenartigen Religion geworden, die billige Gnade predigte.

Es wird allgemein angenommen, dass die Reformation all dies änderte. Doch stattdessen ersetzte die Reformation weitgehend eine Form der billigen Gnade (Sakramente, Ablasshandel usw.) durch eine andere Form der billigen Gnade - dem einfachen Glaubenstum: Glaube einfach, dass Jesus für deine Sünden gestorben ist und dass dein eigener Gehorsam keine Rolle für deine Erlösung spielt, und - *voilá* - dein ewiges Leben im Himmel ist dir sicher. In Wahrheit unterschieden sich die deutschen Lutheraner kaum von den deutschen Katholiken, außer in Bezug auf Theologie und Gottesdienstformen. Allerdings verlangten die reformierten Kirchen in der Schweiz eine viel strengere Form des christlichen Lebens, die sie durch die staatlichen Behörden durchsetzten. Dennoch lehrten diese Kirchen immer noch die ultimative Form des mechanischen Christentums: Gott hat alle Menschen willkürlich vorherbestimmt, bevor sie überhaupt geboren wurden.

Die Wiedergeburt

Weder Luther, Zwingli, Calvin noch die Römisch-Katholische KIRCHE legten großen Wert auf die Wiedergeburt. In ihren Systemen war die Wiedergeburt einfach ein Teil des gesamten mechanischen Prozesses. Aber für die Täufer war das ganz anders. Ein Mensch musste mit der Wiedergeburt *beginnen*, einschließlich einer persönlichen Hingabe und Verpflichtung für das Königreich Christi. Es ging nicht nur darum, an Jesus als deinen *Erlöser* zu glauben. Er musste auch dein *Herr* sein. Und zwar nicht nur theologisch, sondern auch im konkreten Leben eines Menschen. So drückte es ein Täufer aus:

> „Nun mögen vielleicht einige antworten: ‚Unser Glaube ist, dass Christus der Sohn Gottes ist, dass Sein Wort Wahrheit ist und dass Er uns mit Seinem Blut und Seiner Wahrheit erkauft hat. Wir sind in der Taufe wiedergeboren worden und haben den Heiligen Geist empfangen; darum sind wir die wahre Kirche und Gemeinde Christi.‘ Wir antworten: Wenn euer Glaube so ist, wie ihr sagt,

warum tut ihr dann nicht, was Er euch in Seinem Wort geboten hat? Sein Gebot lautet: ‚Tut Buße und haltet die Gebote.' ...Treuer Leser, bedenke, dass, wenn es dir so ergangen wäre, wie du sagst, ... du außerdem zugeben müsstest, dass die oben erwähnte Geburt und der empfangene Geist allesamt ohne Wirkung, Weisheit, Kraft und Frucht in dir sind; ja, eitel und tot. Dass du weder nach dem Geist noch in der Kraft der neuen Geburt lebst.“[223]

Derselbe Autor beschrieb die Art des Glaubens, den das Evangelium vom Königreich Gottes verlangt:

„Wahrer evangelischer Glaube kann nicht schlummern. Er kleidet die Nackten. Er speist die Hungrigen. Er tröstet die Traurigen. Er beherbergt die Bedürftigen. Er dient denen, die ihn verletzen. Er verbindet, was verwundet ist. Er ist allen Menschen alles geworden.“[224]

Ein anderer Täuferführer drückte es so aus:

„Kein Mensch kann Christus wirklich kennen, es sei denn, er folgt Ihm im Leben.“[225]

Wie Paulus es ausdrückte:

„Das Königreich Gottes besteht nicht in Worten, sondern in Kraft.“ 1.Kor 4,20

Das Wesen des Königreichs Gottes besteht nicht in Worten - Theologie -, sondern in der *Kraft*. Und Paulus sprach in die-

---

223 Menno Simons, *The Complete Writings of Menno Simons*. Trans. J. C. Wenger: Reply to False Accusations (Scottdale: Herald Press, 1956) 96.

224 Menno Simons, as quoted by John D. Roth, "The Mennonites' Dirty Little Secret," Christianity Today, October 7, 1996, 44.

225 Hans Denk, quoted in "What Is Anabaptism?", http://www.anabaptistnetwork.com/WhatIsAnabaptism.htm.

sem Abschnitt nicht von der Macht, Wunder zu tun. Wunder sind wie Worte. Sie können Teil des Königreichs Gottes sein, aber sie sind nicht das Wesen des Königreichs Gottes. Für sich genommen beweisen sie nichts. Jesus wusste, dass wir dazu neigen würden, den Wundern zu folgen, deshalb warnte Er uns im Voraus:

> „Viele werden an jenem Tag zu mir sagen: 'Herr, Herr, haben wir nicht in deinem Namen geweissagt, in deinem Namen Dämonen ausgetrieben und in deinem Namen viele Wunder getan? Und dann werde ich zu ihnen sagen: ‚Ich habe euch nie gekannt; weicht von mir, ihr, die ihr *Gesetzlosigkeit* praktiziert!'" Mt 7,22-23

Wenn Jesus diese Wundertäter *nie* kannte, dann bedeutet das, dass sie nie an seinem Weinstock waren. Sie lebten ihr ganzes christliches Leben in einer Fantasiewelt - sie prophezeiten und trieben Dämonen in Jesu Namen aus. Sie dachten, sie hätten Macht, aber die Macht, die sie hatten, stammte nicht von Ihm. Was war ihr Problem? War es, dass sie auf ihre eigenen Werke vertrauten? Nein, Jesus sagte, ihr Problem sei, dass sie „Gesetzlosigkeit praktizierten". Sein Königreich hat Gesetze, und wenn wir Seine Gesetze nicht befolgen, dann praktizieren wir Gesetzlosigkeit.

Das ist genau der Punkt, den die Täufer ihren Zuhörern vermittelten. Es spielt keine Rolle, wie viel Theologie Sie richtig verstanden haben. Und es spielt auch keine Rolle, welche formalen Schritte Sie unternommen haben, um wiedergeboren zu werden. Wenn Sie nicht in der Kraft des Geistes leben, ist das alles wertlos. Entweder waren Sie nie am Weinstock Jesu, oder Sie wurden abgehackt. Jemand, der am Weinstock Christi wächst, praktiziert keine Gesetzlosigkeit. Er lebt nicht im Ungehorsam gegenüber den Gesetzen Christi.

Menschen des Königreichs Gottes

Ein täuferischer Schriftsteller hinterließ uns diese Beschreibung der Täufer seiner Zeit:

„In der Taufe begraben sie ihre Sünden im Tod des Herrn und auferstehen mit Ihm zu einem neuen Leben. Sie beschneiden ihre Herzen mit dem Wort des Herrn; sie werden mit dem Heiligen Geist in den makellosen, heiligen Leib Christi getauft, als gehorsame Glieder Seiner Kirche, nach der wahren Ordnung und dem Wort des Herrn. Sie ziehen Christus an und offenbaren Seinen Geist, Seine Natur und Seine Kraft in ihrem ganzen Verhalten. Sie fürchten Gott von ganzem Herzen und suchen in all ihren Gedanken, Worten und Werken nichts anderes als das Lob Gottes und das Heil ihrer geliebten Brüder. Hass und Rache kennen sie nicht, denn sie lieben die, die sie hassen; sie tun denen Gutes, die sie missbrauchen, und beten für die, die sie verfolgen."[226]

„Diese wiedergeborenen Menschen haben einen geistlichen König über sich, der sie mit dem ungebrochenen Zepter seines Mundes regiert, nämlich mit Seinem Heiligen Geist und Seinem Wort. Er kleidet sie mit dem Gewand der Gerechtigkeit, aus reiner weißer Seide. Er erfrischt sie mit dem lebendigen Wasser Seines Heiligen Geistes und speist sie mit dem Brot des Lebens. Sein Name ist Christus Jesus. Sie sind die Kinder des Friedens, die ihre Schwerter zu Pflugscharen umgeschmiedet haben und ihre Spieße zu Sicheln und keinen Krieg mehr kennen. Sie geben dem Kaiser, was dem Kaiser gehört, und Gott, was Gott gehört."[227]

226 Simons 93.
227 Simons 94.

Diese neuen Königreich-Christen fanden schnell zueinander und bildeten örtliche Gemeinden und kontinentweite Allianzen. Die Täuferbewegung breitete sich so schnell aus, dass es den Anschein hatte, sie würde eine größere Bewegung werden als die Mainstream-Reformation.[228] Die Täufer hatten kein organisiertes Missionssystem. Stattdessen waren alle Täufer wie die frühen Christen Missionare und teilten das Evangelium vom Königreich mit jedem, den sie erreichen konnten. Wieder einmal stellte das Evangelium vom Königreich Gottes die Welt auf den Kopf!

Aber die Reaktion der Welt war ziemlich schnell. Sie hatte kein Verlangen danach, auf den Kopf gestellt zu werden. Die Reformatoren befürchteten, dass, wenn zu viele Menschen dieser neuen Königreich-Bewegung beiträten, sie nicht genügend Truppen hätten, um gegen die Katholiken oder die Türken zu kämpfen. Sowohl die Reformatoren als auch die Katholiken wollten eine Gesellschaft, die innerhalb der Grenzen des Konstantinischen Hybrids errichtet wurde. Sie waren zu der Überzeugung gekommen, dass, wenn Kirche und Staat nicht vereint wären, die gesamte Gesellschaft zusammenbrechen würde. Deshalb müssen die Täufer sterben!

Sowohl die Römisch-Katholische KIRCHE als auch die Reformationskirchen unterwarfen diese neuen Königreich-Christen denselben unmenschlichen Folterungen, die die heidnischen Römer einst den Christen ihrer Zeit zugefügt hatten (außer sie den Löwen vorzuwerfen). So fällten die Deutschen Behörden zum Beispiel das folgende Urteil gegen den Täuferführer Michael Sattler:

> „Das Urteil lautet, dass Michael Sattler dem Scharfrichter übergeben werden soll, der ihn zur Richtstätte füh-

---

228 Roland Bainton, The Reformation of the Sixteenth Century (Boston: Beacon Press, 1952) 101.

ren und ihm die Zunge herausschneiden soll. Dann sollen sie ihn an seinen Wagen schmieden und ihm zweimal mit glühenden Zangen Fleischstücke aus dem Leib reißen. Nachdem er vor das Tor der Stadt gebracht worden ist, sollen sie ihm noch fünfmal auf dieselbe Weise den Leib zerreißen. Danach soll er zu Asche verbrannt werden.“[229]

Und welche schrecklichen Verbrechen hatte Michael Sattler begangen, um eine solch grausame Strafe zu erleiden? Er hatte einfach anderen das Christentum des Königreichs gelehrt. Zwei der neun Artikel der Anklageschrift gegen ihn lauteten, dass er gegen Eide lehrte und dass er Wehrlosigkeit predigte. Ich frage mich, ob dieselben christlichen Autoritäten Christus das Fleisch mit einer glühenden Zange zerrissen und Ihn dann lebendig verbrannt hätten? Schließlich predigte auch Er die Wehrlosigkeit und sagte Seinen Jüngern, sie sollten keine Eide leisten.

Die Verfolgung der Täufer war tatsächlich schlimmer als das, was die frühen Christen von Rom zu erdulden hatten. Das liegt daran, dass sie viel gründlicher und unerbittlicher war. Doch trotz dieser intensiven Verfolgung gelang es den Reformatoren und Katholiken nicht, diese neue Königreich-Bewegung völlig auszulöschen. Ein treuer Überrest von ihnen ist noch unter uns. Gleichzeitig hatten die Täufer auch ihre Schwächen. Zum Beispiel verloren die meisten von ihnen infolge der schrecklichen Verfolgung durch andere so ge-

---

229 Thieleman J. van Braght, *Martyrs Mirror* (Scottdale, Pa: Herald Press, 1950) 418. Anm. des Übersetzers: Der *Märtyrerspiegel* überliefert den ganzen Prozess gegen Michael Sattler im Detail. Er ist auf Deutsch kostenlos im Internet verfügbar: https://maertyrerspiegel.de/schriften-und-werke/maertyrerspiegel/teil-2/MSphtmlse11#x26-140002.8 (abgerufen am 3.Juli 2024).

nannte Christen schließlich ihren Eifer, anderen Zeugnis zu geben.

Andere Königreich-Christen

Die Täuferbewegung war eine der wichtigsten Bewegungen in der Geschichte des Christentums. Die Täufer haben nicht nur das Evangelium vom Königreich Gottes im sechzehnten Jahrhundert wiederhergestellt, sondern ein Überrest von ihnen hat das Banner fast fünfhundert Jahre lang hochgehalten.

Dennoch waren die Täufer in den letzten fünfhundert Jahren keineswegs die einzigen Königreich-Christen. Auch wenn die Kirchen der Reformation das Königreich-Christentum in der Regel als „Werkschristentum" bezeichnet haben, so sind doch einzelne Königreich-Christen im Schoß dieser Kirchen gesprossen. Auch in der Römisch-Katholischen KIRCHE haben Königreich-Christen nicht gefehlt. Es ist nur sehr viel schwieriger, das Christentum des Königreichs Gottes in einem Katholischen oder Reformatorischen Umfeld zu praktizieren. Tatsächlich sind aus keiner Kirche, die mit reformatorischer Theologie verbunden ist, jemals dauerhafte Königreich-Bewegungen hervorgegangen.

Quäker

Obwohl einige Täufer England erreichten, waren sie nie in der Lage, dort dauerhaft Fuß zu fassen. Wie auch immer, im Jahr 1647 entstand eine einheimische englische Königreich-Bewegung unabhängig von den Täufern. Typisch für die meisten Königreich-Bewegungen wurde diese frische neue Bewegung von einem ungelehrten Webersohn namens George Fox gestartet. Durch das eigenständige Lesen der Bibel, ohne jegliche theologische Ausbildung, entdeckte er das Evangelium vom Königreich.

Mit Begeisterung und Freude begann Fox enthusiastisch in ganz England das Christentum des Königreichs zu predigen. Er war so kühn in seiner Verkündigung, dass er manchmal die Predigt in der Staatskirche unterbrach und zu der Gemeinde zu predigen begann. Bei einer Gelegenheit, nachdem er dies wieder einmal getan hatte, wurde er von einem wütenden Mob von Kirchgängern gelyncht. Als Fox das Hängen überlebte, schlugen sie auf ihn ein, bis er bewusstlos war. Als er sein Bewusstsein endlich wieder erlangte, stand er auf, sah den Mob an und sagte mit lauter Stimme:

„Schlagt mich noch einmal, wenn ihr wollt. Hier sind meine Arme, mein Kopf und meine Wangen."

Fassungslos löste sich die Menge auf.[230]

George Fox machte durch seine Predigten viele zu Jüngern, und sie nannten sich selbst die Gesellschaft der Freunde. Andere nannten sie Quäker, der Name, unter dem sie am bekanntesten sind. In ganz England und später in Amerika predigten die Quäker die Werte des Königreichs, wo immer sie hinkamen. Obwohl die kirchliche Obrigkeit die Quäker auspeitschte und inhaftierte, konnten sie nicht zum Schweigen gebracht werden. In der Neuen Welt verboten die Puritaner jedem Quäker, einen Fuß in Massachusetts zu setzen, unter Androhung der Todesstrafe. Aber die Quäker setzten ihr Zeugnis in Massachusetts fort, sodass die Puritaner einige von ihnen erhängten.

Im Gegensatz zu den Täufern und Waldensern betonten die Quäker das innere Zeugnis des Geistes über die Lehre der

---

230 Norman Penney, ed., *The Journal of George Fox* (London: J.M. Dent & Sons, 1924) http://www.geocities.com/quakerpages/fox17.htm.

Schrift. In dem Glauben, in ein neues Zeitalter des Geistes eingetreten zu sein, lehrten sie fälschlicherweise, dass Taufe und Abendmahl nicht mehr notwendig seien.[231] Im Laufe der Jahrhunderte führte ihre Betonung des inneren Lichts des Geistes zu immer größerem sozialem Aktivismus und weniger Vertrauen in die Heiligen Schriften. Heute sind die Quäker ein extrem liberaler Leib, der sich in erster Linie auf sozialen Aktivismus konzentriert. Nur ein kleiner Überrest der Quäker hält heute noch an dem biblischen Evangelium vom Königreich fest.

Die Brüder

Während die Quäkerbewegung in England florierte, breitete sich in Deutschland und Nordeuropa eine neue geistliche Bewegung aus - der Pietismus. Auf der Suche nach einem authentischen geistlichen Leben begannen Christen, die den Staatskirchen angehörten, sich in kleinen Gruppen zum Bibelstudium und zum Gebet zu treffen. Wie die Quäker betonten auch die Pietisten das innere Wirken des Heiligen Geistes. Und wie die Quäker betrachteten auch die Pietisten im Allgemeinen Taufe und Abendmahl als unwesentliche, nebensächliche Aspekte des christlichen Lebens. Leider lehrten die meisten Pietisten im Gegensatz zu den Quäkern keinen wörtlichen Gehorsam gegenüber den Königsreichslehren von Jesus.

In der Pfalz in Deutschland war in den frühen 1700er Jahren ein junger Christ namens Alexander Mack durch die pietistische Bewegung geistlich erweckt worden. Die meisten Pietisten blieben in den Landeskirchen (Lutherisch, Reformiert

---

231 David Edwards, *Christian England. Vol. 2.* (Grand Rapids: Wm. B. Eerdmans Publishing Company, 1983) 341.

oder Katholisch) und hielten ihre Gebetsversammlungen zu Zeiten ab, die nicht mit den staatlichen Gottesdiensten kollidierten. Mack und seine geistigen Weggefährten sahen jedoch die Notwendigkeit, sich von den Staatskirchen zu trennen und zum Urchristentum zurückzukehren. Durch ihr Bibellesen erkannten Mack und seine Gefährten das klare Evangelium vom Königreich Gottes. Sie lehnten Eide, Krieg, die Anhäufung von Reichtum, Gerichtsverfahren und andere Dinge ab, die im Widerspruch zur Lehre Christi standen.[232]

Diese neuen Königreich-Christen, die sich einfach „Brüder"[233] nannten, wurden als „Deutsche Baptisten" oder „Tunker"[234] bekannt. Sie verbreiteten enthusiastisch das Evangelium vom Königreich in den Städten, wo sie lebten. Die Verfolgung durch die Behörden zwang sie, von Stadt zu Stadt zu ziehen - und schließlich nach Germantown, Pennsylvania. In seiner *Autobiografie* beschreibt Benjamin Franklin seine Begegnung mit den Tunkern:

> „Ich denke, ein klügeres Verhalten hat eine andere Sekte unter uns, die der Tunker. Ich kannte einen ihrer Gründer, Michael Welfare, kurz nach ihrem Auftauchen. Er beschwerte sich bei mir, dass sie von den Eiferern anderer Überzeugungen bösartig verleumdet und abscheulicher Prinzipien und Praktiken beschuldigt wurden, die ihnen völlig fremd waren. Ich sagte ihm, dass dies bei neuen Sekten immer der Fall gewesen sei, und um diesen Missbrauch ein Ende zu setzen ich mir vorstellen könnte, dass es gut wäre, die Artikel ihres Glaubens und die Regeln ihrer Disziplin zu veröffentlichen. Er sagte,

---

232 William C. Willoughby, *Counting the Cost* (Elgin, Illinois: The Brethren Press, 1979) 45,46.
233 Englisch Brethren. Anm. des Übersetzers.
234 Englisch Dunkards. Anm. des Übersetzers.

dass dies unter ihnen vorgeschlagen worden sei, aber nicht zugestimmt wurde, aus diesem Grund:

‚Als wir zum ersten Mal als Gesellschaft zusammengeführt wurden', sagt er, ,hatte es Gott gefallen, unsere Geister so weit zu erleuchten, dass wir sahen, dass einige Dinge, die wir einst für Wahrheiten hielten, Irrtümer waren; und andere, die wir für Irrtümer hielten, waren echte Wahrheiten. Von Zeit zu Zeit hat es Ihm gefallen, uns weiteres Licht zu gewähren, und unsere Prinzipien haben sich verbessert und unsere Irrtümer verringert. Nun sind wir nicht sicher, dass wir am Ende dieses Prozesses und bei der Perfektion der geistlichen oder theologischen Erkenntnis angekommen sind. Wir fürchten, dass wir, wenn wir unser Glaubensbekenntnis einmal drucken, uns daran gebunden und davon begrenzt fühlen und vielleicht nicht bereit sein werden, weitere Verbesserungen zuzulassen. Und unsere Nachfolger würden erst recht das, was wir, ihre Ältesten und Gründer, getan haben, als etwas Heiliges betrachten, von dem man niemals abweichen darf.'

Diese Bescheidenheit einer Sekte ist vielleicht ein einzigartiger Fall in der Geschichte der Menschheit, da jede andere Sekte sich im Besitz der *ganzen* Wahrheit wähnt."[235]

Tatsächlich ist die undogmatische Herangehensweise der Tunker an die Theologie (über die Grundlagen hinaus) recht charakteristisch für neue Königreich-Bewegungen. Wenn Gläubige das Königreich Gottes zum ersten Mal entdecken, ist ihre Freude über diesen verborgenen Schatz so groß, dass

---

235 Benjamin Franklin, *The Autobiography and Other Writings* (New York: Penguin Books USA Inc., 1783) 129.

sie sich in erster Linie auf das Königreich und seinen König konzentrieren. Sie machen sich nicht viele Gedanken über komplizierte theologische Fragen.

Apostolic Christian Church

In der Schweiz des 18. Jahrhunderts, nachdem die Täufer praktisch aus dem Land verschwunden waren, organisierte Samuel Fröhlich, ein junger Priesterseminarstudent, christliche Gemeinschaften, die weitgehend auf einer wörtlichen Auslegung des Wortes Gottes basierten. Es überrascht nicht, dass ihn dies zu den vertrauten Grundlagen des Evangeliums vom Königreich führte: Wehrlosigkeit, einfache Theologie, die Anerkennung der Rolle, die der Gehorsam für das Heil spielt, und die Ablehnung von Eiden und Materialismus. Wie alle anderen neuen Königreich-Christen legten Fröhlich und seine Glaubensbrüder freudig Zeugnis ab, und ihre neue Königreich-Bewegung verbreitete sich rasch in ganz Europa. Diese Königreich-Christen sind auch heute noch unter uns, in Europa als „Nazarener" und in Amerika als „Apostolic Christian Church" bekannt.

Königreich-Sprösslinge

Die meisten Menschen, die die Heilige Schrift lesen, ohne vorher indoktriniert worden zu sein, kommen im Allgemeinen zur Erkenntnis des Evangeliums vom Königreich. So ist es nicht überraschend, dass neue Hausgemeinden und kleine Gemeinschaften oft das Evangelium vom Königreich Gottes lehren. Tatsächlich haben einige der etablierten, konventionellen Kirchen, die wir heute kennen, in ihren Anfängen die Wehrlosigkeit angenommen und mehr das Evangelium vom

Königreich gepredigt. Einige Beispiele sind die „Church of Christ", die „Christian Church"[236], die Herrnhuter Brüdergemeine[237] und einige der Wesleyanischen Heiligkeits- und Pfingstkirchen.[238] Als diese Bewegungen jedoch wuchsen, richteten sie theologische Ausbildungsstätten ein, erlangten staatliche Anerkennung und verloren in der Regel den größten Teil ihrer Königreichslehre.

Bevor wir unsere Diskussion über die verschiedenen Königreich-Bewegungen in der Geschichte beenden, möchte ich klarstellen, dass diese Königreich-Gruppen nicht dieselben theologischen Überzeugungen bis ins kleinste Detail vertraten. Sie alle[239] hielten sich an das Apostolische Glaubensbekenntnis und das Evangelium vom Königreich, einschließlich Jesu Lehren über den Lebensstil. Das ist es, was für Jesus wichtig ist.

---

236 „Church of Christ" und „Christian Church" sind amerikanische Kirchen, doch es gibt sie auch in anderen Ländern, einschließlich Deutschland, unter ihrem englischen Namen. Anm. des Übersetzers.

237 Das Wort „Gemeine" ist kein Tippfehler, sondern stammt aus dem älteren deutschen Sprachgebrauch und bedeutet hier „Gemeinschaft" oder „Gemeinde". Es ist noch in Wörtern wie „*gemein*sam" und „all*gemein*" erhalten geblieben. Das hat nichts mit der heutigen Bedeutung von „gemein" als „böse" oder „hinterhältig" zu tun. Die „*Herrnhuter* Brüdergemeine" ist eine christliche Glaubensgemeinschaft, die im 18. Jahrhundert von Nikolaus Ludwig von Zinzendorf in *Herrnhut*, Sachsen, gegründet wurde. Anm. des Übersetzers.

238 Andere, im deutschsprachigen Mitteleuropa bekanntere, Beispiele sind die Russlanddeutschen, die Bruderhofbewegung, und die im 16. Jh. entstandenen Mennoniten, benannt nach dem Täufer *Menno Simons*, der in diesem Buch öfters zitiert wird. Anm. des Übersetzers.

239 Mit Ausnahme der Quäker, deren Lehre über die Taufe schwach war.

34. Der Ball ist jetzt bei uns

Wie ich bereits sagte, handelt es sich bei dem, was ich in diesem Buch mit Ihnen teile, nicht um die von David Bercot persönlich ausgearbeitete Theologie. Es ist der ursprüngliche, *historische* christliche Glaube. Es ist das, was die Kirche der ersten paar Jahrhunderte gelehrt hat, was sich leicht aus den Schriften der vorkonstantinischen Christen belegen lässt.[240]

Evangelikale, die Maria anbeten

Wenn Sie sich an nichts anderes aus diesem Buch erinnern, dann hoffe ich, dass Sie sich daran erinnern, dass das Wesen des Christentums weder theologischer noch mechanischer Natur ist, sondern *beziehungsorientiert*. Das bedeutet nicht, dass es keine notwendigen theologischen Lehren gibt, denn die gibt es. Wenn wir jedoch in das Königreich Gottes eintreten, treten wir in eine dauerhafte Beziehung zu unserem König ein.

---

240 Ich möchte Sie ermutigen, dies selbst zu untersuchen. Die Schriften der Christen aus der Zeit vor dem Konzil von Nizäaa sind in der Reihe *The Ante-Nicene Fathers* enthalten, die bei verschiedenen Anbietern zu einem erschwinglichen Preis erhältlich ist. Diese Schriften können sogar kostenlos im Internet gelesen werden. Suchen Sie einfach nach „Ante-Nicene Fathers" (Die vor-nizäischen Väter). Anmerkung des Übersetzers: Auf Deutsch gibt es die „Bibliothek der Kirchenväter". Sie gibt es nicht nur in Klosterbibliotheken in Buchform, sondern auch gratis online unter https://bkv.unifr.ch/de.

Natürlich erkennen die meisten Kirchen heute an, dass wir als Christen in eine Beziehung zu Jesus eintreten. Aber die Beziehung, die sie beschreiben, ist nicht dieselbe, von der Jesus spricht. Die Beziehung der modernen populären Theologie ist in der Regel eine Fake-Beziehung mit einem gefälschten Jesus.

Eine der großen Sünden der Römisch-Katholischen KIRCHE ist ihre Marienverehrung. Die Maria des Römischen Katholizismus und der östlichen Orthodoxie ist äußerst beliebt, weil Maria niemals zornig ist, sie bestraft keine Sünde und sie hat keine Gebote zu geben. Ihre Gnade deckt jede Sünde zu. Und alles, was sie als Gegenleistung will, ist Volksfrömmigkeit. Fromme Katholiken bilden sich ein, dass sie eine ständige Beziehung zu dieser fiktiven Maria haben.

Obwohl bibeltreue evangelikale Christen die Katholiken dafür kritisieren, dass sie Maria verehren, ist es in Wahrheit so, dass die meisten von ihnen ebenfalls Maria anbeten. Wie bitte? Sie beten Maria an? Ja, das tun sie. Aber sie nennen sie Jesus, nicht Maria. Der beliebte Jesus des leichten Glaubenstums ist einfach nur eine aufgewärmte Version der Katholischen Maria. Dieser Jesus ist nie zornig, er bestraft keine Sünde und hat keine Gebote. Er ist voller Gnade, und er liebt nichts mehr, als gelobt und angebetet zu werden. Eine Beziehung zu diesem gefälschten Jesus ist genauso wenig real wie die imaginäre Beziehung eines Katholiken zu Maria.

Gott *wird* uns prüfen

Ein entscheidender Teil der Königreich-Theologie ist die Erkenntnis, dass Gott uns prüfen *wird*. Unser Glaube wird auf die Probe gestellt werden, um zu sehen, ob wir den wahren Jesus wirklich lieben. Deshalb sagt uns Jakobus:

> „Meine Brüder, freut euch, wenn ihr in mancherlei An-
> fechtungen geratet, wissend dass die Prüfung eures
> Glaubens Geduld bewirkt." Jak 1,3-4

Paulus schreibt:

> „So reden wir auch, nicht um Menschen zu gefallen,
> sondern Gott, der unsere Herzen prüft." 1.Thess 2,4

Das ist nicht etwas Neues, das mit dem Königreich Gottes
kam. Gott hat schon *immer* auf diese Weise gearbeitet. Zum
Beispiel gab Gott den Israeliten zahlreiche Anweisungen, um
sie zu prüfen. Er sagte ihnen, sie sollten kein Manna über
Nacht aufbewahren (außer vor dem Sabbat), aber einige Israeliten versuchten es trotzdem. Er sagte ihnen, sie sollten das
Manna vor dem Sabbat aufbewahren, aber einige Israeliten
hörten nicht darauf (Ex 16,19-30). Gott befahl den Israeliten,
alles aus Jericho der Zerstörung zu überlassen, aber Achan
behielt etwas von dem Gold für sich.

Hüten Sie sich vor „aufgehobenen" Geboten

Eine von Gottes grundlegenden Methoden, uns zu prüfen,
besteht darin, uns ein klares Gebot zu geben und dann zuzulassen, dass jemand anderer es später widerruft. Ein gutes
Beispiel dafür ist die in den Königen beschriebene Episode
über den Prophet aus Juda, den Gott sandte, um Jerobeam zur
Rede zu stellen. Der Prophet riskierte sein Leben, um Jerobeam furchtlos seine Botschaft zu überbringen, wie es ihm befohlen worden war. Gott wirkte sogar Wunder durch ihn.

Als König Jerobeam ihn als wahren Propheten erkannte, lud
er den Propheten ein, sich im Palast des Königs zu erfrischen,
bevor er nach Hause zurückkehrte. Aber der Prophet antwortete:

„Wenn du mir die Hälfte deines Hauses geben würdest, würde ich nicht mit dir hineingehen, noch würde ich an diesem Ort Brot essen oder Wasser trinken. Denn so wurde es mir durch das Wort des Herrn befohlen: Du sollst kein Brot essen und kein Wasser trinken und nicht auf demselben Weg zurückkehren, auf dem du gekommen bist." 1.Kön 13,7-10

So weit, so gut. Der Prophet aus Juda hatte alle Prüfungen Gottes bestanden.

Aber als der Prophet aus Juda nach Hause zurückkehrte, lief ein anderer Prophet Gottes, der in Bethel lebte, dem Propheten aus Juda nach und sagte zu ihm:

„Auch ich bin ein Prophet wie du, und ein Engel hat durch das Wort des Herrn zu mir gesprochen und gesagt: ‚Bring ihn mit dir in dein Haus zurück, damit er Brot isst und Wasser trinkt.' (Er log)." 1.Kön 13,18

Hm. Das gab der Prüfung eine neue Dimension. Gott hatte offenbar Seine Anweisungen geändert. Also blieb der Prophet aus Juda und aß mit dem Propheten aus Bethel. Was war das Ergebnis? Auf dem Rückweg nach Juda wurde der Prophet von einem Löwen angegriffen und getötet.

Es ist eine traurige Geschichte, aber sie veranschaulicht gut, was Paulus Jahrhunderte später sagte:

„Wenn aber wir oder ein Engel vom Himmel euch irgendein anderes Evangelium predigen als das, was wir euch gepredigt haben, so sei er verflucht." Gal 1,8

Wenn Gott uns ein klares Gebot gibt, wird Er es nicht später widerrufen. Das würde Seine Diener in eine unmögliche Situation bringen - sie müssten entscheiden, ob der Widerruf wirklich von Gott kam oder nicht.

Seit der Zeit des Mose gab es nur eine einzige Situation, in der Gott einige Seiner früheren Gebote *modifizierte* - das war beim Anbruch des Königreichs Gottes. Aber bei dieser einmaligen Gelegenheit schickte Gott nicht einfach einen menschlichen Boten - oder gar einen Engel - um die Änderung anzukündigen. Er sandte Seinen eigenen Sohn, der genug Wunder vollbrachte, um jeden Skeptiker zu überzeugen.

Das Kommen Jesu war die letzte Etappe von Gottes Plan für die Menschheit. Kein Engel oder Mensch hat die Macht, etwas von dem, was Jesus lehrte, zu widerrufen. Und der Vater wird Seinem eigenen Sohn niemals widersprechen. Also, bis Jesus zurückkehrt und uns persönlich anders unterweist, bleiben Seine Gebote bestehen. Wie ich schon zuvor zitierte:

> „Jesus Christus ist derselbe gestern, heute und in Ewigkeit." Hebr 13,8

Dieses Geschäft des Widerspruchs gegen Gottes ausdrückliche Gebote reicht bis in den Garten Eden zurück. Gott hatte Adam klar und deutlich gesagt:

> „Von jedem Baum des Gartens darfst du frei essen; aber von dem Baum der Erkenntnis des Guten und Bösen sollst du nicht essen, denn an dem Tag, an dem du davon isst, musst du sicherlich sterben." Gen 3,3

Aber dann sagte die Schlange zu Eva:

> „Du wirst sicherlich nicht sterben. Denn Gott weiß, dass an dem Tag, an dem ihr davon esst, eure Augen aufgetan werden, und ihr werdet sein wie Gott und wissen, was gut und böse ist." Gen 3,4

Gott sagte also das eine, und die Schlange sagte etwas anderes. Die meisten von uns würden sagen: „Was für eine leichte Prüfung!" Aber unglaublicher Weise fielen unsere ersten Eltern durch! Eva glaubte der Schlange tatsächlich, und Adam ging mit, anstatt seiner Frau die Stirn zu bieten, als sie im Unrecht war. Aber sind wir Christen denn anders? Wir lesen die einfachen, klaren Gebote von Jesus. Doch wenn ein Prediger oder Bibelkommentator Jesus direkt widerspricht, glauben wir lieber einem solchen Mann als Jesus.

Wo stehen Sie und ich also?

Im Laufe dieses Buches habe ich viel über die christliche Geschichte gesprochen. Aber alle Geschichte der Welt nützt uns nichts, wenn wir nicht aus ihr lernen. Millionen von Christen geißeln die Römisch-Katholische KIRCHE für ihre Fehler. Und doch fallen dieselben Christen in dieselbe Grube der Irrtümer wie die Katholiken. Denn wie die Katholiken akzeptieren auch sie den Konstantinischen Hybrid und eignen sich ihr Weltbild durch die getönte Brille des Hybrids an.

Es ist beruhigend zu wissen, dass andere Königreich-Christen durch die Jahrhunderte hindurch den Hybrid abgelehnt und sich geweigert haben, nach seinen Regeln zu spielen. Aber ihre Zeit auf dem Spielfeld ist vorbei. Der Ball ist jetzt bei uns. Wenn jeder andere Christ auf der Erde die Lehren Jesu ignoriert oder wegerklärt, entschuldigt das in keiner Weise den Ungehorsam von Ihnen und mir. Wenn der Herr direkt in der Heiligen Schrift zu uns gesprochen hat, ist es irrelevant, was andere sagen. Wie der verstorbene Evangelist Leonard Ravenhill zu sagen pflegte: „Jesus ist entweder *absolut* oder Er ist *obsolet*." Es gibt keinen Mittelweg.

Mir ist klar, dass dieses Buch Ihnen vielleicht Unbehagen bereitet hat. Vielleicht hat es Sie sogar beleidigt. Ihre natürliche Reaktion könnte darin bestehen, hinauszugehen und ein anderes Buch zu finden, das das meiste von dem, was ich über das Evangelium vom Königreich Gottes gesagt habe, widerlegt. Und das wird nicht sehr schwer sein. In der Tat wird das Buch, das in Ihrer Buchhandlung direkt neben dem meinen liegt, wahrscheinlich das Gegenteil von dem sagen, was ich sage.

Aber anstatt das zu tun, möchte ich Sie ermutigen, die Lehren Jesu selbst zu lesen. Ich meine damit nicht die Beweistexte aus den Lehren Jesu. Ich meine die Gesamtheit dessen, was Er lehrte. Habe ich das, was Er gepredigt hat, in irgendeiner Weise falsch dargestellt? Wenn ja, dann müssen Sie natürlich Ihm zuhören, nicht mir. Aber wenn ich Ihn nicht falsch dargestellt habe, bitte ich Sie inständig, dieses Buch nicht wegzuwerfen und die Dinge zu vergessen, die Jesus gesagt hat. Sie sind vielleicht zum Hochzeitsmahl gekommen, ohne das Evangelium vom Königreich anzunehmen - aber Sie werden nicht dort bleiben, wenn Sie nicht dieses Evangelium annehmen.

Andererseits hat dieses Buch vielleicht auch Ihr Herz berührt. Vielleicht brennen auch Sie vor Begeisterung für das Königreich. Ist das Königreich Gottes für Sie wie eine Perle von großem Wert? Bringt Ihnen das Königreich Gottes solche Freude, dass Sie bereit sind, alles loszulassen, um es zu erlangen? Wenn ja, dann schließen Sie sich mir und anderen modernen Königreich-Christen bitte an. Lassen Sie uns unseren Teil dazu beitragen, die Welt auf den Kopf zu stellen!

Anhang

Über das Titelbild

Das Bild, das ich für das Titelbild verwendet habe, stammt passenderweise von einem deutschen Maler. Ich habe das Originalgemälde in einem Kunstmuseum in München gesehen. Es handelt von irdischen Königreichen und nicht von Gottes Königreich, aber es erregte meine Aufmerksamkeit, als ich es sah.

David Bercot

Kostenloser Katalog

Wenn Christen den ursprünglichen, historischen Glauben entdecken, erkennen sie bald, dass wir heute in einer geistig verkehrten Welt leben. Eine Welt, in der die Wahrheit als Irrtum und der Irrtum als Wahrheit bezeichnet wird. Eine Welt, in der die Gebote Jesu oft ignoriert werden, aber die Gebote und Traditionen der Menschen so behandelt werden, als wären sie heilig.

Wenn Sie mehr über das Königreich-Christentum und den historischen christlichen Glauben erfahren möchten, wenden Sie sich bitte an Scroll Publishing, um unseren kostenlosen Katalog zu erhalten. Er enthält (vorwiegend englischsprachige) Bücher, Kassetten und Audio-CDs über:

- Königreich-Jüngerschaft

- Kultivierung einer gehorsamen Liebesbeziehung zu Christus

- Was Christen vor der Zeit Konstantins glaubten

- Die Geschichte der Königreich-Christen, wie z.B. der Waldenser

- Die Schriften der vorkonstantinischen Christen

Scroll Publishing Co. www.scrollpublishing.com
P. O. Box 4714 Tyler, TX 75712 (903) 597-8023 Fax (903) 597-4176

Bücher von Bercot auf Deutsch

David Bercot schrieb 12 Bücher in den letzten 40 Jahren. Bisher erschienen zwei auf Deutsch. Dieses ist das dritte.

Zurück zum Start

Was die frühen Christen uns zu sagen hätten

David Bercot

Sex- und Geldskandale. Eine explodierende Scheidungsrate. Drogensüchtige Jugendliche. Eine ständig wachsende Verweltlichung. Das heutige Christentum kämpft an allen Fronten. Und es scheint, als ob es den Kampf gegen die unerbittlich eindringende Welt verliert. Vielleicht liegen die Antworten auf all die Probleme aber nicht in der Gegenwart, sondern in der Vergangenheit? Es gab nämlich eine Zeit, in der Christen der Welt beharrlich die Stirn boten.

Der Autor nimmt Sie mit auf eine fesselnde Reise zurück in diese Zeit - zurück zum Ende des ersten Jahrhunderts. Es ist ein inspirierender Bericht darüber, was Christen am Ende des Zeitalters der Apostel glaubten und praktizierten - und wie die institutionelle Kirche schließlich das Christentum von damals verlor.

Paperback, 256 Seiten, Deutsch, 2015 BoD
ISBN-13: 9783734748837

Würden die Theologen sich bitte setzen
David Bercot

Als das Christentum noch jung war, lag der Schwerpunkt auf Jesus Christus und Seinem Königreich - nicht auf der Theologie. Am Anfang begriffen die Christen, dass das Wesen des Christentums eine gehorsame Liebes-Glaubens-Beziehung zu Jesus Christus ist. Dies war nicht irgendeine Beziehung, sondern eine Beziehung, die echte Früchte des Königreiches Gottes hervorbrachte.

Doch dann geschah etwas: Theologen übernahmen die Kirche Gottes. Als sie die Macht übernahmen, verlagerte sich der Schwerpunkt von göttlicher Frucht auf »orthodoxe« (rechtgläubige) Theologie. Das Christentum wurde zum Lehrtum.

In diesem provokanten Werk belegt David Bercot anhand vieler konkreter Fallbeispiele wie weit Geschichtsfälschung, falsche Lehren und Desinformation im Christentum verbreitet sind und welche Rolle Theologen, Reformatoren und deren Bibelkommentare dabei spielen. Bercot liefert im Zuge dessen einen kurzweiligen, differenzierten Crashkurs in Kirchengeschichte ab und kommt zu dem Schluss, dass es an der Zeit ist, Jesus Christus endlich wieder durch die Texte der vier biblischen Evangelien sprechen zu lassen, ohne Seine Lehren durch die Leugnungen und die geistige Gymnastik der Theologen zu filtern. Es ist an der Zeit, dass die Kinder des Königreiches Gottes für Christus und das von Ihm gepredigte Evangelium eintreten - und dass die Theologen sich bitte setzen.

Paperback, 212 Seiten, Deutsch, 2022 BoD

ISBN-13: 9783756886531

Namensverzeichnis

L

M

N

O

P

Literaturverzeichnis

Primärquellen

Barry, Colman J., ed. *Readings in Church History.*
Westminster, Maryland: Christian Classics, Inc., 1985.

Calvin, John. *Treatises Against the Anabaptists and
Against the Libertines.* Translated by Benjamin Wirt
Farley. Grand Rapids: Baker Book House, 1982.

Calvin, John. *Institutes of the Christian Religion.* 2 vols.
Translated by Henry Beveridge. Grand Rapids: Wm. B.
Eerdmans Publishing Company, 1983.

Eusebius. *Ecclesiastical History.* Translated by Paul L.
Maier. Grand Rapids: Kregel Publications, 1999.

Franklin, Benjamin. *The Autobiography and Other
Writings.* New York: Penguin Books USA Inc., 1783.

Gee, Henry, and Hardy, John William, eds. *Documents
Illustrative of English Church History.* London:
MacMillan and Co., Ltd., 1910.

Krey, August C., ed. *The First Crusade: The Accounts of
Eyewitnesses and Participants.* Princeton: 1921.

Leith, John H., ed. *Creeds of the Churches*. Atlanta, Georgia: John Knox Press, 1973.

Luther, Martin. *The Bondage of the Will*. Translated by Henry Cole. Grand Rapids: Baker Book House, 1976.

Luther, Martin. *Works of Martin Luther—The Philadelphia Edition*. 6 vols. Translated by C. M. Jacobs. Grand Rapids: Baker Book House, 1982.

Marcellinus, Ammianus. *The Later Roman Empire*. Translated by Walter Hamilton. New York: Penguin Books, 1986.

Randi, James. *The Faith Healers*. Buffalo: Prometheus Books, 1989.

Roberts, Alexander and Donaldson, James, eds. *The Ante-Nicene Fathers*. 10 vols. Grand Rapids: Wm. B. Eerdmans Publishing Company, 1985.

Schaff, Philip, ed. *The Nicene and Post-Nicene Fathers, First Series*. 10 vols. Grand Rapids: Wm. B. Eerdmans Publishing Company, 1983.

Schaff, Philip and Wace, Henry, eds. *The Nicene and Post-Nicene Fathers, Second Series*. 10 vols. Grand Rapids: Wm. B. Eerdmans Publishing Company, 1982.

Simons, Menno. *The Complete Writings of Menno Simons*. Translated by J. C. Wenger. Scottdale, Pennsylvania: Herald Press. 1956.

Sekundärquellen

Bainton, Roland H. *Christian Attitudes Toward War and Peace*. Nashville: Abingdon Press, 1960.

Bainton, Roland H. *The Reformation of the Sixteenth Century*. Boston: Beacon Press, 1952.

Cairns, Earle E. *Christianity Through the Centuries*. Grand Rapids: Zondervan Publishing House, 1954.

Chadwick, Henry. *The Early Church*. New York: Penguin Books, 1967.

Chamberlin, E. R. *The Bad Popes*. New York: Dorset Press, 1969.

Christie-Murray, David. *A History of Heresy*. New York: Oxford University Press, 1976.

Dickens, A. G. *The English Reformation*. New York: Schocken Books, 1952.

Dowley, Tim, ed. *Eerdman's Handbook to the History of Christianity*. Grand Rapids: Wm. B. Eerdmans Publishing Company, 1977.

Driver, John. *How Christians Made Peace with War*. Scottdale, Pennsylvania: Herald Press, 1988.

Edwards, David. *Christian England*. Vol. 2. Grand Rapids: Wm. B. Eerdmans Publishing Company, 1983.

Eller, Vernard. *Christian Anarchy*. Grand Rapids: Wm. B. Eerdmans Publishing Company, 1987.

Ellul, Jacques. *The Subversion of Christianity*. Translated by Geoffrey W. Bromiley. Grand Rapids: Wm. B. Eerdmans Publishing Company, 1986.

Erbstösser, Martin. *Heretics in the Middle Ages*. Leipzig: Druckerei Fortrschritt Erfurt, 1984.

Estep, William. *The Anabaptist Story*. Grand Rapids: Wm. B. Eerdmans Publishing Company, 1996.

Gibbon, Edward. *The Decline and Fall of the Roman Empire*. New York: Penguin Books, 1952.

González, Justo. *Faith & Wealth*. New York: Harpers Collins Publishers, 1990. Bibliography 271

González, Justo. *A History of Christian Thought*. 3 vols. Nashville: Abingdon Press, 1970.

Grimm, Harold J. *The Reformation Era 1500-1650*. New York: The Macmillan Company, 1965.

Hershberger, Guy F. *The Recovery of the Anabaptist Vision*. Scottdale, Pennsylvania: Herald Press, 1957.

Kraybill, Donald B. *The Upside-Down Kingdom*. Scottdale, Pennsylvania: Herald Press, 1978.

Lucas, Henry S. *The Renaissance and the Reformation*. New York: Harper & Row, 1960.

Schaff, Philip. *History of the Christian Church*. 8 vols. Grand Rapids: Wm. B. Eerdmans Publishing Company, 1910.

Shannon, Albert. *The Medieval Inquisition.* Collegeville, Minnesota: The Liturgical Press, 1984.

Strype, J. *Ecclesiastical Memorials.* London: 1822.

Thomson, John A. F. *The Later Lollards 1414-1520.* London: Oxford University Press, 1965.

Hoehner, H. W. "Maccabees." *The International Standard Bible Encyclopedia.* Ed. Geoffrey W. Bromiley. Vol. 3. Grand Rapids: Eerdmans Publishing Co., 1986.

Tolstoy, Leo. *The Kingdom of God Is Within You.* Lincoln, Nebraska: University of Nebraska Press, 1894.

Tourn, Giorgio, et al. *You Are My Witnesses.* Torino, Italy: Claudiana Editrice, 1989.

Verduin, Leonard. *The Anatomy of a Hybrid.* Sarasota, Florida: Christian Hymnary Publishers, 1976.

Verduin, Leonard. *The Reformers and Their Stepchildren.* Sarasota, Florida: Christian Hymnary Publishers, 1964.

Willoughby, William C. *Counting the Cost.* Elgin, Illinois: The Brethren Press, 1979.

Und dieses **Evangelium vom Königreich**
wird in der ganzen Welt gepredigt werden
zum Zeugnis für alle Völker;
und dann wird das Ende kommen.

(Matthäus 24,14)